Coordenação Editorial
Sophia Gomes Figueiró

TDAH e você

Literare Books
INTERNATIONAL
BRASIL · EUROPA · USA · JAPÃO

© LITERARE BOOKS INTERNATIONAL LTDA, 2023.
Todos os direitos desta edição são reservados à Literare Books International Ltda.

PRESIDENTE
Mauricio Sita

VICE-PRESIDENTE
Alessandra Ksenhuck

DIRETORA EXECUTIVA
Julyana Rosa

DIRETORA COMERCIAL
Claudia Pires

DIRETORA DE PROJETOS
Gleide Santos

EDITOR
Enrico Giglio de Oliveira

EDITOR JÚNIOR
Luis Gustavo da Silva Barboza

ASSISTENTE EDITORIAL
Felipe de Camargo Benedito

REVISORES
Margot Cardoso e Ivani Rezende

CAPA E DESIGN EDITORIAL
Lucas Yamauchi

IMPRESSÃO
Trust

Dados Internacionais de Catalogação na Publicação (CIP)
(eDOC BRASIL, Belo Horizonte/MG)

T252 TDAH e você: como esse transtorno impacta a sua vida / Coordenação editorial Sophia Gomes Figueiró. – São Paulo, SP: Literare Books International, 2023.
296 p. : foto. ; 16 x 23 cm

Inclui bibliografia
ISBN 978-65-5922-635-1

1. Distúrbio do déficit de atenção com hiperatividade. 2. Saúde. 3. Parentalidade. I. Figueiró, Sophia Gomes.

CDD 618.928

Elaborado por Maurício Amormino Júnior – CRB6/2422

LITERARE BOOKS INTERNATIONAL LTDA.
Rua Alameda dos Guatás, 102
Vila da Saúde — São Paulo, SP. CEP 04053-040
+55 11 2659-0968 | www.literarebooks.com.br
contato@literarebooks.com.br

Os conteúdos aqui publicados são da inteira responsabilidade de seus autores. A Literare Books International não se responsabiliza por esses conteúdos nem por ações que advenham dos mesmos. As opiniões emitidas pelos autores são de sua total responsabilidade e não representam a opinião da Literare Books International, de seus gestores ou dos coordenadores editoriais da obra.

SUMÁRIO

7   PREFÁCIO
Sophia Gomes Figueiró

9   COMO A TECNOLOGIA PODE TRANSFORMAR A VIDA DA PESSOA COM TDAH
Sophia Gomes Figueiró

19   A CARTILHA DOS A´S PARA A MENTE TDAH
Aline Lima

29   TDAH E A MEDICINA INTEGRATIVA
Alinne Murakami Guadalupe Salomão

39   MEU FILHO TEM TDAH, E AGORA? DORES E SOLUÇÕES A PARTIR DO DIAGNÓSTICO
Ana Lira

47   O QUE VOCÊ NÃO SABE SOBRE TDAH: O LADO POSITIVO, QUALIDADES, TALENTOS E POTENCIALIDADES
Ana Paula Souza

55   A INFLUÊNCIA DA FAMÍLIA NA CRIANÇA COM TDAH
Antonia Santos da Silva

63   NEUROPSICOPEDAGOGIA: UM ESTUDO DOS IMPACTOS DAS DISFUNÇÕES EXECUTIVAS NA PESSOA COM TRANSTORNO DE DÉFICIT DE ATENÇÃO E HIPERATIVIDADE (TDAH) NA SITUAÇÃO EDUCACIONAL
Berenice Edna de Oliveira e Maria Caroline dos Santos

73   *NEUROFEEDBACK* E O TDAH: UM ROMANCE PERFEITO
Cíntia Valéria Queiroga

83   ARTE CIRCENSE: AVANÇOS DA TERAPIA OCUPACIONAL EM BENEFÍCIO DO PACIENTE COM TDAH
Cláudia G. Antello

91   PAIS E FILHOS: TODOS CONVIVENDO COM O TDAH
Denise Siqueira

101   EU, EU MESMO, EU DE NOVO: COMO O TDAH ACOMPANHOU MINHA VIDA NOS ÚLTIMOS 40 ANOS
Eduardo Ferrari

107   A MATERNIDADE E O TDAH
Emília Gimene Luna

115   TDAH E A NUTRIÇÃO
Fernanda Molina

123   UM OLHAR ALÉM DOS SINTOMAS: A EDUCAÇÃO DOS ESTUDANTES COM TDAH E DIFICULDADES DE APRENDIZAGEM
Gislaine Araújo Dantas Tanaka

131   A TRAJETÓRIA DE UMA *CREATOR* COM TDAH
Giulia Fernandes

139   A COMPREENSÃO DO TDAH COMO UMA MANEIRA DIFERENTE DE SER
Jaira Vanessa de Carvalho Matos

159   UMA VISÃO SOBRE O TDAH ENQUANTO UMA NEURODIVERSIDADE
Marcela Lombello

165   PARA QUEM CONVIVE COM TDAH, POR UMA VIDA MELHOR, É PRECISO CONHECER
Marcia Barbosa Paduan

173   DA ESCASSEZ À PROSPERIDADE
Maria Fernanda Figueiredo

183   TDAH: O OLHAR DO NEUROLOGISTA INFANTIL
Maria José Martins Maldonaldo

191   A ARTE DE CRIAR UMA ROTINA EFICIENTE: PAIS E A ARTE DE CONSTRUIR UMA ROTINA EFICIENTE PARA AS CRIANÇAS
Marilan Barreto Braga

201   TDAH: DICAS E DÚVIDAS DE CONSULTÓRIO
Patrick Castro Alves

211   A IMPORTÂNCIA DA AVALIAÇÃO NEUROPSICOLÓGICA PARA OS CASOS DE TDAH
Paula Adriana Zanchin e Valéria Barros Zanchin

219   SOFRIMENTO TARDIO: ADULTOS NÃO DIAGNOSTICADOS COM O TRANSTORNO DE DÉFICIT DE ATENÇÃO E HIPERATIVIDADE
Priscila Viana Kich

227   HIPNOSE NO TRATAMENTO DO TDAH
Rafael Peixoto

235   MAS, AFINAL, O QUE SÃO ÓLEOS ESSENCIAIS?
Raquel Barros

245   CONHECENDO O TDAH
Rita de Cássia Antunes Peres

257   TDAH: ROTULAR NÃO É CUIDAR
Sibila Malfatti Mozer

265   A IMPORTÂNCIA DA PARCERIA ENTRE ESCOLA, FAMÍLIA E DEMAIS PROFISSIONAIS NO DESEMPENHO ESCOLAR DO ALUNO COM TDAH
Talita Polli C. S. Martins

273   *NEUROFEEDBACK:* TECNOLOGIA A FAVOR DO TDAH
Viviane Wisnievski

285   TRANSTORNO DO DÉFICIT DE ATENÇÃO E HIPERATIVIDADE (TDAH): CARACTERIZAÇÃO, SINTOMAS E DIAGNÓSTICO
Wilson Candido Braga

PREFÁCIO

Que bom seria se todos conseguissem entender as coisas com facilidade, ter atenção no que fazem, se concentrar para ler, sustentar o foco e a atenção. Mas sabemos que não é bem assim que as coisas funcionam.

Muitas pessoas têm, na atenção, um desafio diário, repleto de julgamentos, indecisões e questionamentos. Não sei dizer exatamente quantas pessoas já atendi com dificuldades relacionadas ao TDAH, mas posso afirmar que são inúmeros os desafios para elas, desde não conseguir organizar as próprias coisas, como não conseguir concluir as tarefas que começam ou simplesmente se lembrarem do que estavam indo fazer. Foi assim comigo, com meus filhos e vejo isso no cotidiano do consultório, mas lamentar-se não adianta, temos que criar estratégias, ferramentas e soluções, individuais e específicas. Diante disso, aceitei a ideia de coordenar a publicação deste livro em parceria com a Literare Books International, porque acredito que apenas com informação de qualidade e sem romantizar o assunto conseguiremos contribuir para que pessoas vivam imersas no universo TDAH.

O diagnóstico correto do TDAH pode permitir que os indivíduos recebam o tratamento adequado para ajudá-los a gerenciar os sintomas e a viver melhor. O TDAH geralmente inclui uma combinação de medicação e terapia comportamental, que pode ajudar a reduzir os sintomas e melhorar a qualidade de vida, o diagnóstico precoce pode minimizar as complicações relacionadas, como os desafios na escola, a dificuldade em manter relacionamentos interpessoais, a baixa autoestima e problemas de saúde mental, como a depressão e a ansiedade.

A empatia pode ser uma ferramenta poderosa para melhorar o dia a dia das pessoas com TDAH, ajudando-as a se sentirem compreendidas, apoiadas e aceitas.

Pessoas com TDAH, muitas vezes, lutam com sentimentos de isolamento e incompreensão. Ao praticar a empatia, amigos, familiares e colegas de trabalho podem se esforçar para entender os desafios enfrentados pela pessoa com TDAH e oferecer apoio emocional. Pessoas com TDAH podem ter dificuldades em se comunicar de maneira clara e organizada. Prestar atenção à linguagem corporal e às expressões faciais pode ajudar a compreender melhor a mensagem que está se tentando transmitir.

Quando uma pessoa com TDAH fala com você, tente dar toda a sua presença e ouça atentamente. Faça perguntas de esclarecimento, repita o que eles disseram para confirmar sua compreensão e tente resumir o que foi dito para demonstrar que você entendeu.

Enfim, é possível ser eficiente, produtivo e feliz mesmo com TDAH, mas, para isso, informação é essencial e, por isso, este livro foi criado. Esperamos que aproveite a leitura e adquira bastante conhecimento, pois informação assertiva muda a vida das pessoas.

Sophia Gomes Figueiró

1

COMO A TECNOLOGIA PODE TRANSFORMAR A VIDA DA PESSOA COM TDAH

Neste capítulo, vamos mergulhar no universo da nossa torre de comando. Falaremos sobre como a tecnologia pode contribuir com uma melhor performance do cérebro e como a neurociência associada à tecnologia pode minimizar o impacto do TDAH e de suas comorbidades em nossas vidas.

SOPHIA GOMES FIGUEIRÓ

Sophia Gomes Figueiro

Contatos
institutointac.com
sophia@institutointac.com
Instagram: @sophia.figueiro.mentora
@intac.br
67 99989 2705

Graduada em Letras pela Universidade Católica Dom Bosco, pós-graduada *lato sensu* em Neuropedagogia Clínica, Psicopedagogia Clínica e Institucional pelo Instituto Rhema Educação e em Terapia Sistêmica Familiar pela Unyleya. Atualmente cursando o oitavo semestre do curso de Biomedicina na Estácio de Sá. Especialista em metodologias ativas de aprendizagem, hipnose clínica ericksoniana, analista corporal (O Corpo Explica), terapeuta de neuromodulação – *neurofeedback* e estimulação transcraniana por corrente contínua e diversas terapias integrativas complementares. Cursou Neurociência em Harvard.

Como a neuromodulação pode melhorar a qualidade de vida da pessoa com TDAH?

A neuromodulação é um tipo de terapia que utiliza estímulos elétricos, magnéticos ou medicamentosos em alvos específicos do cérebro e da medula para tratar doenças, sintomas e transtornos, podendo utilizar técnicas invasivas ou não. Uma de suas maiores aplicações é no tratamento de dores crônicas neuropáticas, relacionadas a lesões ou disfunções do sistema nervoso como transtornos e síndromes que impactam no aspecto global do desenvolvimento.

Há milhares de anos, os seres humanos usavam enguias elétricas com a finalidade de aliviar a dor de diversas causas. Com o conhecimento expandido da eletricidade, dos campos magnéticos e da química, associado ao melhor estudo dos locais do sistema nervoso, houve um grande avanço na indicação e no uso dessa nova ferramenta. Em especial, após a década de 1960, com o lançamento da Teoria da Comporta, a qual mostrava haver uma integração entre a aplicação de diferentes tipos de estímulos sensitivos, consolidando assim a neuromodulação como uma técnica eficiente e assertiva em muitos casos. Essa técnica vem numa crescente ascensão e hoje faz parte do arsenal de tratamento nos melhores centros médicos do mundo, porém ainda pouco difundida no Brasil.

Nas modalidades não invasivas de neuromodulação, a aplicação dos estímulos é feita na superfície do corpo, não envolvendo cirurgias ou introdução de agulhas, eletrodos etc. As mais comuns das técnicas não invasivas são a Estimulação Transcraniana por Corrente Contínua (TDCS) e o *neurofeedback*. Por outro lado, na neuromodulação invasiva, a aplicação desse estímulo é feita pela introdução de sistemas específicos na proximidade de estruturas nervosas, que promovem seu efeito na estrutura desejada. Aqui, vamos falar apenas da neuromodulação não invasiva.

O *neurofeedback* é uma neuromodulação autorregulatória, ou seja, um tratamento de autorregulação das ondas cerebrais para melhor desempenho cognitivo e desenvolvimento de potencialidades. É realizada uma avaliação que captará os 23 pontos cerebrais com o equipamento de eletroencefalografia. Analisados os resultados, é montado um plano de treinamento para o paciente. Eletrodos são colocados no couro cabeludo e – por meio de vídeo, música ou sombra – é realizado o treinamento com o paciente sentado, com visão para uma tela.

Não é invasivo. É uma técnica eficiente e indolor, na qual captação e estímulo são feitos por adaptação de touca ou eletrodos diretamente no couro cabeludo.

Entre as técnicas de estimulação cerebral não invasiva, temos também a Estimulação Transcraniana por Corrente Contínua (TDCS), que utiliza uma corrente elétrica contínua, de baixa intensidade, aplicada sobre o escalpo intacto de indivíduos conscientes para modular funções cerebrais. Os efeitos da estimulação são dependentes da polaridade, da intensidade e da duração da estimulação e da área estimulada. Na minha prática clínica, venho utilizando essas duas técnicas e obtendo resultados incríveis com meus clientes, especialmente em pessoas com TDAH.

Vamos entender melhor o *neurofeedback*

Distração, impulsividade e hiperatividade são sintomas de TDAH, mas podem também ser expressão de outros transtornos psíquicos, como ansiedade ou TOC, por exemplo.

Para caracterizar um quadro de transtorno do déficit de atenção e hiperatividade (TDAH) de maneira segura, é essencial que se saiba que – com os sintomas de dificuldades atencionais, de agitação, inquietude e hiperatividade – é comum que se observe ainda outros dois fatores na atividade neurológica do paciente que, assim, costumam estar presentes:

1. Rompimentos anômalos de conectividade no sistema frontoparietal, de processamento atencional, no cérebro.
2. Atividade exacerbada, na faixa de Theta (4-6Hz), na região dorsolateral do lobo frontal direito.

Atualmente, pela coleta da atividade eletroencefalográfica (EEG) do paciente e de exames de tomografia funcional, é possível determinar diante de que comprometimento se está confirmando ou não diagnósticos anteriormente recebidos.

Assim, por meio desses exames, é possível:

1. Detectar objetivamente marcadores característicos do TDAH, que devem necessariamente estar presentes para que essa condição seja caracterizada.
2. Evitar que outras condições, como dislexia, ansiedade, TOC ou até mesmo depressão acabem sendo diagnosticadas erroneamente como TDAH.

O mais importante é entender que um diagnóstico errado normalmente leva à perda de tempo (às vezes, anos, pela insistência em um tratamento equivocado), despesas financeiras desnecessárias; sem falar do sofrimento emocional e, muitas vezes, físico, pelo convívio cotidiano com efeitos colaterais de medicamentos envolvidos.

Alcançar uma certeza diagnóstica permite decidir qual o tratamento mais indicado, o que maximiza as chances de sucesso, minimizando a ocorrência de custos desnecessários.

A realização de exames neurofuncionais permite o adequado mapeamento desses comprometimentos no cérebro, bem como viabiliza o planejamento e determinação das estratégias terapêuticas a seguir, sempre de acordo com a realidade neurológica, que é única para cada indivíduo. Isto porque, como já foi dito, os sintomas que caracterizam o TDAH também podem estar presentes em outras condições, como depressão, dislexia, ansiedade, TOC e, até mesmo, em quadros de anoxia no parto, por exemplo.

O *neurofeedback* é uma técnica de treinamento por recondicionamento da atividade neurológica, por meio de sinalização sonora e visual. Assim, durante uma sessão de *neurofeedback*, os neurônios das áreas e estruturas cerebrais que apresentem deficiências em seu funcionamento recebem sinalização em tempo real sobre a adequação ou não de sua atividade. Isto permite a modificação progressiva da atividade desses neurônios desregulados rumo a padrões de normalidade, que são, então, definitivamente adotados pelo cérebro em seu funcionamento.

Mais de duas décadas atrás, Frank H. Duffy, MD, professor e neuropediatra da Harvard Medical School, declarou no periódico *Clinical Electroencephalography* que a literatura científica já havia sugerido que,

> o *neurofeedback* deveria desempenhar um papel terapêutico importante em muitas áreas desafiadoras. Em minha opinião, se qualquer medicação tivesse demonstrado tão amplo espectro de eficácia (quanto o faz o *neurofeedback*), essa medicação seria universalmente aceita e amplamente utilizada.
> FRANK DUFF

Outra referência na área, Norman Doidge, professor de psiquiatria da Columbia University, em Nova York, Estados Unidos, recentemente afirmou, no primeiro parágrafo do Apêndice 3 de seu livro *O cérebro que cura* (2016), que:

O *neurofeedback* foi reconhecido recentemente pela Academia Americana de Pediatria como um tratamento tão eficaz quanto medicações para combater sintomas de TDA e TDAH. Raramente apresenta efeitos colaterais, pois é uma maneira de treinamento cerebral. Também foi aprovado para tratamento de certos tipos de epilepsia, revelando-se eficaz em muitos outros distúrbios, entre eles certos tipos de ansiedade, estresse pós-traumático, distúrbios de aprendizado, lesões cerebrais, enxaquecas e sensibilidades que afetam o espectro autista. Porém não é mais reconhecido, por ter sido introduzido pioneiramente antes da neuroplasticidade ser amplamente compreendida.

São dois legítimos representantes do *mainstream* no campo da saúde mental – integrantes de dois dos mais renomados centros de ensino e pesquisa no mundo, Harvard e Columbia – atestando a validade do *neurofeedback* no tratamento de desordens mentais.

E, junto a eles, um vasto volume de estudos científicos que vêm sendo publicados, fornecendo ampla e sólida fundamentação científica ao campo do *neurofeedback*, o que justifica seu substancial desenvolvimento, observado em anos recentes, como em poucas áreas do conhecimento se viu.

Como tudo isso mudou a minha vida

Sempre fui uma pessoa agitada. Demorei para ser alfabetizada, ir para escola para mim era uma verdadeira tortura. Eu gostava de brincar, correr e fazer coisas que os meninos faziam, como jogar bola – era péssima por sinal. E quando íamos para sala de aula, o sofrimento começava. Eu tenho visão monocular, não enxergo do lado direito, usava óculos e tampão. Sofri muito *bullying* por isso, mas eu nem ligava, os adultos achavam que minha dificuldade atencional e distração eram em função da visão, mas o buraco era mais embaixo.

Aprendi a ler, sempre tive muita facilidade em criar histórias imaginárias na minha mente, que defino como um guarda-chuva girando, que sempre tem um pensamento em cada ponta e minha atenção oscila entre uma ponta e outra, em milésimos de segundos.

Porém, eu encontrei um jeito de aprender o que precisava e seguir minha vida escolar. Nunca fui uma aluna nota dez, mas sempre passava com as recuperações. Não é fácil lidar com isso, creio que herdei essa bênção do meu pai e ele, assim como eu, vagava em seus pensamentos. Tive a sorte de nascer filha de uma professora de *ballet*, e isso, acredito, foi a minha válvula de escape e minha salvação, pois, no *ballet*, exercitava o corpo para gastar a energia sem fim que eu tinha. Treinava e condicionava a mente com aulas diárias, com muita disciplina e dedicação. Apesar de ser péssima e completamente descoordenada, eu achava que estava fazendo sucesso. Tudo culpa da falta de motricidade e orientação espacial típicas do TDAH.

Minha avó paterna meditava muito, e me ensinou desde muito pequena que eu era capaz de dominar a minha mente se eu entendesse como ela funcionava e se eu a treinasse com disciplina e constância. Então, desde os 10 anos, eu pratico *mindfulness*, mas não sabia que era isso, simplesmente tentava acolher meus pensamentos e sentir o meu corpo. Minha avó dizia que Deus falava com a gente pelo nosso corpo, tínhamos apenas que aprender a ouvi-lo, silenciando a mente. Meu TDAH era tão severo que cheguei a ponto de ir visitar a minha mãe e esquecer meu filho recém-nascido em casa, porque não lembrei que ele existia, simplesmente me arrumei, peguei minha bolsa e sai, deixando o menino no berço dormindo. Quando cheguei na minha mãe, ela perguntou: "Cadê meu neto?". E eu surtei, me senti a pior pessoa do mundo, voltei correndo e ele estava lá no berço dormindo.

Cresci, me formei, dei aulas por muito tempo, me especializei em neuropedagogia, psicopedagogia, entre outras. Fiz o que precisava fazer, mas meu guarda-chuva continuava lá, girando e me levando para o meu universo paralelo. Até que conheci o *neurofeedback*, fazendo uma pesquisa sobre TDAH.

Fui para o Rio de Janeiro e fiz a formação. Várias, por sinal. Comprei o equipamento; primeiro, um bem simples de dois canais, e comecei a aplicar em mim. Percebi melhoras surpreendentes. Ia ao mercado e lembrava o que precisava comprar. Uau! Isso era incrível. Fui investindo em equipamentos melhores e formações mais avançadas e hoje sou CEO do INTAC (@intac.br), um instituto de neurociências aplicadas.

Desde que o *neurofeedback* entrou na minha vida, pude viver um crescimento pessoal e profissional que eu jamais poderia ter alcançado sem o tratamento. Hoje, tenho clareza mental, consigo identificar meus sentimentos, consigo ter disciplina, constância e foco, desenvolvo pessoas com o meu método de design de vida, consigo fazer planos e segui-los, concluir tarefas e realizar meus sonhos. Coisas tão simples, como arrumar meu guarda-roupa, que antes era um desafio impossível de ser vencido, hoje é fácil de fazer.

Continuo, é claro, com o meu guarda-chuva, com um pensamento em cada ponta, e essa sou eu, mas, hoje, sou capaz de escolher em que ponta eu quero focar e me dedicar naquele momento. Sou capaz de gerenciar minhas escolhas e uso essa chuva de pensamentos a meu favor pois, com ela, sou capaz de visualizar inúmeras possibilidades, solucionar problemas com muito mais agilidade do que uma pessoa típica, e direciono minha capacidade criativa para fazer dinheiro e impactar positivamente a vida das pessoas. Hoje, posso dizer que o *neurofeedback* me deu a habilidade de guiar meus pensamentos para a direção que eu quero e a possibilidade de parar de viver apagando incêndios e correndo atrás do prejuízo.

O TDAH me roubava de mim. Quando eu o olhei de frente e me coloquei no controle, fui capaz de desenvolver minhas habilidades, potencializar as coisas boas de ser quem sou e minimizar os efeitos adversos que o transtorno tinha sobre minha vida. Foi assim, estudando e catalogando as ferramentas e estratégias que usei comigo, que desenvolvi o MSF Design de Vida. Hoje apoio de forma on-line e presencial muitas pessoas com e sem o transtorno, mas que decidiram dar um basta no piloto automático que conduzia sua vida e pegar o volante para guiar a vida para a direção da sua realização integral.

Sempre me achei burra e incapaz, mas hoje sei que sou extremamente inteligente, pois fui capaz de aprender com os desafios da vida, a olhar para tudo como algo pedagógico, que tem um propósito, que nos eleva e serve para nos aproximar da nossa melhor versão. Por isso agradeço e realmente acredito que minha mente vagante, cheia de informação e agitada é a maior bênção que recebi.

Parei de me julgar, condenar-me e me culpar pelas coisas que não deram certo ou que saíram diferentes do que eu idealizei. Hoje, escolho viver sabiamente, colhendo os frutos das experiências, fazendo escolhas conscientes e plantando autorresponsabilidade, autocuidado e a certeza de que podemos, sim, sair do caos para a vida leves e felizes, mesmo sendo TDAH.

Referências

BELL, A. N.; MOSS, D.; KALLMEYER, R. J. Healing the Neurophysiological Roots of Trauma: A Controlled Study Examining LORETA Z-Score Neurofeedback and HRV Biofeedback for Chronic PTSD. *NeuroRegulation*, [S. l.], v. 6, n. 2, pp. 54-70, 2019. DOI 10.15540/nr.6.2.54. Disponível em: <https://www.neuroregulation.org/article/view/19303>. Acesso em: 5 jun. de 2023.

DUFFY, F. H. Editorial: The state of EEG biofeedback therapy (EEG operant conditioning) in 2000: An editor's opinion. *Clinical Electroencephalography*, 31(1), v–viii

KNOTT, J. R.; HENRY, C. E. The conditioning of the blocking of the alpha rhythm of the human electroencephalogram. *Journal of Experimental Psychology*, [S. l.], v. 28, n. 2, pp. 134–144,1941. DOI 10.1037/h0063280. Disponível em: <https://psycnet.apa.org/doiLanding?doi=10.1037%2Fh0063280>. Acesso em: 5 jun. de 2023.

SCHWARTZ, E. L. Computational anatomy and functional architecture of striate cortex: A spatial mapping approach to perceptual coding. *Vision Research*, [S. l.], v. 20, n. 8, pp. 645-669, 1980. DOI 10.1016/0042-6989(80)90090-5. Disponível em: <https://www.sciencedirect.com/science/article/abs/pii/0042698980900905>. Acesso em: 5 jun. de 2023.

STEINER, N. J. *et al.* In-School Neurofeedback Training for ADHD: Sustained Improvements From a Randomized Control Tria. *Pediatrics*, [S. l.], v. 133, n. 3, pp. 483-492, mar. 2014. DOI 10.1542/peds.2013-2059. Disponível em: <https://publications.aap.org/pediatrics/article-abstract/133/3/483/32343/In-School-Neurofeedback-Training-for-ADHD?redirectedFrom=fulltext?autologincheck=redirected>. Acesso em: 5 jun. de 2023.

THATCHER, R. W. EEG Database-Guided Neurotherapy. *In:* EVANS, James R.; ABARBANEL, A. *Introduction to Quantitative EEG and Neurofeedback*. [S. l.]: Elsevier Inc., 1999. pp. 29-64. Disponível em: <https://www.sciencedirect.com/science/article/abs/pii/B9780122437908500031>. Acesso em: 5 jun. de 2023.

THATCHER, R. W. *et al.* New Advances in Electrical Neuroimaging, Brain Networks and Neurofeedback Protocols. *Journal of Neurology and Neurobiology*, [S. l.], v. 6, pp. 1-14, 25 maio 2020. DOI 10.16966/2379-7150.168. Disponível em: <https://braintech.com.br/wp-content/uploads/2022/05/New-Advances-in-Electrical-Neuroimaging-Brain-Networks-and-Neurofeedback-Protocols-by-Thatcher-et-al.pdf>. Acesso em: 5 jun. de 2023.

2

A CARTILHA DOS A´S PARA A MENTE TDAH

Ao longo dos anos, na clínica, percebi grande parte dos adultos que buscavam alívio e respostas, chegando a meu consultório exaustos, procurando soluções para suas dificuldades e sintomas e, até ali, completamente perdidos e desorientados. Busquei respostas e soluções em vasto material e em pesquisas científicas, pois eu gosto de resultados e de praticidade. Em minha visão, deveria ser algo orientador, um processo leve e divertido que meus pacientes aderissem de fato; foi quando surgiu a Cartilha dos A's.

ALINE LIMA

Aline Lima

Contatos
clinicaalinelima.psi@gmail.com
Instagam: @alinelima.psi

Graduada em Psicologia, com pós-graduação em Terapia Cognitivo-comportamental (TCC). Formação em *mindfulness* e especialista em TDAH adulto, ansiedade, pânico e depressão.

O TDAH é um transtorno do neurodesenvolvimento, alterações nos processos iniciais do desenvolvimento cerebral já no período gestacional. Fatores biológicos, genéticos, ambientais e socioculturais estão presentes no surgimento do transtorno. O neurodesenvolvimento é um processo, progressivamente habilidades cognitivas, motoras e psicossociais vão sendo formadas, construídas e aperfeiçoadas.

O indivíduo com TDAH precisa ter conhecimento completo de seu funcionamento, saber o que é o transtorno e como se traduz na forma de lidar com ele mesmo, com os outros e com o mundo; assim como lidar com o futuro. Conhecer possíveis vantagens é essencial para se tornar um agente de mudança eficaz.

Os três sintomas característicos são impulsividade, desatenção hiperatividade mental e física. O TDAH possui um funcionamento cerebral hiperprodutivo, inquieto e superacelerado. Já imaginou essa máquina superpotente e complexa sem nenhuma gestão? É crucial saber que técnicas e estratégias podem ser usadas e como essa energia pode ser deslocada para ações construtivas, levando ao bem-estar e não ao caos.

Toda essa velocidade, quando não bem administrada, leva a expressões comuns na clínica e se traduz em "sinto um cansaço na alma" ou "sinto que estou sempre exausta". A frustração recorrente, após tanto esforço, acaba por levar a pessoa a uma desistência de si, acreditando que não tem jeito e, lógico, desenvolvendo outros transtornos como depressão, transtorno de ansiedade generalizada e compulsões.

É preciso avaliar e conhecer a história do paciente a fundo, seu contexto, suas possibilidades reais, a educação que recebeu, a maneira como foi interpretada e internalizada, entender a formação da personalidade, crenças centrais e gatilhos, considerando a unicidade e subjetividade.

Em termos gerais, observamos na hiperatividade física: o sacudir incessante das pernas, os rabiscos constantes em papéis aleatórios ao alcance, mexer nos cabelos, roer as unhas, bater a caneta na mesa, ficar batucando nas paredes ou em objetos; é um infinito de tentativas em manter as mãos ocupadas e o corpo em atividade, pois ajuda a ter a sensação de estar mais atento. Ao manter o corpo em ação, a atividade da mente diminui a ponto de conseguir mais foco e concentração.

A hiperatividade mental por ser mais sutil, e, aos que não são tão familiarizados, pode passar despercebida, mas isso não significa que cause menos sofrimento psíquico à pessoa com TDAH. Aqui ela se traduz numa imensa dificuldade em fazer e manter amigos, já que esse adulto vai interromper as falas das pessoas constantemente. Ele terá imensa dificuldade de prestar atenção ao que está sendo dito, praticar a escuta ativa e esperar o momento certo de falar. A impulsividade o leva a se posicionar e fazer comentários inapropriados ao assunto ou ao momento.

Com meus pacientes, desenvolvi a Cartilha dos A's. Foi construída baseada em técnicas da terapia cognitivo-comportamental com evidências clínicas e por meio de pesquisas. Sigo esse protocolo nos atendimentos obtendo resultados incríveis.

São os A's:

1. Agenda.
2. Ar.
3. Água.
4. Atividade física.
5. Alimentação.
6. Autoconhecimento.
7. Aceitação.
8. Ação diária.

Agenda

Tudo começa aqui, como existe dificuldade na concentração e foco, é necessário não fazer multitarefas e dividir o tempo em pequenas ações para não causar tédio ou distração. Criar uma lista de tarefas e nela priorizar urgências (aqui, o trabalho também é sobre gerir o tempo). Criar prazos com datas específicas e definir horários para e-mails, redes sociais; sempre com limite de tempo, para não se perder. Aprender a dizer "não" para tudo o que não é urgente, nem importante e essencial. Se é urgente e importante, faça agora. Se é importante, mas não é urgente, coloque em sua agenda e se programe. Sempre que possível, peça ajuda ou delegue; quando não for importante nem urgente, elimine dos afazeres. Não se exija ser perfeito, pegue mais leve, sem excesso de estresse. Avance em micropassos e comemore cada pequena vitória.

Ar

Respirações conscientes e técnicas de *mindfulness*. Com as respirações, agiremos contra a impulsividade, a desatenção, a hiperatividade física e mental, ensinando ao cérebro novas conexões, dando a ele ferramentas de potência.

Muitos estudos já demonstraram que quem medita regularmente é mais feliz do que a média das pessoas. Emoções positivas e a satisfação consigo mesmo leva a uma vida mais longa e saudável. A meditação diminui o estresse, a irritabilidade, a depressão e a ansiedade, fortalece a imunidade, ajudando a combater gripes, resfriados e outras doenças. Porém, mesmo sabendo dos inúmeros benefícios, o TDAH tem muita dificuldade em adotar a meditação e a respiração consciente em sua rotina. Sempre sugiro que esteja programado na agenda esse tempo, com horário definido para o exercício. Coloque um minuto no *timer* do seu celular e inicie a respiração.

Vamos praticar: sente confortavelmente em uma cadeira e tente fazer com que sua coluna se sustente sozinha, sem precisar encostar na cadeira, os pés devem estar em contato com o chão. Feche os olhos ou simplesmente abaixe o olhar. Concentre-se na respiração enquanto o ar entra e sai de seu corpo. Concentre-se ao máximo somente no ar entrando e saindo e em como você se sente com cada movimento desse respirar; sinta os pés relaxando com o toque no chão e sem julgar, criticar, interpretar ou esperar algo especial; permaneça ali somente se concentrando no ar que entra e sai. Não há problema algum que os pensamentos fujam às vezes, – até adotar o hábito, é comum acontecer – se traga de volta ao presente e continue. Passando um minuto, abra devagar os olhos e somente observe com calma o ambiente em que está. Lembre-se de que não há regras de como você deve se sentir depois, o mais importante é a consciência da respiração e a pausa para oxigenar o seu cérebro.

Sugiro que divida seu dia em manhã, tarde e noite, pois nosso estado de humor muda a todo instante, porém alguns padrões de funcionamento e pensamento podem transformar uma tristeza ou frustração passageira numa infelicidade prolongada, em exaustão e estresse crônico; portanto, algo que aconteceu de manhã ficará pela manhã e, ao iniciar a tarde, suas emoções e experiências já podem ser outras. Sua tarde poderá ser diferente, assim como sua noite. Pergunte-se: como foi minha manhã? Minha tarde? Minha noite? Como vou iniciar a próxima etapa do meu dia? Respire devagar.

Na clínica, ensino e pratico junto ao paciente cada técnica que percebo real efeito, sugiro o ritual do banho: fazer do banho, ao menos uma vez na semana, um ritual de limpeza das emoções tóxicas e dos barulhos da mente. Após tomar o seu banho normal, inicie o ritual. Coloque meia-luz ou apague a luz e deixe somente a água cair em seu corpo, sentindo a água descendo e permanecendo ali, apenas respirando e sendo. Identifique as sensações, o cheiro, o toque da água, os pés firmes no chão, a coluna que te mantém ereta e sustenta você. Curta a água do banho como uma limpeza. Visualize a água levando tudo aquilo que não gosta e não quer mais em você. Tudo aquilo que não deseja mais, a água levará embora.

Outra técnica é a do STOP, que adequei para ajudar você a apreciar o aqui e o agora com mais facilidade. O ontem e o amanhã só existem em pensamentos, o que existe de verdade é o exato momento do agora, então vamos aprender a ajudar o cérebro a funcionar melhor. É muito importante que possamos gerir bem essa nossa maquininha tão rica, linda e importante.

Feche os olhos e visualize a palavra STOP em sua mente. Cada letra guiará você e lembrará o que é para ser feito. O "S" da própria palavra ajuda você daqui em diante. O "T", de "tomar ar", lembrará você de puxar o ar devagarinho e começar a respiração consciente, preferencialmente a diafragmática. Tente observar se, ao inspirar, os ombros ou o peito enchem e sobem; se sim, você está com uma respiração ansiosa, mas já está aprendendo a respirar corretamente com esse exercício. Puxe o ar contando até 4, segure o ar contando até 2 e solte pela boca fazendo biquinho e contando até 6. Tente perceber se, ao inspirar e expirar, a barriga vai para frente e para trás. Para ajudar você, pode colocar uma mão sobre a outra abaixo do peito, bem no centro da barriga, para acompanhar o movimento correto até que se acostume. A letra "O", de "observar", indicará que deve observar tudo que tem ao seu redor enquanto respira. Vá dizendo mentalmente, enquanto respira, todos os objetos que você vê ao seu redor (mesa, caneta, quadro, flor etc). E quando conseguir iniciar e terminar o processo do STOP, o "P" é para que se lembre de se "parabenizar". Trabalhar a automotivação e o reconhecimento de suas capacidades, assim como dedicação e comprometimento, é importante nesse processo de cura e melhora.

Respiração é vida, conseguimos ficar sem comer ou sem água por alguns dias, mas não conseguimos ficar sem respiração de forma alguma. A respiração acontece por si só, não precisamos nos lembrar de respirar. E isso já nos prova que não é necessário estar no controle de tudo o tempo todo, pois a própria respiração, um processo vital, acontece por si só, tamanha a perfeição e harmonia do nosso corpo e mente. A respiração lembra também o momento presente. Já tentou respirar só daqui a cinco minutinhos? Por favor, nem tente! Você só consegue respirar no exato momento do agora. A respiração é um regulador emocional incrível.

Água

Tanto a hidratação cerebral quanto o contato com a água, seja a higiene do corpo, o contato consciente com o mar ou piscina, todos esses comportamentos, quando adotados, levarão você a sentir mais alegria e bem-estar.

Muitas pesquisas já comprovaram que se manter hidratado otimiza as funções cerebrais. A água é essencial para a manutenção da vida e é o principal componente das células, transporta oxigênio e nutrientes, além de ajudar a eliminar toxinas, principalmente pela urina. Em torno de 90% do nosso cérebro é composto por água.

O cérebro do TDAH é hiperativo, lembra? Precisa ainda mais dessa hidratação sem negociação. Por ser o cérebro muito ativo, também requer mais nutrientes para ajudar na comunicação entre os neurônios. Num estado de desidratação, áreas do cérebro se tornam mais vulneráveis prejudicando a memória, atenção, pensamento e a percepção; além de prejuízos nas funções reguladoras e psicomotoras. Mesmo uma desidratação leve prejudica demais e leva a sensação de cansaço extremo, mal-estar, indisposição e estado de humor alterado; sem água, existe significativa piora dos sintomas.

Atividade física

No TDAH, a atividade física funciona como aliada essencial, melhorando o humor, trazendo calma à mente, aliviando o estresse, a sensação de deslocamento e direcionamento para o alívio dos sintomas que mais incomodam e prejudicam.

Como no TDAH há um desequilíbrio nos neurotransmissores (nossos mensageiros químicos do cérebro), principalmente a dopamina, é ideal buscar atividades que regulam a substância. Responsáveis pelas sensações de recompensa e prazer, exercícios físicos rotineiros regulam a dopamina no cérebro. A maior parte dos estudos sobre o assunto mostra que exercícios aeróbicos são os mais indicados, porém percebo um benefício maior quando aliado a exercícios de resistência, como a musculação, que treina foco, atenção e memória. Caminhada, corrida e musculação, cinco vezes na semana, potencializam o desempenho do cérebro TDAH.

Completar alguma tarefa, ler um livro interessante, assistir a um bom filme, aprender algo novo são ações que produzem dopamina. Inclua-as em sua semana, sempre que puder, como autocuidado.

Alimentação

Farinha branca e açúcar devem ser evitados. Procure um nutricionista e faça acompanhamento. A alimentação saudável faz toda diferença na melhora dos sintomas. Evite alimentos que inflamam o corpo.

Autoconhecimento

É impossível falar em saúde sem autoconhecimento, que inclui o autoamor, autoestima, autorresponsabilidade e autogestão; componentes essenciais na melhora do adulto com TDAH. Sempre disse que é um grande desperdício morrermos analfabetos da própria história e que informação traz poder sobre nós.

Você pode tentar refletir sobre as seguintes questões:

- O que faz você sentir bem-estar e alegria?
- Quais os pensamentos que permeiam sua mente?
- O que motiva você? Quais pessoas admira e se inspira?
- O que mais deseja em sua vida e o que é realmente importante para você?
- Quais são os hábitos que prejudicam e quais os que ajudam você?
- Como percebe a educação que recebeu quando criança? Quais as 'verdades' contadas a você na infância por seus principais modelos (pai, mãe, cuidadores e responsáveis)?
- Em que situações, hoje, percebe que é a sua criança que está no comando fazendo birras?

A caminhada de autoconhecimento é rica, complexa, extremamente única e essencial se quiser ter comando e voz ativa na própria vida.

Aceitação

Além da aceitação (e compreensão) sobre o próprio funcionamento, a autocompaixão, que é uma habilidade de pessoas emocionalmente inteligentes, é trabalhada em terapia. Alguns vilões da autocompaixão, como a autocrítica contínua, o colocar-se para baixo, desprezar as próprias dores e limitações, se isolar, se sentir pior do que os outros – e alimentar essa crença diariamente –, não acreditar que também existem pessoas boas etc. Acreditem, comparação é receita de frustração; cega, limita e adoece você.

Ação diária

Os maiores desafios do TDAH são a distração (dificuldade com tempo, perder coisas e não lembrar onde deixou, dificuldade em começar e terminar tarefas diárias), a hiperatividade (estar sempre buscando novas tarefas, atividades e estímulos, normalmente se sobrecarregando, frustrando-se e desistindo, colocando toda a culpa em si mesmo), a "memória fraca", o sentir tédio, o gerenciamento do tempo e a procrastinação, todas são tratadas dentro da terapia cognitivo-comportamental de maneira excelente.

Engajar-se na própria vida e nos resultados que quer com amor-próprio e gestão de si mesmo, diariamente, faz diferença. Aqui, incluo a higiene do sono, além do conceito de curiosidade. Aprender a ter curiosidade sobre a vida sem brigar com ela é primordial e vai contra o tédio, comumente experienciado pelo adulto com TDAH.

O tédio crônico leva à depressão, à ansiedade, ao comportamento agressivo e a muitas compulsões. Portanto, comece a agir como um turista inteligente e curioso para visitar a própria vida e pergunte-se: o que posso descobrir sobre mim hoje e como isso vai me fortalecer? Lembre-se de praticar a curiosidade de modo zeloso e cuidadoso nos seus dias. Escute-se mais, perceba-se e se permita.

3

TDAH E A MEDICINA INTEGRATIVA

TDAH é uma missão. Dentre as várias áreas da medicina nas quais me dedico, o TDAH veio como um verdadeiro desafio, pois cada vez mais pesquiso e entendo os motivos causadores para essa condição, sua propagação e as consequências para a vida dos indivíduos. Como médica, sempre me vem a preocupação de como tratar e de como contribuir para a melhor qualidade de vida. Neste capítulo, vamos tentar resumir o máximo da minha experiência nesse universo complexo do TDAH, desvendando dúvidas daqueles que aqui estão, sendo estes curiosos, familiares ou mesmo os diagnosticados. Um resumo fácil, exposto de maneira didática, para entendermos melhor sobre esse, chamado por mim, "fenômeno desencadeado".

ALINNE MURAKAMI
GUADALUPE SALOMÃO

Alinne Murakami Guadalupe Salomão

Contatos
Instagram: @dra.alinne.murakamii
67 98128 8066

Graduada em Quito, na Universidade Central do Ecuardor, que é referência no estudo da medicina na América do Sul. Pós-graduada em Endocrinologia, Nutrologia e Medicina Integrativa. Formada no maior centro mundial de pesquisa e estudo do autismo, síndrome de Down e pediatria integrativa baseada em patologias adultas/infantis, MEDMAPS, no Estado da Califórnia - EUA. Formada pelo Instituto do Autismo da dra. Tiele Machado, no Rio de Janeiro, em Tratamento Integrativo Para o Autismo.

Antes de abordar o TDAH, em suma, vamos entender a abordagem. Chamo-me Alinne Murakami Guadalupe Salomão, sou médica e moro em Campo Grande, capital do Mato Grosso do Sul. A minha visão sobre os tratamentos e análises clínicas vem baseada a partir da medicina integrativa, na qual atuo e me aprofundo cada vez mais. Aliás, foi por meio da medicina integrativa que imergi cada vez mais no universo do TDAH, e foi lá que encontrei respostas para alguns questionamentos que antes não encontrava.

O TDAH, como outras condições, se alimenta da inflamação, do estresse oxidativo, da dieta pobre, da falta de sono, da deficiência de nutrientes, da falta de exercício, de pensamentos tóxicos, da má digestão, de traumas entre outros. Na medicina integrativa, buscamos as raízes, básicas e fundamentais, das doenças que podem ser vinculadas aos hábitos de vida e alimentares que a pessoa tenha.

Na visão integrativa, tentamos tirar o pensamento linear unicausal e pensar de maneira sistêmica, abarcando fatores entrelaçados, um influenciando ao outro em vez do pensamento linear de causa e efeito.

Um bom exemplo, nesta parte introdutória, para contextualizar a visão integrativa voltada ao TDAH, é imaginar a fusão da visão alopática – em que pese o ambiente em que vive o indivíduo, analisando-o de maneira individual –, já em outro sentido, voltar-se à análise tão somente do ambiente em que vive esse indivíduo, levando em consideração apenas que as consequências de certas patologias ou transtornos estão entrelaçadas tão somente a esse ecossistema. Nesse passo, a fusão dessas duas visões resume a visão integrativa, observando, dessa forma, tanto ambiente quanto propriamente o indivíduo, transformando a visão no seu contexto integral.

Isso posto, compreendendo a abordagem, podemos dizer que o TDAH pode ser considerado uma epidemia. Segundo os estudos mais recentes, foi observado que existe uma variação no comportamento evolutivo do TDAH em todo mundo, havendo discrepância nos números, considerando, portanto, o ecossistema e a cultura do lugar para se analisar o avanço da epidemia. Por exemplo, podemos notar essa variação nos dados, levando em consideração idade, classe social, raça e propriamente os pais, de 1 a 20%.

O TDAH é um dos mais frequentes transtornos neuropsiquiátricos da infância, com incidência em 5,29% das crianças em todo o mundo, mais comum em meninos que em meninas, persistindo após a adolescência em até 70% dos casos, com taxa de prevalência entre 2,9 a 4,4% na vida adulta (ARTIGO)

Mas como poderíamos qualificar o TDAH e quem o possui? Um conceito simplificado desse transtorno é: um transtorno do neurodesenvolvimento que se manifesta com um padrão persistente de déficit de atenção ou hiperatividade/impulsividade em dois ou mais ambientes e desproporcional a outras pessoas semelhantes da mesma idade.

A ideia de ser persistente não se caracteriza à questão momentânea de uma noite mal dormida, que resulta em algum grau de desatenção, ou até devido a alguma situação estressante que nos coloca em estado impulsivo. Ou seja, a ideia designa ser um padrão constante de funcionamento, repetindo esse comportamento em diversos ambientes. É interessante ressaltar que, esses estados não são seletivos em um único ambiente, nem em um determinado lugar com estímulos estressores, e sim uma condição com comportamentos observados em vários meios.

Nesse ponto, podemos ligar o sinal de alerta e ficar atentos, por exemplo, quando, por meio da escola, os professores indicarem sinais característicos do TDAH na criança ou no adolescente, sendo que os "sintomas" só ocorrem nesse ambiente. Isso vai em desacordo com o pensamento integrativo, pois essa indagação leva em consideração um ambiente isolado e, na verdade, o TDAH é um padrão repetitivo independente do meio. Ademais, é sabido que um lugar de estresse pode desviar a atenção de um indivíduo, e quando falamos de criança com dificuldades atencionais e hiperatividade na escola, tendenciosamente já se tem a ideia de TDAH, entretanto, um dos critérios para o diagnóstico é a presença desses sintomas em diversos ambientes e não somente em um exclusivo, como a escola.

De modo sintetizado, pode-se mencionar que os sintomas são percebidos em uma escala numérica, se descreve em 3 subtipos: o do tipo 1, caracterizado pela predominância da desatenção; o do tipo 2, ressaltando a hiperatividade; e, por fim, o do tipo combinado, em que se encontram presentes as duas subcategorias acima.

Quando vemos um paciente com TDAH, percebemos alterações nos comportamentos, assim o diagnóstico simplificado é restrito ao âmbito comportamental . Entretanto, é reconhecido que existe uma alteração na biologia. Ademais, é necessário mencionar que o TDAH não é uma doença e sim uma condição, com a presença de sinais e sintomas de múltiplas etiologias. Dessa maneira, é visto que a somatória de fatores genéticos, congênitos e questões ambientais são originadores do TDAH.

Nas causas genéticas, está reconhecida e detalhada a transmissão dos pais para os filhos, em que, se um dos pais possui o diagnóstico, a possibilidade é de 25% de chance que seus descendentes também tenham. Contudo, se não estiver presente em nenhum dos pais, essa estatística se reduz de 1% a 10%.

Estudos com gêmeos confirmam que existe uma incidência muito maior em gêmeos univitelinos do que em bivitelinos. Ao contrário do autismo, que é uma doença multigênica muito mais complexa no cérebro e na genética, no TDAH, às vezes, há alteração de um único "gene", como por exemplo o "gen" TDH1 ou o DRDA, que são os "genes" do receptor da dopamina, suficientes para causar esse transtorno.

Após a compreensão de modo introdutório dos aspectos do TDAH, iremos, a seguir, compreender modos de tratamento a partir de uma visão da medicina integrativa. Sabe-se que a maneira comum de diminuir os sintomas disfuncionais se dá a partir da farmacologia, porém, de acordo com a visão integradora, esse modo de tratar não aborda as causas. Assim, os resultados esperados com os farmacológicos podem não ser tão eficazes por não tratar os geradores, visto que os modos de ação dos fármacos mais conhecidos, como Ritalina, Venvanse e Conserta, são eficientes para aumentar o neurotransmissor dopamina no córtex pré-frontal. Afinal as causas do TDAH vão muito além do sistema dopaminérgico.

No entanto, esses remédios, apesar de apresentarem resultados efetivos, têm 40% de chance de apresentarem efeitos colaterais que impedem os pacientes de continuarem o tratamento, como dores de cabeça, palpitações, crise de ansiedade, piora de patologia associada, depressão e ansiedade. Sendo assim, é necessário a compreensão acerca da limitação do tratamento farmacológico.

A medicina integrativa, também reconhecida como funcional, vem para complementar o tratamento, visando melhorar os resultados já alcançados com os fármacos, obtendo assim maior eficácia e qualidade de vida.

Antes de falar propriamente do tratamento na visão integrativa, vale destacar sete aspectos a melhorar o sono: atividades físicas, dieta, redução da toxicidade ambiental, uso de suplementos, uso de fitoterápicos e aminoácidos, treinamento psicofuncional e atividade de atenção voluntária. Em seguida, vamos abordar três desses principais pontos.

No primeiro – em relação ao sono –, segundo os dados atuais, 50% dos indivíduos com TDAH têm o sono prejudicado, seja ele pelo próprio transtorno ou pelo uso dos fármacos, sendo a insônia um dos efeitos colaterais mais marcantes desses ativadores das anfetaminas. Aliás, é sabido que a privação de sono exacerba os prejuízos dos sintomas. Desse modo, uma das maneiras essenciais para a qualidade de vida é o hábito de realizar uma higiene do sono, que visa mudanças e limpezas metabólicas no cérebro para que a ação dos linfáticos cerebrais ocorra. A propósito, quais seriam as recomendações? Respeitar o sono é o primeiro passo, filtrar e delimitar os horários em que a luz azul, que é projetada por aparelhos eletrônicos como televisão e celular, está presente, ou seja, fazer um certo jejum do uso antes de dormir, preferencialmente de duas a três horas antes do sono.

Induzir o sono é uma ativação do sistema nervoso parassimpático. Existem algumas estratégias que são indicadas com esse fim, como, por exemplo, respirar melhor, meditação ou até mesmo fazer alguma atividade relaxante e não estimulante. Aquele conselho de contar os carneirinhos não é algo tão obsoleto, pois realizar algo relativamente chato ativa os indutores de sono.

Do ponto de vista dos medicamentos fitoterápicos, podemos citar um tradicional chá conhecido como "melissa", uma planta com substância que ajuda a ativar o sono. Os óleos essenciais, como o de lavanda, e os aminoácidos, como glicina, taurina, treonina e triptofano, são fundamentais para melhorar a qualidade de sono.

Além disso, tivemos um importante avanço no Brasil com a permissão de uso de melatonina – importante ressaltar que o uso deve ser indicado de modo certeiro por um profissional da área médica, visto que, se usada da maneira incorreta, ocasiona o efeito reverso, conhecido como rebote. Contudo, se utilizada de maneira adequada, os resultados são extremamente positivos, uma vez que a melatonina é um neuro-hormônio derivado do neurotransmissor serotonina, e vale destacar que, com o tempo, utilizando a melatonina, o cérebro aprende a produzi-la em maior quantidade e o indivíduo conseguirá ter uma melhor noite de sono.

Segundo tópico, é a atividade física. Apesar de já ser comprovado, inúmeras vezes que a melhor maneira de performar o funcionamento cerebral é por meio do exercício físico, é necessário mencionar como ocorrem o aumento da produção de neurotransmissores, da conectividade cerebral, a alavancagem das funções executivas, como atenção e processamento, além da melhora da memória e diminuição da ansiedade e da hiperatividade; tratam-se de exemplos dos benefícios da atividade para o cérebro. Recomenda-se cerca de 20 a 40 minutos de exercício moderado de três a cinco vezes na semana.

Chegamos no terceiro tópico. Do meu ponto de vista, é o tópico mais importante; a alimentação. Desde os anos 1970, temos estudos afirmando que os corantes alimentares e os aditivos alimentares têm influência na piora ou agravamento do TDAH em crianças pequenas. Além disso, na mesma década, já havia estudos confirmando que doses de vitaminas podem influenciar positivamente no funcionamento da atividade cerebral e o efeito do açúcar sobre a atenção e hiperatividade de modo negativo e prejudicial. Nos anos 1980, com avanço dos estudos, foi comprovado os efeitos dos aminoácidos no organismo de indivíduos e como as dietas restritivas podem melhorar o funcionamento cerebral. Nos anos 1990, foi descoberto o uso do magnésio e do ferro e seus inúmeros benefícios para atividade orgânica do corpo. Nesse seguimento, em meados dos anos 2000, os estudos revelaram a importância da suplementação com zinco, e, nos anos 2010, os benefícios da suplementação com o ômega 3, comumente conhecido como óleo de peixe.

É importante ressaltar que a restrição na alimentação e uma dieta rica em vitaminas e minerais não somente abarca e melhora os sintomas do TDAH, mas também eleva o indivíduo uma melhor condição física em aspectos gerais, melhorando sono, propiciando menos dor, evitando asma, problemas intestinais e menor percepção de fadiga. Além disso, deve-se citar que a ingestão de carboidratos simples, no que tange à piora dos sintomas, com consumo excessivo e baixa ingestão de proteínas e verduras, pode provocar o exacerbamento dos sintomas.

Levando em consideração que os indivíduos com TDAH, especialmente as crianças, têm uma tendência/sensibilidade maior à hipoglicemia, enquanto, em uma pessoa normal, a glicemia começa ser sintomática, ou prejudicar em torno de 54 em crianças com TDAH uma glicemia abaixo de 70, 75 já pode começar aparecer sintomas. Muitas crianças apresentam melhoras com a ingestão de proteínas. Por esse motivo, sempre digo que, dar a uma criança, por exemplo, leite com achocolatado açucarado no café da manhã, antes de ir para escola, é a pior escolha possível. Os achocolatados comerciais têm, em sua composição, 80% de açúcar.

Por fim, conclui-se esta breve síntese de minha perspectiva e atuação a partir da visão integrativa do TDAH. Espero ter colaborado um pouco com você, leitor e, em uma próxima oportunidade, pretendo adentrar mais nos pontos cruciais do desenvolvimento humano, visando a melhor qualidade de vida de crianças e adultos com o transtorno de déficit de atenção e/ou hiperatividade.

Referências

CHING-JUNG, Y. *et al. Sugar-Sweetened Beverage Consumption Is Adversely Associated with Childhood Attention Deficit/Hyperactivity Disorder*. Disponível em: <https://pubmed.ncbi.nlm.nih.gov/27384573/>. Acesso em: 02 maio de 2023.

CURADO, H. T. A. M. *et al.* As implicações da alimentação e seus distúrbios no TDAH em crianças. *Revista Educação em Saúde*, 7 mar. 2019. Disponível em: <http://periodicos.unievangelica.edu.br/index.php/educacaoemsaude/article/view/380 9/2647>. Acesso em: 02 maio de 2023.

DEL-PONTE, B. *et al. Sugar consumption and attention-deficit/hyperactivity disorder (ADHD): A birth cohort study* [S. l.], 15 jan. 2019. Disponível em: <https://www.sciencedirect.com/science/article/pii/S0165032718306670?-via%3Dihub>. Acesso em: 01 abr. de 2023.

ELIA, J. *et al.* Rare structural variants found in attention-deficit hyperactivity disorder are preferentially associated with neurodevelopmental genes. *Molecular Psychiatry.* 2010;15(6):637-46.

STEVENS, S. E.; SONUGA-BARKE, E. J.; KREPPNER, J. M.; BECKETT, C.; CASTLE, J.; COLVERT, E.; GROOTHUES, C.; HAWKINS, A.; RUTTER, M. Inattention/overactivity following early severe institutional deprivation: presentation and associations in early adolescence. *Journal of Abnormal Child Psychology.* 2008;36(3):385-98.

4
___

MEU FILHO TEM TDAH, E AGORA?
DORES E SOLUÇÕES A PARTIR DO DIAGNÓSTICO

De maneira simples e acessível, falarei com os pais sobre os desafios após esse diagnóstico e da desconstrução dos filhos idealizados, por meio de uma abordagem sistêmica e integrativa, dando luz às falas de bastidores, por vezes abafadas pelo medo de julgamento e incompreensão desse universo ímpar de quem tem filhos com TDAH, lembrando que cada criança é única, bem como as dinâmicas familiares.

ANA LIRA

Ana Lira

Contatos
contato@analira.com.br
www.analira.com.br
Instagram: @analiraoficial
11 94363 0565

Psicanalista, psicoterapeuta sistêmica, consteladora familiar, mãe de gêmeos e mentora. Graduada em Gestão de Pessoas, com pós-graduação em Psicopedagogia. Certificada como consteladora sistêmica integrativa, *master practitioner* em programação neurolinguística, *coach* estrutural sistêmica, *coach* criacional, analista de perfil comportamental, analista de perfil corporal e estruturação de reaprendizagem criativa. Docente, por 14 anos, dos cursos de graduação e pós-graduação de Gestão de Pessoas e de Programação Neurolinguística. Escritora, treinadora, palestrante e empresária premiada. Idealizadora do Instituto Ser de Propósito; especialista em relacionamentos intencionais a partir das dinâmicas familiares.

O diagnóstico

Existe um mundo fantasioso e idealizado quando se pensa em filhos, reforçado pelas redes sociais, que retratam momentos incríveis, cheios de sorrisos, passeios milimetricamente planejados, filhos comportados, amorosos, em um ambiente harmônio e com satisfação plena ao lidar com eles.

Essa realidade existe apenas nas fotos ou em diversos momentos vivenciados em recortes, mas não é possível viver o tempo todo assim.

E quando – além de lidar com a realidade repleta de realizações, mas também com muitos desafios – se recebe um diagnóstico de um transtorno? Não está no *script* dos pais lidar com essa situação.

Quando recebemos o diagnóstico de TDAH para nosso filho, somos confrontados com uma realidade que pode abalar nossas expectativas e nos deixar perdidos. Muitas vezes, a idealização que tínhamos sobre a maternidade/paternidade é desafiada, enfrentamos uma montanha-russa de emoções.

E o momento pode vir acompanhado de um "enfim, veio um nome para descrever o que parecia ser difícil de explicar ou entender", mas também a angústia e uma sensação de impotência misturada com frustração por não saber por onde começar.

Esse misto de sentimentos é uma realidade relatada constantemente, ano após anos, no meu consultório, geralmente por mães exaustas e cheias de culpa.

Do outro lado, existe também o desabafo e a angústia vivida pelos neuropediatras, neuropsicólogos e psiquiatras parceiros, após darem o *feedback* do diagnóstico de TDAH. Recebido muitas vezes com dor e negação, outras com alívio; porém, com a limitação em relação ao processo que deverá ser percorrido dali em diante.

Muitas vezes, os pais recusam a terapia familiar e não entendem que devem participar ativamente desse processo. Quantas e quantas vezes me deparo com essa realidade.

Pais, além de receberem o diagnóstico e proporcionar um processo profissional para o filho, vocês precisarão revisitar crenças e expectativas para poder ajudá-los.

É preciso esclarecer as dúvidas, olhar para as dores e receios, permitir-se ser acolhido e se flexibilizar frente aos novos aprendizados e às inúmeras possibilidades diante dessa realidade.

Agora é hora de entender melhor sobre os comportamentos disfuncionais decorrentes do TDAH, antes percebidos como características inerentes à criança; seguido de um processo de desconstruções de expectativas idealizadas. Depois como atuar como pai ou mãe e desenvolver um olhar amoroso e real com criança, que está muito além de um diagnóstico.

Acima de tudo, lembre-se de que um diagnóstico é um direcionamento e uma grande oportunidade de buscar soluções de maneira mais assertiva, e não um rótulo limitante ou um decreto de incapacidade ou uma justificativa para inviabilizar resultados excelentes em qualquer área.

É uma possibilidade de buscar novos caminhos e desenvolver novas habilidades, e aqui eu me refiro aos pais, que recebem esse convite da vida ao receberem o diagnóstico do filho.

O julgamento e a culpa

Acredito que, de alguma maneira, você que está lendo este capítulo lida, direta ou indiretamente, com o TDAH e deseja respostas e caminhos que possam facilitar essa condução. Independentemente de qualquer decisão, lembro que o processo psicoterapêutico, bem como a análise das disfuncionalidades da criança, é fundamental para o fortalecimento da autoestima – que, geralmente, se encontra em estado crítico – fortalecimento da inteligência emocional, autoconhecimento e criação de estratégias regulatórias, rotinas etc. Além do acompanhamento interdisciplinar, com outras especializações, de acordo com o diagnóstico.

É comum, nas sessões de *feedback* terapêutico dos filhos, os pais engajados questionarem minuciosamente o que devem fazer, como podem ajudar, o que precisa ser modificado e inserido na rotina.

Posso afirmar que, por mais que você deseje fazer o melhor por seu filho, é importante que, antes de olhar para ele, olhe verdadeiramente para você e suas crenças diante do seu papel de mãe/pai; olhe o papel dele enquanto filho e como você enxerga o transtorno.

Quero ajudar você a se liberar da culpa e/ou do peso que possa ter de maneira inconsciente; conduzi-lo para um movimento de reflexão profunda, utilizando as frases de liberação a seguir:

"Meu filho não é um troféu que validará a minha competência como mãe ou como pai."

"Meu filho não é minha extensão, ele é um ser diferente de mim e o meu papel é proporcionar meios para que ele possa despertar suas potencialidades, independentemente dos meus desejos e expectativas como mãe ou como pai."

"Meu filho tem seu valor independentemente dos resultados, das dificuldades. Seu valor é percebido pela apropriação que ele faz de sua unicidade, podendo assim entregar o seu melhor para o mundo."

Convido você, amorosamente, para ler a primeira afirmação novamente, e escrevê-la em uma folha de sulfite:

"O meu filho não é um troféu que validará a minha competência como mãe (se você for a mãe que estiver fazendo o exercício) ou como pai (se você for o pai que estiver fazendo o exercício)."

Em seguida, perceba como você se sentiu diante dos olhares julgadores no hipermercado ao estar com uma criança que não para quieta; ou por ser chamado na escola inúmeras vezes com a queixa que ele não para de falar e atrapalha a aula; ou por parecer ser disperso demais por mais que estude; entre inúmeras outras situações que surgirem em sua mente espontaneamente.

Descreva os sentimentos (sem se justificar ou explicar) que vieram à tona imediatamente ao se lembrar de algumas dessas vivências. Escreva livremente.

Permita que os sentimentos venham à tona e acolha cada um deles, sem julgamento. Quando você se permite dar luz aos seus sentimentos, sejam quais forem, então, se torna possível aprender a lidar com eles e, então, modificá-los.

Se você não consegue aceitar o seu filho como ele é, imprimindo um desejo de "consertá-lo", como o ajudará a se amar incondicionalmente, se ele não tem referências sobre esse amor?

Lembre-se: ele não é o TDAH e seus comportamentos disfuncionais (sintomas não tratados) não são suas características.

Refaça esse exercício de fácil execução quantas vezes forem necessárias até que sinta que deu, verdadeiramente, um lugar em seu coração ao seu filho real, com a mãe/pai real e humano que você é.

E quanto menor for a distância entre a sua idealização e a realidade, menor será a sensação de desconforto, cobrança, frustração e culpa.

É importante discernir que lidar com a realidade é bem diferente de se acomodar a ela ou de ocupar um lugar vitimista. Na verdade, quando saímos do lugar de julgamento da realidade e de comparações, torna-se possível criar estratégias reais e sustentáveis para modificar a realidade atual em busca de mais harmonia e funcionalidade no dia a dia.

O ressignificar

A aceitação e a ressignificação são etapas importantes no processo de lidar com o TDAH. Aceitar que a realidade é diferente do que se imaginava é um primeiro passo para o acolhimento incondicional e, por meio de espaço para existir, é possível experimentar o novo, sem peso.

É fundamental entender que a forma como a criança enxerga o mundo, pela lente do TDAH, é única e não deve ser comparada com outras pessoas neurotípicas (termo utilizado para descrever pessoas que apresentam funcionamento neurológico típico).

A ressignificação é um espaço onde há permissão para que se adote nova postura diante de um cenário e, mesmo diante de uma experiência negativa, você se permita aprender, errar e não se maltratar no processo.

Como já deve ter lido em um dos capítulos, a hereditariedade tem um percentual relevante na incidência do TDAH, como cita a psiquiatra Ana Beatriz Barbosa, em seu livro *Mentes inquietas* (2014), portanto a chance que você também seja um TDAH (ou o outro genitor), muitas vezes não diagnosticado, é muito alta.

E se você é um TDAH não diagnosticado, certamente haverá desregulações e disfuncionalidades presentes no seu dia a dia, evidenciadas, por exemplo, pela procrastinação, desorganização, baixo poder inibitório (falta de filtro), baixa tolerância à frustração, depressão, ansiedade, baixa autoestima, hiperfoco, facilidade em iniciar e dificuldade em finalizar tarefas/projetos, alta criatividade e baixo poder de execução, entre outros sintomas – além das comorbidades, em maior ou menor grau, entre outras.

Imagine-se tendo, agora, que lidar com a demanda do seu filho?

Essa é uma realidade observada no consultório constantemente e no grupo de mulheres que ocorre no instituto. As falas são carregadas inicialmente de muita frustração e sensação de fracasso e pesar. Você já vivenciou essa situação? Se sim, quero convidá-lo para entrar em contato com a sua parte mais pura, a sua criança, e de mãos dadas com ela. Olhando em seus olhos, diga: "Você está comigo, mas sou eu quem cuido de você. Você não precisa se preocupar, pois estou aqui. Você me ajudará trazendo as lembranças e podemos nos divertir no caminho". E se libere dos pesos desnecessários.

Por meio dos filhos, temos a oportunidade de revisitar nossas sombras e, também de fazer as pazes com a nossa criança e prover a ela tudo que faltou, de maneira amorosa em busca da evolução. Busque o suporte necessário para lidar com seu processo, se for necessário, pois esse reencontro e ressignificação consigo poderão ajudá-lo(a), profundamente, a ajudar o seu filho.

E se esse não for o seu caso, o processo de ressignificação ainda se faz necessário, para acomodar um novo olhar e novos caminhos.

Como pais, é preciso se desidentificar dos desafios enfrentados ao lidar com o TDAH de seu filho, independentemente de você também ter TDAH ou não.

Você é mais do que as dificuldades que enfrenta. Reconheça o seu valor e perceba que está buscando soluções de maneira ativa e amorosa. Você não é responsável por todas as frustrações e obstáculos que surgem, mas é possível encontrar recursos e estratégias para auxiliar o seu filho em seu desenvolvimento.

Um aspecto essencial nesse processo é compreender que nosso filho não é definido pelos sintomas do TDAH. Ele é muito mais do que isso. Devemos separar a pessoa dos sintomas e lembrar que seu valor está além das dificuldades que enfrenta. A desidentificação nos permite enxergar o potencial e as qualidades únicas do nosso filho, além de promover autoestima e confiança.

As possibilidades

Lidar com o TDAH exige uma dose extra de paciência, resiliência e compreensão. É importante lembrar que cada criança é única, assim como as dinâmicas familiares.

É realmente possível realizar sonhos e não se limitar por conta do diagnóstico de TDAH, por meio de estratégias sistêmicas e integrativas, liberação de cargas desnecessárias, acesso a recursos que facilitam e propiciam uma compreensão melhor sobre os comportamentos disfuncionais decorrentes do TDAH, antes percebidos como características inerentes à criança; seguido de um processo de desconstrução de expectativas idealizadas e sobre um novo modelo de como atuar sendo pai ou mãe, guiados por um olhar amoroso da criança real além de seu diagnóstico.

Muito além de um olhar técnico, este capítulo foi escrito pelo olhar de uma pessoa com TDAH, hiperativa com altas habilidades, que sentiu na pele as dores e dificuldades em não se encaixar nos rótulos, dos altos e baixos emocionais e dos picos de energia e falta dela; mas que também aprendeu a superar desafios e criar estratégias para se tornar funcional e alcançar cada uma de suas metas; que buscou suporte e não se limitou, muito pelo contrário, e que acima de tudo aprendeu a se aceitar e se amar incondicionalmente.

Há também o olhar de mãe de uma criança hiperativa, com TDAH e altas habilidades, que vivencia diariamente essa rotina diferenciada e que consegue entender com profundidade cada dor, cada desafio, celebração, as intensidades dos picos e vales, muitos deles também vivenciados por mim.

Nesses momentos com meus filhos, nos atendimentos clínicos com pais e filhos, nas capacitações de profissionais da educação e nas capacitações corporativas, sinto imensa gratidão por esse caminho que me trouxe até aqui. Dando luz e sentindo ampliado de cada superação que vivencie e ainda vivencio, pois essas estão muito além de mim e das minha jornada.

Todas essas vivências me capacitaram muito além do olhar técnico. Deixa-me munida com uma profunda empatia, pelo olhar realmente integral, tanto como pessoa, como profissional e, me motivando cada vez mais a acolher e auxiliar pais e filhos nesse caminho de infinitas e novas possibilidades.

Sintam-se vistos, acolhidos, compreendidos e auxiliados. Esse é um caminho diferente e único, e não precisa e nem deve ser percorrido sozinho.

Sejam bem vindos ao lar de quem vive imersa nesse universo do TDAH e de quem sabe que um diagnóstico não define quem você e muito menos de quem pode se tornar!

Referências

ANTUNES, R. *Felicidade como mindset*. São Paulo: Globus, 2019.

BANDLER, R.; GRINDER, J. *Sapos em príncipes – programação neuroliguística*. São Paulo: Summus, 1982.

BURKHARD, G. *Tomar a vida nas próprias mãos*. 6. ed. São Paulo: Antroposófica, 2016.

GUEDES, T. *Movimento do amor*. São Paulo: Spontaneum, 2017.

HELLINGER, B. *Criador da nova abordagem da psicoterapia sistêmica. A simetria oculta do amor: por que o amor faz os relacionamentos darem certo*. 6. ed. São Paulo: Cultrix, 2006.

MARQUES, J. R. *Viver em família – como vencer as dores e conflitos familiares*. Goiânia: IBC, 2020.

SANTANA, E. *Constelação familiar – as leis do amor*. 2. ed. São Paulo: Alfabeto, 2018.

SILVA, A. B. B. *Mentes inquietas – TDAH desatenção, hiperatividade e impulsividade*. São Paulo: Principium, 2014.

5

O QUE VOCÊ NÃO SABE SOBRE TDAH
O LADO POSITIVO, QUALIDADES, TALENTOS E POTENCIALIDADES

Quando se pensa em TDAH, logo vem a errônea imagem de uma pessoa fracassada. Ao se referir às crianças, então, o que se pensa é: pestinha, bagunceiro, agitado, desatento, dentre outros. E aí é que está o equívoco em todos esses estigmas que perpassam o inconsciente coletivo. Neste capítulo, mostrarei a você o lado que ninguém conta sobre o transtorno: os talentos, as qualidades e as potencialidades que o indivíduo com TDAH possui. Sem romantizar o transtorno, de forma clara e compreensível, você vai aprender como esse cérebro tem talentos exímios.

Ana Paula Souza

Contatos
psico.anapaulaa@gmail.com
Facebook: bit.ly/3BNn2Cw
Instagram:@psico.anapaulaa
31 97138 1538

Pedagoga, psicopedagoga graduada pela UFMG (2010), com pós-graduação em TDAH, Transtorno do Espectro Autista (TEA), Novas Tecnologias Educacionais, Neurociências e Aprendizagem e em Psicopedagogia Clínica e Institucional. Especialista em TDAH infantil e juvenil, além de ser uma apaixonada por neurociências. Realiza atendimentos, palestras, cursos e *workshops*.

Antes de iniciar o capítulo, gostaria de destacar que cada ser humano é único e cada um tem potencialidades e enfrenta desafios individuais. Certamente, quando você ouve falar de TDAH, várias imagens surgem a sua mente: pessoas fracassadas, que não param em emprego nenhum, que não conseguem terminar uma faculdade ou projeto que iniciaram, dentre outras. Se pensarmos em crianças então, logo a imagem que aparece é daquela criança "pestinha", que bate em todos, não para quieta, sobe em tudo e parece não ter limites. Essa imagem perpassa a mente de grande parte das pessoas que não possuem tanta informação sobre TDAH, e elas não estão erradas, várias dessas informações descritas são exatamente os sintomas existentes em pessoas com TDAH. Porém, o que a maioria não sabe, ou por falta de conhecimento sobre o tema ou por falta de acesso, é que essa não é uma informação completa.

De fato, os indivíduos com TDAH possuem sintomas característicos porque o cérebro funciona de maneira diferente dos demais. Mas esse funcionamento cerebral singular também possui especificidades que fazem com que os TDAHs sejam talentosíssimos e que obtenham enorme sucesso em várias áreas específicas que, ao longo do capítulo, explicarei melhor.

Meu objetivo aqui não é romantizar o transtorno ou os sintomas dos indivíduos que o possuem, não me entendam mal. Realmente, lidar com um cérebro TDAH é desafiador e requer extremo esforço de quem o possui. Meu objetivo é ressaltar as potencialidades que esse cérebro possui e destacar talentos e sucessos que esses indivíduos podem alcançar APESAR do TDAH.

A desinformação e os rótulos

Ao lidar com TDAH, durante a minha carreira, pude perceber que a desinformação é um dos maiores entraves a respeito do TDAH. No meu dia a dia no consultório, atendendo diversas famílias de pacientes que possuem TDAH, percebo que elas se descobrem solitárias e carentes de informação.

Muitas das vezes sofrem repressão dos próprios membros da família com comentários do tipo: "Esse menino não tem nada, precisa de uma boa coça, isso sim!"; ou então: "Na minha época, não tinha nada disso, invenção de moda para não corrigir os meninos!"; ou até mesmo: "Ela é tão inteligente, acho que não tem nada disso!".

Realmente, a nossa sociedade não possui informação para lidar com os diferentes transtornos existentes, mas é possível realizarmos um trabalho de apoio, acolhimento e conscientização. Cabe aqui enfatizar que o corpo docente escolar também não tem preparo e informação suficiente para lidar com alunos atípicos, ou seja, que possuem transtornos e deficiências. Falo isso por experiência própria de anos e anos trabalhando como professora em escolas que recebem diversos tipos de alunos com os mais distintos transtornos, inclusive TDAH.

Quem acaba sofrendo com toda essa rede de desinformação é o indivíduo que tem TDAH, pois ele é incompreendido e rotulado desde criança, tanto na escola quanto em casa; ingrediente decisivo para que a autoestima esteja completamente comprometida.

Por isso, grande parte dos indivíduos com TDAH se sentem diminuídos, incapazes, ansiosos e desmotivados. Segundo Mattos e colaboradores (2005) e Gomes e colaboradores (2007), além dos sintomas do transtorno, em mais de 50% dos casos de TDAH, existem comorbidades, como ansiedade, depressão, transtorno de aprendizagem dentre outras.

Funcionamento cerebral dos TDAHs

Os estudos acerca do funcionamento cerebral humano têm avançado cada dia mais, porém ainda temos muito a caminhar e não existe matemática exata no que diz respeito ao conhecimento cerebral humano. Em 1990, o psiquiatra norte-americano Alan Zametkin, do National Institute of Health, constatou que havia uma ciranda bioquímica diferente nos cérebros dos indivíduos com TDAH. Essas pesquisas apontaram que os indivíduos que apresentam sintomas de TDAH possuem menos circulação sanguínea no lobo frontal, se comparado aos demais.

Tais estudos evidenciam que o lobo frontal funciona como se fosse um "filtro" inibidor do cérebro, ou seja, faz uma filtragem dos impulsos que saem de diferentes partes do cérebro e chegam até ele. No cérebro TDAH, de acordo com pesquisa feita por Alan Zametkin, existe uma redução de fluxo sanguíneo no hemisfério direito, ou seja, apresenta uma redução na capacidade do lobo frontal direito em bloquear respostas impróprias vindas de outras partes do cérebro com o objetivo de elaborar uma ação apropriada no comportamento humano. Esse indivíduo com TDAH possui dificuldades em bloquear impulsos impróprios e apresentar um comportamento "socialmente esperado". Como assim? Esse indivíduo demonstra uma "falha" no filtro e, por isso, terá uma reação mais intensa, bem maior do que é esperada. Vou dar um exemplo para ilustrar: um amigo do trabalho pede a você algo emprestado. No dia seguinte, quando esse amigo pergunta sobre o objeto e você diz que se esqueceu; ele grita com você, fica nervoso e, por vezes, até chora. Então, você reconhece que essa reação foi exagerada demais, não é mesmo? É isso que acontece com o cérebro TDAH que possui essa pequena "falha" no filtro inibidor, que é o lobo frontal.

Agora, por outro lado, essa diminuição de fluxo sanguíneo na região frontal direita nos leva a inferir que o lado esquerdo "funciona mais" que o lado direito. Mas o que significa isso na prática? Significa que foi observado que os indivíduos que possuem TDAH têm uma visão de mundo mais detalhada e possuem pensamentos alternativos acerca de todas as questões que eles se deparam, ou seja, pensam "fora da caixinha".

Potencialidades dos TDAHs

Esses indivíduos têm um lado cognitivo e emocional exacerbado na tomada de decisões, mas isso pode ser benéfico. A capacidade de tomar decisões de maneira intuitiva é um dos componentes essenciais para o processo criativo.

Podemos descrever esse sintoma como um diferencial positivo para os indivíduos que possuem TDAH.

Engana-se quem pensa que pessoas que possuem TDAH são coitados ou que não são inteligentes, pelo contrário, são donos de mentes geniais, criativas e brilhantes. São capazes de realizar coisas grandiosas e fascinantes com intuitividade e criatividade. Claro que se bem orientados, direcionados e conscientes do próprio talento.

Segundo a publicação da Associação Brasileira do Déficit de Atenção, existem pesquisadores que argumentam que essa "falha" no lobo frontal, que causa os sintomas do TDAH, deixa a mente mais aberta, proporcionando melhores condições para *insights*.

É possível observar que indivíduos com TDAH são entusiasmados, cheios de energia, dotados de enorme vontade de viver. Em geral, eles correm atrás dos objetivos com perseverança e motivação, principalmente se for algo que sentem paixão, dedicam-se e ficam horas a fio estudando sobre aquele tema. Isso acontece por causa do hiperfoco, que nada mais é do que a capacidade de focar em algo que sente paixão. Esse hiperfoco traz consigo maior produtividade, tornando o indivíduo capaz de produzir muitas coisas em curto período de tempo, com excelência e qualidade.

Podemos perceber isso quando descobrimos histórias de sucesso como a de um dos maiores empresários de todos os tempos: Walt Disney. Descrito como inquieto, tinha um rápido fluxo de ideias e havia sintomas que levaram ao diagnóstico de TDAH, até então desconhecido naquela época.

Segundo o próprio empresário: "por natureza, sou um experimentador. Até hoje não acredito em sequência. Não consigo seguir ciclos populares. Eu tenho que mudar para coisas novas. Assim, com o sucesso do Mickey, eu estava determinado a diversificar". Walt Disney foi rejeitado em diversos empregos por falta de criatividade, hoje sabemos que ele criou o maior estúdio de animação de Hollywood, os parques temáticos da Disney e diversos personagens que se eternizaram com ele e seu brilhante legado.

TDAHs candidatos às profissões do futuro

Histórias como a de Walt Disney e inúmeras outras de sucesso nos levam a crer que as pessoas diagnosticadas com TDAH estão à frente do seu tempo; e são, sem sombra de dúvidas, candidatos a exercerem as profissões do futuro. Sabemos que o mercado de trabalho vem mudando de forma significativa com o tempo. Mais do que isso, a tecnologia também vem causando mudanças radicais.

Existem profissões que correm o risco de desaparecerem com o tempo. Entre elas, estão aquelas mais operacionais; as atividades repetitivas podem ser substituídas pelas máquinas. Enquanto essas perdem espaço, as profissões do futuro ganham protagonismo no mercado de trabalho. Nisso, podemos destacar que intuição, criatividade e inventividade apresentadas pelas pessoas que têm TDAH não podem ser substituídas por nenhuma inteligência artificial.

Essas profissões exigem essas características peculiares – criatividade, flexibilidade e capacidade de resolver problemas com perspectivas diferenciadas – presentes nos indivíduos com TDAH. Um exemplo é o desenvolvedor de jogos. Essa profissão requer criatividade e uma mentalidade voltada para soluções inovadoras. Além disso, desenvolvedores de jogos, muitas vezes, trabalham em equipes colaborativas e lidam com prazos apertados, o que pode ser estimulante para pessoas com TDAH.

Outra profissão do futuro que surge com grande destaque é a de especialista em marketing digital. Uma área em constante mudança que exige profissionais capazes de acompanhar e adaptar-se às novas tendências. Quem trabalha com marketing digital precisa ser criativo e inovador, componentes presentes nos cérebros de indivíduos com TDAH.

Para finalizar este capítulo, quero deixar um recado para todos que convivem com alguém que tenha TDAH: ajude-o, direcione-o a buscar talentos e potencialidades. Mais do que isso, auxilie-o a desenvolver esses talentos da melhor maneira possível.

Evite criticar quando ele falhar em dar continuidade a um projeto, ou quando apresentar atitudes explosivas e impulsivas, sabemos que esse é um dos sintomas do TDAH.

Quando for possível, haja como um incentivador, de modo que o ajude a tirar do papel ideias, fortalecer projetos e torná-lo executor.

Lembre-se: eles necessitam de estímulos externos para que consigam executar os projetos; são muito criativos, contudo, pouco executores. Não rotule, seja criança ou adulto. Os rótulos só aprisionam o indivíduo naquele lugar. Enxergue o indivíduo ALÉM DO TDAH, APESAR do TDAH. Existem muitas possibilidades. Seja uma pessoa que levanta, que impulsiona.

Abraços,

Ana Paula Souza

Referências

AMERICAN PSYCHIATRIC ASSOCIATION. *DSM-IV-TR. Manual diagnóstico e estatítico de transtornos mentais.* Porto Alegre: Artmed, 2002.

BELLI, A. A. *TDAH e agora? A dificuldade da escola e da família no cuidado e no relacionamento com crianças e adolescentes portadores de transtornos de déficit de atenção/hiperatividade.* São Paulo: STS, 2008.

COUTO, T. de S.; DE MELO-JUNIOR, M. R.; DE ARAUJO GOMES, C. R. Aspectos neurobiológicos do transtorno do déficit de atenção e hiperatividade (TDAH): uma revisão. *Ciência cognitiva,* Rio de Janeiro, v. 15, n. 1, pp. 241-251, abr. 2010. Disponível em: <http://pepsic.bvsalud.org/scielo.php?script=sci_arttext&pid=S1806-58212010000100019-&lng=pt&nrm-iso>. Acesso em: 26 mar. de 2023.

GOMES, M.; PALMINI, A.; BARBIRATO, F.; ROHDE, L. A. E.; MATTOS, P. Conhecimento sobre o transtorno de déficit de atenção/hiperatividade no Brasil. *J. Bras. Psiquiatr.*, 56 (2), 94-101.

MATTOS, P.; PALMINI, A. *et al.* Painel brasileiro de especialistas sobre diagnóstico do transtorno de déficit de atenção/hiperatividade (TDAH) em adultos. *Rev. Psiquiatr.*, 28 (1), 50-60.

RANGEL JÚNIOR, É. DE B.; LOOS, H. Escola e desenvolvimento psicossocial segundo percepções de jovens com TDAH. *Paidéia* 21(Paidéia (Ribeirão Preto), 2011 21(50)), 373–382. Disponível em: <https://doi.org/10.1590/S0103-863X2011000300010>. Acesso em: 13 jul. de 2023.

SILVA, A. B. B. *Mentes inquietas: TDAH: desatenção, hiperatividade e impulsividade.* 4. ed. São Paulo: Globo, 2014.

ZAMETKIN, A. J. Brain Metabolism in Teenagers with Attention-Deficit Hyperactivity Disorder. *Archives of General Psychiatry,* v. 50, n. 5, pp. 333-340, 1993.

6

A INFLUÊNCIA DA FAMÍLIA NA CRIANÇA COM TDAH

O presente capítulo tem como objetivo deixar registrado minha experiência de 37 anos como psicóloga, com a intenção de colaborar com as famílias a lidar com o TDAH. Escrevo, aqui, alguns recursos para serem colocados em prática diariamente para amenizar as dificuldades na vida cotidiana. Enfatizando a importância da família na vida da criança com TDAH.

ANTONIA SANTOS DA SILVA

Antonia Santos da Silva
CRP 14/00488-3

Contatos
instsuperacao.com.br
psi.antonia@gmail.com
institutosuperacaoedu@gmail.com
Instagram: @institutosuperacao.oficial
@psicologaantoniasilva
67 99921 3159
67 3383 8840

Psicóloga há 37 anos. Fundadora do Instituto Superação em Educação, empresa que presta serviços na área do conhecimento e prevenção de saúde mental, com ênfase na psicologia positiva e neurociência. Realiza serviços, como avaliação psicológica, educação empresarial, perícia psicológica, programas destinados a mulheres, palestras e mentorias.

A família é o primeiro grupo social com o qual a criança se comunica, na qual busca a primeira referência. Interferindo no crescimento e bem-estar da mesma a partir da educação primária, a família é responsável pelo modelo que a criança apresentará quanto ao comportamento no desempenho dos papéis sociais pelas normas e valores que regem tais papéis.

A família, segundo Reis (2021), tem um papel ativo na formação da personalidade da criança. Segundo Fonseca, "após o nascimento, a criança começa a sofrer influências familiares que, aos poucos, vão moldando seu comportamento. A maioria das influências que os pais trazem para os filhos são quase inconscientes; a criança constrói a personalidade com base nas experiências da infância, uma das mais importantes é a condição psicológica que lhe foi dada pelos pais; muitas vezes os valores recebidos na família são ameaçados por outras situações de associação; os pais têm determinadas formas de comportamento, e essas influenciam de forma diferente os filhos, que podem ter personalidades diferentes; a criança deve desenvolver um bom autoconceito, e por isso a reação dos adultos é muito importante" (FONSECA, 1999, pp. 15-16).

Desse modo, a família tem um papel fundamental na educação de uma criança com TDAH, sendo o primeiro incentivo e parte da motivação. No qual, primeiramente, está no poder da família, o repasse da cultura, orientando a criança a desenvolver suas habilidades, estimular e dar condições à criança para desenvolvê-las (DESIDÉRIO, 2007).

Quando as crianças recebem um bom incentivo em casa, em que os pais acompanham o processo educativo, ajudam nos trabalhos de casa, vão às reuniões e contatam sempre os professores, as chances de crianças com TDAH terem sucesso na escola aumentam de acordo com o que sabem fazer, atingindo o padrão de suas competências. Nesse sentido, é preciso respeitar o tempo da criança com TDAH, que, muitas vezes, não será o mesmo tempo da criança considerada "normal" (INEP, 2019).

Segundo Dessen (2017), filhos de pais ausentes vivenciam sentimentos de inferioridade, falta de autoconfiança, inatividade e desinteresse, grandes barreiras para a escolarização. Contudo, a comunicação entre o psicopedagogo e a família pode trazer informações sobre os fatores que interferem na aprendizagem e mostrar as formas mais adequadas de ajudar uma criança com TDAH. Também possibilita orientar os pais a entenderem a grande influência das relações familiares no desenvolvimento dessas crianças.

Por isso, é extremamente importante que a escola mantenha um canal de diálogo com os familiares e esteja comprometida com os estudantes, especialmente os que apresentam dificuldades. É preciso voltar um olhar de atenção a essa criança e compreendê-la como um indivíduo capaz de aprender, mas que necessita de diferentes estratégias (PEREIRA, 2018).

A participação da família no contexto do grupo é abordada por Marques no sentido que,

> (...) a família é uma fonte efetiva de ajuda para a criança; quando é saudável, quando é um grupo organizado e estável, quando o sistema de autoridade é claro e aceitável, quando a comunicação é aberta e quando os membros exercem controle e suporte. É na família que se produz a felicidade. A felicidade que a criança sente ao seu redor é importante para o seu crescimento.
> (MARQUES, 1993)

Portanto, é essencial considerar o contexto familiar em que a criança está inserida. Às vezes alguns dos sintomas que uma criança apresenta podem representar situações que a criança está vivenciando na família. Nesse sentido, destaca-se a importância de fortalecer a família em seu papel de favorecer o desenvolvimento e a aprendizagem da criança.

Os papéis familiares são variados e muito importantes no desenvolvimento mental da criança. Os papéis da família são considerados por Minuchin como:

> muito diferentes, mas alguns desses papéis são importantes, entre eles: a socialização dos filhos; o cuidado dos filhos, tanto físico quanto emocional; apoio familiar; assuntos domésticos; carinho; relações familiares; o papel da terapia e apoio emocional; e o papel do entretenimento.
> (MINUCHIN, 1990)

Na família, a presença de uma criança com TDAH pode criar alguns obstáculos, visto que a doença pode aparecer com outros problemas relacionados. Nesse sentido, Alves alerta que:

> o TDAH pode se apresentar apesar de um alto índice de comorbidade, ou seja, a ocorrência simultânea de duas ou mais doenças ou outros problemas biológicos, como depressão, transtornos de ansiedade e transtornos de aprendizagem.
> (ALVES, 2014)

Diante disso, é importante destacar quais são os principais problemas de aprendizagem decorrentes do TDAH.

Dentre vários, faço menção a três tipos principais de TDAH.

O primeiro é o tipo predominantemente desatento. Os sintomas mais proeminentes são comportamentos como cometer erros descuidados no trabalho escolar; incapacidade de se concentrar, mesmo durante um jogo; parecendo não ouvi-lo, mesmo quando você fala diretamente com ele ou ela; e, sem ser abertamente desobediente, a criança desatenta se distrai no meio de tarefas ou inicia tarefas e não as termina.

O segundo é o tipo hiperativo-impulsivo, caracterizado por comportamentos impulsivos e hiperativos, sendo o comportamento desatento menos perceptível ou até ausente. São crianças que costumam se envolver em conversas e interrupções excessivas; gritam respostas a perguntas sem esperar que a pessoa que fez a pergunta termine; têm dificuldade em esperar a vez e estão sempre em movimento, escalando, remexendo-se e/ou correndo.

Já o **TDAH do tipo combinado** apresenta vários comportamentos que ocorrem em ambos os tipos listados acima.

A tarefa da família de lidar com uma criança com TDAH, tornar-se mais fácil utilizando alguns mecanismos de enfrentamento e perspectivas saudáveis. Sendo assim, aqui estão algumas dicas sobre como lidar com o TDAH. Lembre-se do positivo, é fácil pensar no TDAH como um transtorno puramente negativo, os próprios termos "déficit" e "transtorno" denotam isso. Mas é importante lembrar alguns dos aspectos positivos do TDAH. Isso inclui características, como: criatividade, sensibilidade, incluindo empatia pelos outros, observação cuidadosa do ambiente, emoções profundas, perceptividade, imaginação, curiosidade, inventividade, espontaneidade, proficiência em esportes e atletismo, resiliência e carisma.

Outra dica é realizar a terapia familiar juntos. O terapeuta pode trabalhar com todos na família e ajudá-los a desenvolver estratégias de enfrentamento.

Esse tipo de terapia de grupo é útil porque todos estão em sintonia com o que está acontecendo e como lidar com as demandas. O desenvolvimento de rotinas também é fundamental, porque as crianças acham útil quando as coisas são previsíveis. Você não precisa cumprir uma programação rígida, mas ter uma rotina previsível pode promover uma sensação de segurança em uma criança com TDAH que, geralmente, é muito sensível às mudanças no ambiente.

Ademais, ignore o comportamento negativo e tente resistir ao impulso de reclamar dos sintomas do seu filho, como se mexer. Certifique-se de que todos na família saibam que esses são sintomas do TDAH, e não traços de caráter de seu filho. Tente envolver toda a família, ignorando os sintomas inconsequentes. E não culpe a si mesmo ou aos outros.

Existem orientações dietéticas para crianças com TDAH. Muitas vezes, ajudam a aliviar significativamente os sintomas. Ao fazê-las em família, tornam-se uma maneira de apoio. Além disso, seu filho provavelmente tem muitos talentos e muita inteligência. Se você encontrar uma atividade na qual ele seja bem-sucedido e se sinta realizado, isso pode ajudar a dinâmica de toda a família. Seu filho desenvolverá senso de realização e autoestima.

A seguir, darei dicas para ajudar seu filho a ter sucesso na escola. Primeiramente, ser o defensor de seu filho. Fale com a professora dele com antecedência e mantenha as linhas de comunicação abertas entre você, a professora de seu filho e outras autoridades escolares. Se possível, marque reuniões semanais ou mensais com a professora de seu filho para verificar o progresso e compartilhar técnicas e estratégias.

Ajude seu filho a saber o que fazer, ele provavelmente deseja obedecer e ser disciplinado, mas simplesmente não consegue descobrir como fazer isso acontecer. Desse modo, faça algum treinamento com antecedência e tente se lembrar dos detalhes: coisas que são óbvias para você podem não ser tão óbvias para seu filho. Não diga a ele apenas para ficar quieto; ensine-lhe técnicas para ficar parado. Ensine-lhe técnicas para manter o foco, esperar sua vez nas conversas e assim por diante.

Sente-se com seu filho e estabeleça metas realistas e factíveis. Esse não é o momento de você dizer ao seu filho o que espera que ele faça, esse é um momento para vocês falarem sobre o que ele deseja realizar e como você pode ajudá-lo a chegar lá. Anote essas metas e lembre-se delas quando estiver lidando com problemas de comportamento. Deixe seu filho falar com você e evite interromper. Lembre-se: você provavelmente disse a ele para não interromper (isso, às vezes, é um problema com crianças com TDAH).

Recompensar o comportamento aceitável é um passo em direção ao objetivo de seu filho. Tente evitar punições, mas concentre-se no reforço positivo. Talvez seu filho possa ganhar tempo para brincar ou algum outro tratamento especial. Tente fazer com que a recompensa se ajuste à natureza da conquista, pequenas recompensas para pequenas vitórias. Foi demonstrado que a meditação ajuda a aliviar os sintomas de TDAH. Ioga, Pilates e outros movimentos e exercícios meditativos são projetados para trazer foco e paz. O exercício e a disciplina das artes marciais, que, geralmente, estão associados à meditação, também têm o potencial de fornecer uma válvula de escape e um alívio subsequente. O exercício é considerado benéfico para qualquer pessoa, mas para a criança com TDAH pode fazer uma diferença substancial. Além de ajudar no desenvolvimento, ajuda a canalizar a energia para algo construtivo. Promove uma sensação de autoestima, especialmente se o exercício for um esporte.

Referências

ALVES, G. M. A. Avaliação neuropsicológica de crianças com transtorno do déficit de atenção e hiperatividade (TDAH). Revisão da literatura. *Revista Ibero-americana de estudos em Educação*. Araraquara, v.9 n.4, 2014.

DESSEN, M. A. A família e a escola como contextos de desenvolvimento humano. *Paidéia*. Ribeirão Preto, v.17 n.36, 2017.

DESIDÉRIO, R. C. S. Transtorno de déficit de atenção/hiperatividade (TDAH): orientações para a família. *Revista Semestral da Associação Brasileira de Psicologia Escolar e 39 Educacional* (ABRAPEE). Maringá, v.11 n. 1, 2007.

FONSECA, N. G. *A influência da família na aprendizagem da criança*. São Paulo: CEFAC – Curso de Especialização em Linguagem, 1999.

KELMAN, C. A. Desenvolvimento humano e singularidade na perspectiva histórico cultural. *In:* MACIEL, D. A. *Desenvolvimento humano, educação e inclusão escolar*. Brasília, 2010. pp.11-24.

MELO, A. A. P. *Influência da família no processo de aprendizagem escolar infantil*. Sociedade Universitária Redentor – Faculdade Redentor, 2012.

OLIVEIRA, N. H. D. Contexto da família. *In: Recomeçar: família, filhos e desafios*. São Paulo: Editora UNESP.

PEREIRA, F. *Para uma educação inclusiva: manual de apoio à prática*. Lisboa: Direção-geral de Inovação e de Desenvolvimento Curricular, 2018.

REIS, G. V. Transtorno de déficit de atenção e hiperatividade (TDAH): Doença ou apenas rótulo? Anais do Sciencult. *Periódico UEMS* v. 2 n. 1. Paranaíba, 2021.

7

NEUROPSICOPEDAGOGIA
UM ESTUDO DOS IMPACTOS DAS DISFUNÇÕES EXECUTIVAS NA PESSOA COM TRANSTORNO DE DÉFICIT DE ATENÇÃO E HIPERATIVIDADE (TDAH) NA SITUAÇÃO EDUCACIONAL

O comportamento das pessoas pode dizer muito sobre elas. Com o auxílio da neurociência, hoje conseguimos trilhar caminhos que nos ajudam a perceber que, muitas vezes, o comportamento desatento e a manutenção da atenção em tarefas simples do dia a dia, para algumas pessoas, são, realmente, desafios muito difíceis. Este capítulo foi elaborado carinhosamente para poder auxiliar profissionais, país, e até mesmo adultos que não compreendem seus comportamentos, porém, sabem quanto prejuízo isso traz para sua vida. Nosso intuito é mostrar, por meio de estudos e nossa prática profissional, que, muitas vezes, esse problema está associado a um transtorno.

BERENICE EDNA DE OLIVEIRA E MARIA CAROLINE DOS SANTOS

Berenice Edna de Oliveira

Contatos
Instagram: @cerebros_emmovimento.oficial
@cbc.cursosonline
19 99619 8017

Mestre em Educação (UFSP), especialista em Neuropsicopedagogia, Psicopedagogia, Psicomotricidade, Terapia Cognitivo-comportamental, Educação Especial e Inclusiva, Educação Matemática, Educação e Orientação Pedagógica em universidades. Graduada em Matemática, Pedagogia, Letras, PICs, Gerontologia; e graduanda em Fonoaudiologia. Coautora do livro *Pais de autistas* (Literare Books). Atendimento clínico na cidade de Valinhos/SP.

Maria Caroline dos Santos

Contatos
Facebook: @psicopedagoga_carolsantos_
Instagram: @psicopedagoga_carolsantos_
19 99172 4122

Pedagoga graduada pela Universidade Paulista (UNIP) em 2009, com pós-graduação em Psicopedagogia Clínica e Institucional, Neuropsicopedagogia Clínica, psicomotricista e neuroeducadora. Especialização em Análise do Comportamento Aplicada (ABA), capacitações aba e autismo na prática para profissionais Senso TEA – disfunção sensorial no TEA, teste de avaliação autismo TDAH, TDAH 360 – programa on-line de aperfeiçoamento em TDAH (Grupo Rhema), mentoria Como lidar com mentes a mil por hora, TDAH na escola: da teoria à prática para profissionais, TDAH: os pilares da avaliação correta, Meu filho tem TDAH (NeuroSaber), TOD: transtorno opositor desafiador (Grupo Rhema), Neurodesenvolvimento e Funções Executivas (CBI Of Miami). Coautora do livro *Pais de autistas* (Literare Books International). Atendimento clínico na cidade de Louveira/SP.

> *Não caia na armadilha induzida pelas tendências da atualidade e procure desacelerar, refletir melhor sobre momentos de decisão em sua vida e na vida de quem vive com você.*
> DR. CLAY BRITES (in memoriam)

O foco do presente estudo é atingir os profissionais da saúde e educação, pesquisadores e pais que desejam compreender e se dedicar ao estudo do TDAH para melhorar a qualidade de vida nas esferas sociais e proporcionar estratégias para atingir os objetivos educacionais e profissionais. A pesquisa analisa as consequências das disfunções executivas na pessoa com TDAH na conjuntura escolar, apresentando os problemas para executar tarefas elaboradas que requerem bom funcionamento das funções executivas para ter êxito nas tarefas propostas. A ausência de atenção, a agitação e a impulsividade são características marcantes do TDAH. Ele é dividido em três tipos: o desatento, o hiperativo-impulsivo e o combinado, que apresenta simultaneamente desatenção e hiperatividade-impulsividade. Os diferentes grupos têm as suas particularidades que refletem influências nas esferas familiar, social e escolar, o que dificulta a execução das tarefas executivas. É uma revisão sistemática, baseada nas literaturas, revistas, jornais, artigos de revisão e experimentos, assim como as teses que estão disponíveis para pesquisa. Com o objetivo de demonstrar a relevância do exercício das funções executivas na pessoa com TDAH para um melhor desempenho no ambiente escolar e social.

TDAH e as funções executivas

O TDAH é descrito como uma história que teve início com as obras de dois médicos e escritores, o escocês Alexander Crichton, em 1798, que relatou em seu romance a falta de atenção em jovens. (SOUZA, *et al.*, 2021).

Segundo Souza *et al.* (2021), o início oficial da história do TDAH foi apresentado pelo pediatra George Frederic Still, em um artigo no qual explicitava a "deficiência do controle moral" em crianças que, provavelmente, seria um dano neurológico e biológico. Entre 1917 e 1918, houve um surto de encefalite letárgica misteriosa na América do Norte, que teve uma associação com o início e a causa da existência do TDAH. A primeira droga sugerida pelo psiquiatra americano Charles Baddley foi a bezenderina, em 1937. Em 1944, a medicação usada foi o metilfenidato, que hoje é chamado de Ritalina.

Costa *et al.* (2014) e Souza *et al.* (2021) consideram um problema de saúde pública, segundo a American Psychiatric Association, e é caracterizado pela falta de atenção, ou seja, a dificuldade em prestar e manter a atenção por um tempo, responder de forma correta quando algo lhe for solicitado, não conseguir seguir regras impostas pelos pais ou professores, não conseguir concluir tarefas diárias e organizar-se em determinado assunto ou contexto; hiperatividade é caracterizada por movimentos estereotipados como agitação das mãos e pés, não conseguir permanecer em um mesmo lugar por muito tempo.

De acordo com o Manual de Diagnóstico e Estatístico de Transtornos Mentais (DSM-5), comportamentos disfuncionais, como os causados pelo TDAH, prejudicam o desempenho escolar, propiciam rejeição social e geram altos níveis de conflitos interpessoais, o que pode contribuir para futuros transtornos psicológicos, além de maior probabilidade de uso de substâncias tóxicas, estando mais propensos a se envolver em acidentes, violações de trânsito e prisão. Os principais sintomas do TDAH são: a desatenção, a hiperatividade/impulsividade e esses dois sintomas combinados. Os sintomas do TDAH são superiores a outras condições médicas e psiquiátricas, incluindo fatores psicossociais e ambientais, podendo estar ligados a conflitos ou traumas emocionais. Como o DSM-5 determina, para que o diagnóstico seja estabelecido, a criança deve apresentar pelo menos seis ou mais dos sintomas de desatenção, seis ou mais dos sintomas de hiperatividade e impulsividade em um nível que seja inconsistente com o nível de desenvolvimento e ter um impacto negativo direto nas atividades sociais e acadêmicas. O transtorno também deve estar presente em pelo menos dois ambientes distintos, como a escola e a família. No entanto, é comum que existam variações nos sintomas em determinados contextos.

Fuentes e Lunardi (2014) falam que os sintomas acontecem antes dos 7 anos, porém uma fase em que se percebe muito tais sintomas é na etapa pré-escolar ou nos anos iniciais, sendo de início precoce e evolução crônica, as inquietações e os sintomas de desatenção são frequentemente percebidos pelos professores. A nova edição do DSM mudou a idade para classificação diagnóstica de 7 para 12 anos, critérios de comorbidades e classificação de subtipos, e agora o termo "apresentação" é usado para não tornar tais subtipos como categorias fixas, visto que possa haver modificações na apresentação dos sintomas ao longo da vida de uma pessoa com TDAH. O DSM-5 diz que esse transtorno é encontrado em diversas culturas e acomete 5% das crianças. No Brasil, a prevalência média é de 6,7%.

Segundo Fuentes e Lunardi (2016), em termos de gênero, o TDAH tem sido mais frequente em crianças do sexo masculino em comparação com as do sexo feminino, mostrando maiores índices de problemas comportamentais, gerando uma proporção de 2:1. No sexo feminino, predominam as características de desatenção, quando comparadas ao masculino. Os sintomas e a severidade do TDAH também são considerados um transtorno multifatorial de origem multifatorial, que está ligado à interação entre fatores genéticos, sendo múltiplos genes associados, fatores neurobiológicos, ambientais e sociais. Sobre fatores genéticos, a literatura apoia o papel dos genes que codificam receptores dopaminérgicos (DRD4, DRD5) e serotoninérgicos (HTR1B), transportadores de dopamina (DAT-SL-C6A3) e proteínas envolvidas na regulação da liberação de neurotransmissores (SNAP 25) na etiologia do transtorno. Assim, alterações em áreas envolvidas nesse processo, como o córtex pré-frontal e o córtex parietal, podem causar um déficit do comportamento inibitório e das funções executivas.

As funções executivas (FE) são habilidades cognitivas que controlam ações, pensamentos, planejamento, raciocínio flexível, atenção concentrada, inibição comportamental e emoções.

São divididas entre quentes e frias, sendo as quentes ligadas ao córtex pré-frontal orbitofrontal e envolvem a regulação de comportamentos sociais, com a capacidade de regular as emoções; as frias estão relacionadas ao córtex pré-frontal dorsolateral e são mais voltadas para as habilidades cognitivas. Além de serem classificadas entre frias e quentes, são catalogadas em três categorias de competências: autocontrole, que é a capacidade de resistir a um impulso, fazendo com que o indivíduo preste atenção e se mantenha concentrado no que está fazendo; memória de trabalho, ou seja, a capacidade de manter e manipular as informações. É por meio dessa memória que são realizadas as tarefas cognitivas; flexibilidade cognitiva, na qual é usado o pensamento criativo e a adaptação às mudanças, essa função auxilia as crianças a usarem a imaginação e a resolverem problemas (FONSECA *et al.*, 2018; HORA *et al.*, 2015).

Souza *et al.* (2021) aponta que as funções executivas são responsáveis por planejar, ponderar, focar no objetivo visando alcançar um resultado e realizar mais de uma tarefa ao mesmo tempo. Elas estão presentes em atividades como raciocínio flexível, atenção concentrada, inibição comportamental e planejamento. São denominadas como controle cognitivo, desenvolvendo habilidades que controlam o comportamento, pensamentos e emoção. Para o desenvolvimento integral das funções executivas, é necessário algum tempo, pois é um processo de amadurecimento do córtex pré-frontal que prossegue até a terceira década da vida adulta. Porém, seu desenvolvimento na infância, entre os 6 e 8 anos, é mais evidente devido à maior mielinização das conexões pré-frontais nessa fase. Após esse período, passam a estabilizar e, durante o envelhecimento, vão diminuindo a eficiência. Sendo assim, as experiências e vivências geradas na infância influenciam por toda a vida. Ter um bom funcionamento das funções executivas faz com que uma pessoa lide melhor com o ambiente, tenha melhores habilidades emocionais, morais, sociais e consiga lidar com ambientes em constantes mudanças.

Pessoas com dificuldades nas funções executivas podem vir a ter problemas de comportamento, complicações na aprendizagem e até mesmo depressão, que podem permanecer por toda a vida. No contexto escolar, os estudantes pode apresentar dificuldades em prestar atenção, seguir instruções, esperar pela vez e não conseguir seguir regras, acarretando, desta forma, um nível de aprendizagem abaixo do esperado. Ajudar as crianças a melhorar as funções executivas traz vários benefícios para a vida, pois essas permitem um melhor direcionamento comportamental no alcance de metas, na resolução de problemas imediatos, na inibição de comportamentos inadequados frente a algumas situações e agindo também na regulação da impulsividade. As maneiras de melhorar as funções executivas são com jogos específicos, treinamentos cognitivos, atividade física, definição de metas, planejamento, organização, manipulação da memória de trabalho entre outras (SOUZA *et al.*, 2021).

Nos casos em que há lesões nas áreas pré-frontais, o uso de estratégias mentais internas e recursos externos para uma reabilitação são usados como lembretes, anotações, agenda, calendário e alarmes, sendo utilizados por toda a vida do paciente. Tendo em vista a importância clínica, educacional e social do TDAH e seus prejuízos no comportamento, este estudo tem como objetivo apresentar o que há de mais recente na literatura relacionando esse transtorno às funções executivas na infância e na adolescência. Além disso, abordar os aspectos neuroanatômicos relacionados às funções executivas que abrangem o TDAH e analisar o que a literatura mostra sobre o processo de avaliação neuropsicológica de crianças e adolescentes com TDAH.

A neuropsicopedagogia: funções executivas, TDAH e a importância do acolhimento

No mundo atual, estamos expostos à agitação, à correria e precisamos fazer tudo em tempo recorde. A tecnologia nos permite obter tarefas cada vez mais rápidas, mas até onde isso tem nos ajudado?

Muitos pais ficam à mercê dessa correria e, às vezes, não percebem o ritmo de aprendizado e a qualidade de vida que estão proporcionando a seus filhos.

Quando se trabalha com aprendizagem, está se lidando com o corpo, a memória, os sentidos, o processamento auditivo, a oralidade, a linguagem, a coordenação motora, as neurociências, a saúde mental, emocional, enfim, com as diversas áreas que formam o ser humano.

Sendo uma alteração do neurodesenvolvimento descrita pela falta de atenção e dificuldade de manter o foco em determinadas atividades da vida diária, em alguns casos, além dessa inaptidão e hiperatividade, também temos impulsividade e hiperatividade excessivas. Os primeiros anos de vida do indivíduo são caracterizados por atrasos ou desvios em diversas áreas do desenvolvimento como, por exemplo, na autorregulação cognitiva e emocional, nas capacidades motoras, na capacidade de adaptação, na interação social e na linguagem (HENNEMANN, 2012).

Segundo Rora e Pedroso (2006), pode-se imaginar o quão complexo e desafiador é lidar com um indivíduo com essas características. É de fundamental importância que se tenha uma ideia clara de que pacientes que possuem transtorno de déficit de atenção com hiperatividade podem e devem ser estimulados por terapeutas de diferentes áreas, recebendo um suporte que auxiliará no dia a dia dessas pessoas (RORA; PEDROSO, 2006; HENNEMANN, 2012).

Como neuropsicopedagogas, gostaríamos de deixar aqui um olhar mais atento e acolhedor, para que pais e profissionais possam, além de compreender um pouco mais sobre o TDAH, elaborar estratégias de ensino escolar e de vida, pois, com os estímulos e terapias corretas, o indivíduo com TDAH pode desenvolver e oferecer grandes contribuições.

Pessoas com esse transtorno têm uma diminuição na produção de dois neurotransmissores importantes para nossas atividades diárias, a dopamina e a noradrenalina. Por terem essa deficiência na produção, o indivíduo acaba não tendo uma atenção sustentada, sobretudo em atividades que não sejam para eles tão interessantes.

Alguns problemas começam a surgir geralmente na vida escolar. O aluno não consegue acompanhar as atividades propostas e isso se agrava quando ele é do tipo combinado: desatento, impulsivo e hiperativo. Nesses casos, geralmente, o médico neuropediatra ou psiquiatra introduz medicamentos, além dos acompanhamentos terapêuticos.

Os indivíduos com TDAH têm déficits nas funções executivas, que são as habilidades necessárias para planejar, iniciar, realizar e monitorar comportamentos intencionais. A inibição, a memória de trabalho, a flexibilidade cognitiva, a atenção seletiva, o planejamento e a organização de forma geral são habilidades fundamentais para a aprendizagem e para o comportamento autorregulado.

Sendo assim, a forma como essas crianças se comunicam deve ser analisada e, a partir dessas informações, elaborar estratégias pedagógicas para que a aprendizagem da criança com TDAH seja significativa (PORTO, 2013). No ambiente escolar, o neuropsicopedagogo pode contribuir para modificações nas técnicas e metodologias de ensino para o TDAH, focando nos jogos e brincadeiras que estimulam o raciocínio e resolvam situações difíceis (LEGNANI; DE ALMEIDA, 2009). A afetividade é considerada importante para a criança, sendo assim, é de extrema importância que todos os envolvidos proponham condições disso ocorrer, devendo ser observadas também as características dessa criança, para que o trabalho seja direcionado. A neuropsicopedagogia é de suma importância para as crianças que apresentam o TDAH, auxiliando tanto a escola, família e sociedade.

A avaliação clínica neuropsicopedagógica aplica testes e escalas padronizados, como: MTA SNAP-IV-pt-PT, escala de avaliação para pais e professores, Sessão Lúdica Centrada na Aprendizagem; Rastreio de Habilidades para Aprendizagem; Rastreio de Habilidades de Aprendizagem Auditivas e Memória, testes voltados às funções executivas entre outros. Para avaliar o aprendizado adquirido, usa-se a observação clínica, lúdica e do material escolar para elaborar a hipótese diagnóstica e laudos técnicos neuropsicopedagógicos.

Conclusão

Segundo a fundamentação teórica e a pesquisa bibliográfica, conclui-se que o neuropsicopedagogo é um profissional que procura informações sobre os transtornos, síndromes, patologias e distúrbios, inclusive o TDAH.

Esse profissional tem a capacidade de identificar quais são as competências e dificuldades do TDAH e propor um auxílio da neuropsicopedagogia que será acompanhado por familiares, professores, equipe pedagógica e outros profissionais que estão presentes na vida desses indivíduos.

Quanto à pessoa com TDAH, é importante ter acompanhamento de profissionais multidisciplinares – como o neuropsicopedagogo e profissionais da área médica – que estabelecem uma rotina e desenvolvem hábitos, assim, os sintomas serão menores.

Referências

AMERICAN PSYCHIATRIC ASSOCIATION. *Manual diagnóstico e estatístico de transtornos mentais – DSM-V.* 5. ed. Porto Alegre: Artmed, 2014.

COSTA, D. S.; MEDEIROS D. G. *et al.* Neuropsicologia do transtorno de déficit de atenção/hiperatividade e outros transtornos externalizantes. *In*: FUENTES, D.; MALLOYDINIZ, L. F. *et al. Neuropsicologia: teoria e prática.* 2. ed. Porto Alegre: Artmed; 2014.

FONSECA, R. P.; CARDOSO, C. O. *et al. Teste de cancelamento dos sinos.* São Paulo: Vetor; 2018.

FUENTES, D.; LUNARDI, L. Funções executivas na sala de aula. *In*: DINIZ, L. F. M.; MATTOS, P.; ABREU, N.; FUENTES, D. *Neuropsicologia: aplicações clínicas.* Porto Alegre: Artmed; 2016.

HENNEMANN, A. L. *Neuropsicopedagogia clínica: relatório de estágio.* Novo Hamburgo: CENSUPEG, 2012.

HORA, A. F.; SILVA, S. S.; RAMOS, M. F. *et al.* A prevalência do transtorno do déficit de atenção e hiperatividade (TDAH): uma revisão de literatura. *Psicologia.* 2015; 29(2):47-62.

LEGNANI, V. N.; DE ALMEIDA, S. F. C. A construção diagnóstica de transtorno de déficit de atenção/hiperatividade: uma discussão crítica. *Arquivos Brasileiros de Psicologia,* v. 60, n. 1, pp. 2-13, 2008.

PORTO, O. *Psicopedagogia clínica: teoria, diagnóstico e intervenção nas dificuldades, distúrbios e transtornos de aprendizagem.* Rio de Janeiro: Espaço das letras, 2013.

ROTTA, N. T.; PEDROSO, F. S. *Transtornos da aprendizagem: abordagem neurobiológica e multidisciplinar.* Porto alegre: Artmed, 2006.

SOCIEDADE BRASILEIRA DE NEUROPSICOPEDAGOGIA. Conselho técnico-profissional - nota técnica. Nº 02/2017. Disponível em: <https://sbnpp.org.br/arquivos/notas_tecnicas.pdf>. Acesso em: 13 jul. de 2023.

SOUZA, I. L. S. *et al.* Relações entre funções executivas e TDAH em crianças e adolescentes: uma revisão sistemática. *Revista Psicopedagogia*. DOE 10.51207/2179-4057.21210023. Disponível em: <http://pepsic.bvsalud.org/pdf/psicoped/v38n116/06.pdf>. Acesso em: 12 jan. de 2023.

WECHSLER, D. *Escala Wechsler de inteligência para crianças: WISC-IV*. São Paulo: Casa do Psicólogo, 2013.

8

NEUROFEEDBACK E O TDAH
UM ROMANCE PERFEITO

E se o *neurofeedback* pudesse falar ou escrever uma carta? Tenho quase certeza que ele diria o seguinte: "Eu não sou o solucionador de todos os problemas da humanidade; nem pretendo ser, é bom deixar claro. Eu não sou o herói, muito menos o salvador. Mas sabe o que eu me considero? A esperança".

CÍNTIA VALÉRIA QUEIROGA

Cíntia Valéria Queiroga

Contatos
cintiaqueirogapsi@gmail.com
Instagram: @cintiaqueirogaoficial
61 99295 9009

Psicóloga, escritora, palestrante e apaixonada pela vida e pelo propósito. Aprendeu com os pais, desde cedo, a servir ao próximo e, quando grande, entendeu que poderia fazê-lo com excelência e resultados por meio do *neurofeedback* e tudo o que esse universo possibilita. Ama atender pessoas, conhecer suas histórias de vida e particularidades. Ama como o *neurofeedback* pode tornar a vida de todos muito melhor, seja na clínica, em sala de aula ou por meio da escrita. Compreendendo que está apenas começando e ainda há muito a ser vivido, as expectativas para o futuro são as melhores possíveis. Este capítulo é um pedaço real e bonito de quem ela é. Aproveite! Contem com a Cíntia para tornar o mundo um lugar melhor, afinal, mentes saudáveis constroem famílias saudáveis, que, por sua vez, irão contribuir para uma sociedade saudável e, por fim, um mundo saudável. Esse é o seu propósito e ela usará tudo o que estiver disponível para esse fim.

Era final de 2019, eu estava em meu quarto, frustrada com as várias negativas do processo seletivo em um concurso. A essa altura, estava tentando entender as razões por não ter conseguido a tão sonhada vaga. Eu havia estudado muito. Foram várias noites e madrugadas acordada, ou eu acordava muito cedo para buscar entender o funcionamento do nosso sistema único de saúde. Eu tinha certeza de que daria certo. Pois bem, não deu. Aliás, que bom que não deu.

Sabe aquele momento em que o personagem principal do filme precisa de uma solução quase que mágica e, de repente, uma lâmpada acende acima da sua cabeça? Foi mais ou menos assim que aconteceu comigo. Mas, diferente da ficção, na vida real não existe magia, eu acredito mais em processos. Por exemplo, o *neurofeedback* (NF) não surgiu magicamente em minha vida.

No primeiro semestre na faculdade de Psicologia, em 2014, estava em uma conversa despretensiosa com um também estudante quando ele me disse: "Cintia, pesquisa a respeito do *Biofeedback*, esse é o futuro da psicologia". E desde então, essa frase nunca mais saiu do meu hipocampo. Você, caro leitor, acha mesmo que eu fui pesquisar a respeito assim que cheguei em casa? Não cometa esse ledo engano, eu não o fiz. Apenas voltei para minha rotina de sempre. Sabe quando eu decidi pesquisar a respeito do *Biofeedback*? Em 2019, cinco anos depois. Quando nada mais parecia fazer sentido, como quem vê uma luz no fim do túnel, eu pensei: Acho que chegou a hora de pesquisar sobre o *biofeedback*. Ali, naquele exato momento, sozinha em meu quarto, eu me apaixonei à primeira vista. A pulsação estava mais forte, meus olhos brilharam, ali eu havia descoberto algo; meu instinto me dizia: "É isso, Cintia, você encontrou o seu propósito. É isso que você fará pelo resto da sua vida". Eu estava em êxtase, minha esperança havia sido renovada. Eu tinha algo para contribuir para este mundo, havia pessoas que precisavam de mim, eu tinha achado um tesouro e muitos, muitos se beneficiariam dele.

Todo o resto da história desenrolou-se normalmente. Ao fim da minha pesquisa, entendi que o *neurofeedback* é um tipo de *biofeedback*. Encontrei um curso que era, de longe, o melhor e comecei minha jornada no universo encantador da neurociência, mais precisamente da neuromodulação autorregulatória.

O nome pode assustar um pouco, mas desmistificando o que se trata a neuromodulação: ensinar o cérebro a ser saudável.

Ao longo dos anos, nossos pais ou responsáveis têm a árdua tarefa de nos ensinar a escovar os dentes, tomar banho, andar de bicicleta, patins etc. E boom! Reforçadamente, insistentemente, anos depois o milagre acontece, nós aprendemos. E essas duas palavras, meu caro leitor, é o que fazem a diferença neste capítulo. Reforço e aprendizagem. Um não existe sem o outro. Sabe aquela frase que diz: água mole em pedra dura, tanto bate até que fura? Então, ela se aplica perfeitamente à realidade desse material. Nós aprendemos por meio do reforço, e isso vale não apenas para o *neurofeedback*.

Essa técnica é relativamente nova. Surgiu em 1924 e o seu precursor foi o psiquiatra alemão Hans Berger. Muito do que se tem hoje em termos de pesquisa deve-se a este cara que, acidental ou propositalmente, conectou dois eletrodos no couro cabeludo do paciente. O que ele descobriu com isso? Uma pequena corrente elétrica. Isso foi suficiente para mudar o rumo da pesquisa, da neurociência, da psicologia e afins.

A fama da técnica veio somente em meados de 1960 com outro pesquisador, o Joe Kamiya, quando seu artigo foi publicado na revista Psychology Today. O estudioso em questão abordou o tema sobre a onda alfa.

Você deve estar se perguntando, ondas? O que é isso? Nosso cérebro possui ondas cerebrais, que é a velocidade com que o nosso órgão master trabalha. O cérebro pode operar em três níveis: lento, médio e rápido. E para cada nível de velocidade, existe uma onda cerebral equivalente. As ondas *delta* e *theta* operam em um nível mais lento e elas são responsáveis pelo sono profundo, movimentos involuntários do organismo, liberação do hormônio do crescimento, pensamento criativo e conexões com nossas emoções profundas. A onda alfa, por sua vez, é responsável pelo relaxamento profundo, inteligência, memória e ela faz parte da frequência média. Por último, e não menos importante, temos as ondas beta, cuja frequência é rápida e essas são responsáveis pelo estado de vigília, consciência, foco e atenção. Cada uma, em devidas proporções e a depender da atividade que exercemos ao longo do dia, nos torna indivíduos saudáveis. Porém, a desregulação delas traz consequências para o nosso funcionamento. Entre essas consequências, destaco o TDAH, alvo do nosso livro.

Falemos um pouco agora sobre esse universo. O transtorno de déficit de atenção, com ou sem hiperatividade, trata-se de um transtorno cuja gênese é neurobiológica. Sua resultante está na genética e os sintomas podem ser vistos na infância, acompanhando o indivíduo por toda uma vida. As estatísticas mostram que 5% das crianças – de diferentes regiões, etnias, classe social e financeira – são afetadas. Outra pesquisa, sendo essa a mais recente, afirma que 30% dos adultos são afetados pelo TDAH e não fazem ideia de que desenvolveram o transtorno ao longo da vida. Será que você que está lendo este livro possui TDAH? As estatísticas apontam que é possível.

E como saber se eu sou/tenho TDAH? Obviamente, este capítulo não fecha diagnóstico, mas aponta um destino. Primeiro, você precisa entender, ainda que resumidamente, quais são as características, sendo elas na infância: dificuldades escolares e nos relacionamentos interpessoais. São crianças que "vivem no mundo da lua" e "ligadas por um motor". A criança apresenta sintomas rotineiros como hiperatividade, impulsividade e falta de atenção. Nos adultos, o transtorno caracteriza-se por problemas de desatenção, memória, tendem a ser impulsivos e inquietos. Via de regra, o transtorno está associado a sintomas de ansiedade e depressão e pode facilmente ser confundido com esses últimos diagnósticos. O TDAH atinge com força total mais pessoas do sexo masculino e, em termos cronológicos, crianças e adolescentes.

Estudos científicos mostram que o cérebro TDAH apresenta disfuncionalidade na região frontal e nas conexões com o resto do cérebro. A região frontal orbital é responsável pela inibição do comportamento (isto é, controlar ou inibir comportamentos inadequados), pela capacidade de prestar atenção, memória, autocontrole, organização e planejamento.

Sabe-se que o tratamento mais receitado é um medicamento, mais precisamente o metilfenidato. Se você é mãe ou pai, provavelmente seu filho já fez o uso dessa substância. E com certa razão, pois esse tipo de tratamento apresenta resultado, especialmente se combinado com tratamento psicoterápico. Uma pesquisa demonstrou que os resultados da ação medicamentosa + a psicoterapia estende-se por até dois anos. E isso é ótimo. Chegamos longe até aqui. Esses tratamentos ofereceram uma esperança, um futuro, uma luz no fim do túnel para todos aqueles que apresentam, em sua linha do tempo (a vida), o TDAH. Mas todos estamos de acordo que o que é bom pode ficar melhor, certo? Estamos de acordo que a evolução é uma dádiva.

É aceitável que busquemos novas maneiras de tratar quaisquer diagnósticos que existam na última edição do DSM. E é exatamente isso que tem acontecido. Após alguns bons anos de pesquisa, a ciência conseguiu construir métodos inovadores e eficazes na mesma proporção. Sim, estou falando do *neurofeedback*. O intuito dessas novas descobertas é proporcionar aos indivíduos uma experiência não farmacológica, mas que vá, em alguns casos, além dos resultados ofertados por esse último. O *neurofeedback* surge dentro de um contexto em que a sociedade de forma geral – profissionais e pacientes – anseia por uma técnica minimamente invasiva, com o menor número de efeitos colaterais possível e com resultados amplamente confiáveis. E acreditem, meus caros leitores, o *neurofeedback* consegue atingir todas essas categorias. Uma das características, dentre várias, mais favoráveis a respeito desse método é que, por se basear na aprendizagem, o NF possibilita efeitos duradouros, tornando-se um dos métodos com maior benefício clínico da atualidade.

O maravilhoso encontro entre o NF e o TDAH deu-se em 1970, e o cupido foi Joel Lubar. Esse cientista começou a investigar as aplicações do método em crianças com déficit de atenção e hiperatividade. Os resultados, não raro, mostraram-se muito melhores do que os obtidos com tratamentos farmacológicos ou com a psicoterapia clássica.

Hoje, alguns anos depois, centenas de pesquisas foram realizadas após a descoberta de Joel Lubar e as conclusões são as seguintes: o NF é atualmente uma ferramenta necessária em clínicas para um tratamento eficaz e seguro para o TDAH. Eu posso provar para você.

Em 2010, um cientista chamado Dias publicou um artigo. Seu objetivo? Analisou 310 artigos que falavam sobre o NF como um tratamento alternativo para o TDAH. Os resultados dessa pesquisa?

> O uso do *neurofeedback* para o tratamento do déficit de atenção está bem estabelecido e não foram encontrados relatos de que a técnica seja ineficaz. Esta pesquisa demonstrou a prática do *neurofeedback* como modalidade de tratamento do TDAH fortemente fundamentada na interface ou confluência de vários campos de conhecimento, como a neuropsicologia, psicologia comportamental, a neurologia, a técnica eletroencefalográfica e a tecnologia digital. Os resultados do treinamento cerebral, a partir do *neurofeedback*, vêm corroborar a tese da plasticidade cerebral já comprovada pela neuropsicologia; demonstrou também a eficácia do *neurofeedback* no tratamento do TDAH, quer como treinamento principal ou associado a outras modalidades terapêuticas.

Outro estudo afirma a seguinte conclusão: de acordo com os estudos analisados nessa dissertação, a terapia por *neurofeedback* representa uma alternativa eficaz e viável para o tratamento do TDAH, demonstrando possuir uma eficácia semelhante. Existe a possibilidade dessa técnica ser até mesmo superior aos tratamentos convencionais, além de possuir inúmeras vantagens, como apresentar menor quantidade e gravidade de efeitos colaterais, ser indolor e as melhorias conquistadas por meio da terapia permanecerem a longo prazo, mesmo com a interrupção do tratamento.

Em 2002, Monastra publicou, em seu artigo, um resultado um tanto quanto polêmico:

(...) demonstrando que o *neurofeedback* era tão efetivo quanto a ritalina no tratamento de casos de TDAH. Seu estudo demonstrou que, ao contrário do que acontece com medicamentos como a ritalina, por exemplo, a melhora dos sintomas conseguida com a utilização do *neurofeedback* não cessou após a descontinuação do tratamento (MONASTRA *et al.*, 2002). Enquanto os efeitos do tratamento medicamentoso convencional cessam quando o tratamento é interrompido (STREHL *et al.*, 2006). Para Yucha & Montgomery (2008), a terapia por *neurofeedback* é equivalente ou até melhor que a medicação no tratamento do TDAH.

O objetivo deste texto não é comprovar a eficácia da técnica – porque, como vimos acima, ela já foi comprovada e validada – mas entregar a comprovação em suas mãos para que daqui para frente, com autoridade e conhecimento, você possa passar essa informação adiante.

Após esse momento, quero esclarecer melhor para vocês como o *neurofeedback* explica o TDAH. Tendo em vista que se trata de um transtorno multifatorial, apresento a vocês, a partir de agora, um dos ângulos que todo profissional precisar entender.

O *neurofeedback* entende o TDAH da seguinte maneira: lembram as ondas cerebrais de que eu falei acima? Então, pessoas com TDAH apresentam uma disfuncionalidade em como elas trabalham. Sendo assim, um cérebro tipicamente TDAH opera com um aumento das ondas *Theta* e *Beta*. Lembram-se delas? Logo, se algo está em excesso, visamos diminuir, com os protocolos de treinamento, esse excesso. Como eu sempre digo, os extremos não são saudáveis. Quais os resultados são obtidos por meio desse protocolo? Falo no parágrafo seguinte.

A terapia por *neurofeedback* aplicada ao tratamento do TDAH é capaz de promover uma melhora significativa nos sintomas e na qualidade de vida do paciente. Seus benefícios mais comuns são: diminuição da impulsividade (DURIC *et al.*, 2014), melhoria significativa na atenção, na concentração e na capacidade dos pacientes em memorizar informações (STREHL *et al.*, 2006); promover maior estabilidade emocional, melhorias na qualidade de sono e aumento significativo da performance acadêmica. Além de possuir uma quantidade muito menor de efeitos colaterais do que os tratamentos medicamentosos convencionais (HAMMOND, 2011).

Como podemos perceber, o *neurofeedback* é quase perfeito, certo? Ele é o que temos de mais avançado em termos de tratamento do século XXI. E se o *neurofeedback* pudesse falar ou escrever uma carta, tenho quase certeza de que ele diria o seguinte:

> Oi! Você não me conhece tão bem assim, eu sou novo para você. Não nos fomos apresentados antes. Para falar a verdade, não sei se teria como, meus pais, há poucos anos, estavam buscando uma maneira de me construir. Que bom que eles conseguiram! Eu sou tão grato por existir. Eu sou fruto de um sonho. Provavelmente, o caminho para eles foi um tanto quanto árduo, mas bem, vejam só, eu estou aqui há alguns anos depois, com o entendimento do que vim fazer/trazer ao mundo.
>
> Talvez, você humano, ainda não tenha descoberto o seu propósito, mas eu, sendo tão novo, entendi o meu. Eu sei que vim ao mundo numa época em que todos vocês, humanos, ou quase todos, já estavam cansados da mesmice, sempre os mesmos protocolos, sempre os mesmos resultados (abaixo da média, por sinal), sempre o mesmo caminho e sempre o mesmo final: muito dinheiro gasto, muitas idas a profissionais desatualizados, muito tempo em terapias, e que sim, surtiram efeitos. E sim, cada um desses tratamentos proporcionaram a seu filho e a você terem chegado até aqui. Mas vocês queriam mais! Queriam resultados ainda melhores, queriam resultados mais satisfatórios, queriam resultados mais duradouros. Vocês queriam algo que tratasse verdadeiramente a causa e não apenas que mediasse, por isso eu nasci.
>
> Eu não sou o solucionador de todos os problemas da humanidade – nem pretendo ser, é bom deixar claro – mas sabe o que eu me considero? A esperança. Isso mesmo, sou a esperança de uma vida com mais qualidade, sou a esperança de um caminho menos árduo para a realização de sonhos acadêmicos, profissionais, familiares, amorosos. Sou a esperança de um futuro. Sou a esperança de melhor concentração, de menos hiperatividade. Sou a esperança de menos irritação e mudanças de humor. Ah! Sou a esperança de melhor aprendizagem. E estou aqui para dizer que existe solução!
>
> Não, eu não faço nada sozinho. O que eu estou tentando dizer é que, sozinho, eu posso até ser muito bom, mas quando trabalho em

conjunto com outros métodos, conseguimos resultados infinitamente melhores e chegamos bem mais longe na busca de desenvolvermos humanos melhores. Afinal, um cérebro saudável constrói uma família saudável que, por consequência, construirá uma sociedade saudável. E isso é tudo que eu desejo: fazer parte da construção de uma sociedade mentalmente saudável. Mal posso esperar para fazer parte disso com cada um de vocês! Obrigada por me deixar fazer parte das suas vidas!
   Com amor,

Neurofeedback

9

ARTE CIRCENSE
AVANÇOS DA TERAPIA OCUPACIONAL EM BENEFÍCIO DO PACIENTE COM TDAH

Para falar do impacto que o transtorno do déficit de atenção, com ou sem hiperatividade, promove em mim enquanto terapeuta ocupacional, busquei a importância da fantasia infantil que o circo desperta, tema central de minha dissertação de mestrado, "A arte circense como recurso terapêutico e educacional", apresentada na Universidade Trás-os-Montes e Alto D'Ouro, em Portugal. Tese constituída pela experiência, por mim vivenciada, no projeto Circo Escola Especial/Clínica Escola Raio de Sol, da Associação Pestalozzi, em Campo Grande (MS), Brasil. O objetivo principal foi comprovar o desenvolvimento da capacidade funcional de crianças com TEA para realização das atividades de vida diária, estimulando os aspectos motores, cognitivos e comportamentais por meio de malabarismo, acrobacias e equilibrismo, sob a perspectiva da terapia ocupacional, considerando corpo, espaço e movimento para uma intervenção, de modo que cada "modalidade circense" desenvolva ações motrizes, reforçando a percepção do próprio corpo em movimento e a conexão de dinâmicas dependentes da junção corpo e mente.

CLÁUDIA G. ANTELLO

Cláudia G. Antello

Contatos
c.antello.ttf@gmail.com
Instagram: @claudiaantello.to
Linkedin: Claudia G. Antello
67 98407 9989

Terapeuta ocupacional, responsável técnica e única instrutora do curso *Taping* Terapêutico Funcional e Dinâmico; credenciada pelo Conselho Regional de Educação Física (CREF 1986-P). Formação em *DLETaping* (Rio de Janeiro, 2020); em Bandagem Terapêutica Elástica – Einsten (São Paulo, 2022); em *Dynamic Taping* com o instrutor Alisson Zuin(São Paulo, 2016). Curso completo *Power Taping,* ministrado pelo criador do método, Steven Capobianco, em agosto (Estados Unidos, 2014). Curso de formação no método *Fascial Movement Taping,* ministrado pelo criador do método, Steven Capobianco (Viña Del Mar/Chile, 2013). Mestrado em Educação Física e Desporto – desenvolvimento da criança na variante desenvolvimento motor (UTAD – Vila Real/Portugal, 2012). O Autêntico Método *Kinesio Taping* – Ministrado pelo Dr. Kenzo Kase – Módulo Neurologia, Módulo Ortopedia, Módulo Medicina Esportiva (São Paulo, 2011). Formação em Bandagem Funcional *Therapy Taping* – curso avançado, na Clínica Ludens (Campinas/SP, 2010). Formação em *Kinesio Tape,* curso básico, Reactive (São Paulo/SP, 2008). Formação em *Pediatric Therapeutic Taping,* ministrado pela P.T. Trish Martin e pela MOT, OTR/T Audrey Yasukawa, autoras do livro *Pediatric Therapeutic Taping* no Centro de Estudos de Reabilitação Neurológica – CERN (Rio de Janeiro, 2008). Professora e supervisora clínica no estágio prático da cadeira de ortopedia e traumatologia no curso de Terapia Ocupacional na Universidade Católica Dom Bosco até 2007. Pós-graduada em Neurologia Adulto e Infantil pela Universidade Católica de Lins/SP.

Bertazzo (2010) afirma que os movimentos estão sempre atrelados ao universo afetivo e cultural, construindo pontes e representações entre as ações motoras e o mundo imaginário. Portanto, as modalidades circenses aplicadas formam um processo terapêutico com base no fazer adaptativo, evolutivo e criativo.

Sinais e características da criança com TDAH

Os indivíduos com TDAH apresentam agitação, inquietação, mexem demasiadamente em objetos, podem exibir um excesso gesticular, dificuldade em manter a atenção durante atividades, se distraem facilmente e é perceptiva a dificuldade de organização e planejamento. A impulsividade é comum e se manifesta em situações como não conseguirem esperar sua vez, interromper os outros e agir sem pensar. Além do mais, é verificado que seu desempenho escolar pode aparentar ser inferior ao esperado, embora seja comum que essas dificuldades estejam mais ligadas ao comportamento do que ao rendimento.

Arte circense como recurso terapêutico

Neste capítulo, a arte circense é utilizada como recurso terapêutico sob a perspectiva da terapia ocupacional, considerando a relação corpo, espaço e movimento para uma intervenção apropriada.

Podemos nos amparar em Hagedorn (2001), o qual afirma que o modo de intervenção parte da análise das atividades. Isso demonstra que, em cada "modalidade circense", são desenvolvidas ações motrizes por meio de várias técnicas, sendo que a percepção do próprio corpo em movimento, com posturas flexíveis, pode ativar cognitivamente o sistema nervoso central de modo que o indivíduo responda de maneira favorável às dinâmicas dependentes da conexão corpo e mente.

Um plano de tratamento é constituído por elencar objetivos, recursos terapêuticos analisados e estratégias que favoreçam a adaptação das Atividades de Vida Diária (AVDs), considerando que a progressão da dificuldade segue de modo ascendente ao esforço físico, psíquico, técnico e à capacidade lógico-racional.

Desenvolvimento motor típico e atípico

O desenvolvimento motor pode ser visto pelo progresso da velocidade das mobilidades. O movimentos, para Gallahue e Ozmun (2005), podem ser diferenciados como estabilizadores, locomotores e manipulativos. Esse processo é sucessivo e lento, demarcado por modificações acentuadas na infância e, com o passar do tempo, os padrões motores simples evoluem se tornando mais complexos.

O desenvolvimento motor para a criança com TDAH pode ser um tempo de angústia e ansiedade, que tende a desestabilizar as crianças e os pais. O terapeuta ocupacional intervém de modo a amenizar tais emoções, aplicando atividades calculadas com base na etapa do desenvolvimento, de forma que os resultados vão surgindo, abrandando de forma afetiva os que estão em seu entorno. Considera a dimensão cultural ao objetivo central do processo, o indivíduo em si mesmo, harmonizado com um espaço que valoriza o sentido de sua existência.

A criança com desenvolvimento motor atípico ou com atrasos merece atenção e ações específicas logo que manifesta problemas de coordenação e controle motor. Além de atrasos, habitualmente associam-se prejuízos secundários de ordem psicológica e social que dificultam a sua socialização e o seu desempenho escolar (GILBERG, 1989).

Constatam-se que as intervenções nos primeiros anos de vida são mais eficazes. Devido à maior plasticidade neuronal, verifica-se que as experiências durante essa fase são imperativas para alcançar a precisão da maturação cerebral. Com isso, consta-se que o sistema nervoso é passível de alterações induzidas por estímulos naturais (EICKMANN; LIRA; LIMA, 2002).

Desenvolvimento motor com base no movimento

O movimentar-se é de ampla importância neurobiológica, psicológica, social e cultural, pois é por meio da execução de movimentos que as pessoas interagem com o meio, relacionando-se com os outros, apreendendo a respeito de si, seus limites e suas capacidades (FLINCHUM, 1982).

A função humana permeada pelo fazer é constituinte do dia a dia e os indivíduos estabelecem as habilidades motoras com base em sua ação no mundo, influenciada pela ação corporal, em relação à vivência real do ser, especialmente quando este vive no patamar cognitivo, comportamental e motor em que a interação com os demais seja dificultosa.

A falha simbólica dá lugar ao excesso, impedindo que a criança mantenha sua atenção ou que possa deter-se o tempo suficiente para concluir suas tarefas. Trata-se de uma criança que se distrai pelos significados que marcam sua história, subtraindo-os das tarefas educativas, fazendo-os perambular em suas fantasias, deixando-os cativos da pregnância das relações imaginárias com os outros e transformando-os na presa de um corpo de gozo, que transborda com uma hiperatividade desenfreada.

Relação contextual com a terapia ocupacional

A terapia ocupacional é a ciência de ajudar pessoas a realizarem as atividades diárias que são importantes, apesar das debilidades, incapacidades e deficiências. "Ocupação" em terapia ocupacional refere-se a todas as atividades que ocupam o tempo das pessoas e dão sentido às suas vidas.

É sobretudo por esse prisma que as modalidades circenses malabares, acrobacia e equilibrismo foram aplicadas como recurso terapêutico às crianças com deficiência, visando a realização de AVDs.

Modalidades circenses aplicadas: quando essa atividade é aplicada à criança com TDAH, o período de treinamento pode variar, pois existem diversas variáveis tanto físicas como psicológicas que interferem no processo de adaptação. Bortoleto (2008) orienta que as primeiras experiências são as mais importantes. Qualquer queda, trauma físico ou psicológico terão repercussões importantes no futuro, podendo inclusive provocar bloqueios que limitam o desenvolvimento. Assim, a intervenção do terapeuta ocupacional, psicólogo, fisioterapeuta e do professor garantem uma completa segurança e satisfação dos praticantes.

Síntese das análises de atividade das modalidades circenses

Objetivos terapêuticos	Malabares	Equilibrismo	Acrobacia
Estimulação do sistema vestibular	1. Giro: ocorre quando o objeto é lançado e a criança gira em seu próprio eixo. 2. Alternância de MMSS durante a realização do exercício.	Equilíbrios estático e dinâmico com e sem apoio.	1. Rolamentos para frente e para trás. 2. Rolamento cilíndrico em torno do próprio corpo, no solo, para que ocorra adaptação do corpo no espaço e no tempo.
Sistema proprioceptivo; consciência corporal	1. Postura corporal baseada no eixo central do corpo. 2. Movimentos simultâneos com as mãos para lançar objetos. 3. Distribuição e transferência de peso nos MMII (tarefa motora de equilíbrio constante).	1. Exercícios com pressão nas extremidades da região plantar e palmar. 2. Percepção do corpo no espaço em relação aos objetos.	1. Com o corpo enrolado no tecido, movimentar-se como que dentro de um casulo, para "sentir" e registrar essa sensação de posição, tamanho e espaço ocupado. 2. A textura, os movimentos e as sensações são registradas pelo sistema nervoso, o praticante passa a sentir o corpo no sentido de "existir" mais concreto.
Sistema tátil; *input* sensorial para promoção do *output*	1. Preensão palmar cilíndrica e em gancho. 2. Segurar o objeto e senti-lo nas mãos, planejar e executar o lançamento e o alcance do mesmo.	1. Utilizar objetos com diferentes texturas, tamanhos e formas para exercitar o equilíbrio e a concentração, ao mesmo tempo reconhecer, pelo tato, a forma e a consistência dos objetos pela sensibilidade tátil, da sensibilidade às pressões e da noção espacial.	1. A textura, os movimentos e sensações são registradas pelo sistema nervoso, o praticante passa a sentir o corpo no sentido de "existir enquanto parte de um todo organizado e que depende dele para se sustentar". 2. Na acrobacia de solo, são exercitados movimentos que promovem, sensorialmente, a percepção tátil, os movimentos e as posturas.
Sistema cognitivo e comportamental	1. Compreensão da atividade compatível ao comando verbal. 2. Concentração e atenção ao movimento. 3. Controle emocional.	1. Concentração e atenção na relação corpo-espaço respectivamente aos instrumentos presentes na atividade.	1. Controle da ansiedade. 2. Acomodação do sistema tátil em relação ao toque interpessoal necessário na atividade em grupo. 3. Controle corporal por meio de concentração para se adaptar ao medo de altura devido à possível instabilidade tátil e insegurança.
Orientação temporal	1. Controle de velocidade do movimento. 2. Contagem e duração de um exercício. 3. Contagem do tempo envolvido durante o desempenho da atividade.	1. Sincronizar os movimentos entre os passos durante o deslocamento.	1. Tempo de permanência em cada postura. 2. Duração da figura em acrobacia coletiva.

Coordenação bimanual	1. Utilização alternada ou simultânea das duas mãos para lançamento e recepção dos objetos.	1. Essa função motora está ligada à sincronia dos movimentos das mãos para organizar a composição do movimento a partir da estabilidade do eixo corporal e do deslocamento dos pés.	1. A criança depende da habilidade bimanual para a realização de chaves e travas de fixação e formação de figuras, como também para a segurança do praticante.
Campo visual	1. Atenção. 2. Equilíbrio (foco), olhos mantidos sobre os ombros.	1. Estabilização e deslocamento sobre latinhas com cordões e sobre o equipamento pernas de pau. 2. Coordenação visomotora e óculos-manual.	1. O movimento da cabeça guia o campo visual.
Controle de cabeça e cervical	1. Cabeça se movendo em todas as direções.	1. Essencial para a manutenção do equilíbrio durante o deslocamento sobre as pernas de pau.	1. Durante a atividade, o praticante está no alto e deve evitar olhar para baixo.
Orientação espacial	1. Controle da cabeça em relação ao corpo para manter-se em postura ortostática dinâmica, sem sofrer alterações no equilíbrio. 2. Girar em torno do próprio eixo enquanto o objeto está no ar.	1. Noção do espaço a ser utilizado durante a realização do deslocamento com território delimitado.	1. Manter a cervical protegida durante o movimento. 2. Reconhecimento e identificação de direção e de distância em relação à posição horizontal ou vertical. 3. Na lira, deverá ter conhecimento do ponto central para realização da técnica.
Controle de força estática e dinâmica	1. Orienta e estimula o arremesso e a recepção do objeto lançado. 2. O membro utilizado para o arremesso e a recepção do objeto deve estar sob o controle.	1. O aluno só será encaminhado para a atividade sobre pernas de pau após apresentar maior contato consigo mesmo, relacionando satisfatoriamente seu corpo no espaço.	1. Força de impulsão, divisão de peso sobre o eixo do corpo entre MMSS e MMII. 2. Prevenção do uso do impulso para evitar desvio lateral ou transversal do rolamento, evitando qualquer tipo de trauma.
Mobilidade articular	1. É utilizado, nessa atividade, um grau de flexão adotado pelo aluno como apropriado para a prática. 2. A utilização das articulações do cotovelo e mobilidade de punho são mais exigidas.	1. Treino para subir e descer das pernas de pau. 2. Movimento lento e gradativo de extensão para flexão e para extensão simultaneamente.	1. Um item importante para realização de acrobacias é a mobilidade articular, sempre relacionada com flexibilidade e coordenação dos movimentos.
Controle da força muscular	1. Etapa mais avançada, na qual a criança já segura e lança com força o objeto, preparando-se para segurá-lo novamente.	1. Durante o passo, deve dosar a força que emprega nas mãos, enquanto segura o equipamento, e a força das pernas para dar o passo ideal, evitando o desequilíbrio.	1. Contagem de tempo para orientar a ação muscular entre dois praticantes ou um grupo. 2. Acrobacias de solo, aéreas e coletivas.

Respondendo ao questionamento inicial de que a arte circense pode impactar positivamente a capacidade funcional de sujeitos com TDAH. Este capítulo conclui que, ao final do processo terapêutico, 80% dessas crianças apresentaram aperfeiçoamento das habilidades necessárias para a realização das AVDs, melhor desempenho escolar, melhoria na adaptação para atividades esportivas e comportamento mais adequado ao convívio em sociedade.

Referências

ANTELLO, C. R. *A arte circense como recurso terapêutico e educacional*. Universidade de Trás-os-Montes e Alto Douro, 2012.

BERTAZZO, I. *Corpo vivo: reeducação do movimento*. São Paulo: SESC-SP, 2010.

BORTOLETO, M. A. C. Perna de pau. *In*: BORTOLETO M. A. C. (Org.), *Introdução à pedagogia das atividades circenses* (Vol. 1, pp. 89-104). Jundiaí: Fontoura, 2008. EICKMANN, S. H.; LIRA, P. I. C.; LIMA, M. C. Desenvolvimento mental e motor aos 24 meses de crianças nascidas a termo com baixo peso. *Arquivo de Neuro-Psiquiatria*, 60(3-B), 748-754.

GALLAHUE, D. L.; OZMUN, J. C. *Compreendendo o desenvolvimento motor: bebês, crianças, adolescentes e adultos*. 3. ed. São Paulo: Phorte, 2005.

GILBERG, I. C.; GILBERG, C. Children with preschool minor neurodevelopmental disorders IV: Behavior and school achievement at age 13. *Developmental Medicine and Child Neurology*, 31(1):3-13, 1989.

HAGEDORN, R. *Fundamentos para a prática em terapia ocupacional*. São Paulo: Roca, 2001.

10

PAIS E FILHOS
TODOS CONVIVENDO COM O TDAH

O conhecimento é o maior e melhor caminho para que possa ser realizado um diagnóstico precoce do transtorno do déficit de atenção e hiperatividade/impulsividade (TDAH), permitindo intervenções assertivas acerca dos sintomas e dos comportamentos internalizantes e externalizantes que impactam diretamente na relação da pessoa com o ambiente familiar, escolar e nas atividades de vida diária.

DENISE SIQUEIRA

Denise Siqueira

Contatos
denisesiqueirapsicologa@hotmail.com
Instagram: @_denise.siqueira
12 98890 4758

Psicóloga, neuropsicóloga, orientadora parental e especialista em reabilitação neuropsicológica. Especialização em Terapia Cognitivo-comportamental pela Universidade de São Paulo (USP), pós-graduada em Neuropsicologia (Hospital das Clínicas – Faculdade de Medicina da USP), em Reabilitação Cognitiva (Hospital das Clínicas – Faculdade de Medicina da USP) e pós-graduada em Psicopedagogia Clínica e Organizacional. Recebeu a certificação internacional em Psicologia Positiva pelo Wholebeing Institute, apresentando o projeto final *Auditório interno, onde habita a felicidade - um livro que conversa e versa com a simplicidade da vida!* Possui certificação em Educação Parental e certificação internacional em *Positive Discipline Classroom Educador* e em *Positive Discipline Parent Educador*, ambas pela Positive Discipline Association. É coautora do livro-box *Intenção de mãe*, pela Literare Books International, e ministra cursos e palestras.

Ei! Você conhece?

> *Os principais problemas enfrentados hoje pelo mundo só poderão ser resolvidos se melhorarmos nossa compreensão do comportamento humano.*
> SKINNER

O transtorno do déficit de atenção e hiperatividade (TDAH) é um dos diagnósticos mais estudado, comentado e pesquisado ultimamente.

Sobre o assunto, encontramos desde conteúdos informais nas redes sociais e sites, nos meios de comunicação e na TV; conteúdos científicos, como artigos, teses e cursos ministrados por profissionais da área. São diversas fontes de informações sobre o TDAH.

As áreas da neurociência, neuropsicologia, psiquiatria, psicologia e pedagogia têm contribuído para o avanço da compreensão e aperfeiçoamento, desde o diagnóstico até o tratamento do TDAH. Esse processo é algo ainda complexo para a ciência, sendo assim é fundamental o entendimento do transtorno para a mais adequada orientação, intervenção, bem como todo suporte necessário para os pacientes e suas famílias (SILVA, 2012).

Nesse cenário, os maiores entraves para o êxito do tratamento são a desinformação acerca do assunto, em conjunto com a resistência familiar e a ausência de políticas públicas.

De acordo com os critérios do DSM-5-TR (Manual Diagnóstico e Estatístico de Transtornos Mentais), o TDAH está dentro dos transtornos do neurodesenvolvimento. É descrito como "[...] um padrão persistente de desatenção e/ou hiperatividade que interfere no funcionamento e no desenvolvimento", é uma condição em que diversos sintomas estão presentes antes dos 12 anos de idade, como desatenção, hiperatividade e impulsividade. Hoje, as pesquisas têm apontado que o transtorno acomete cerca de 7,2% pessoas no mundo.

O diagnóstico de TDAH é realizado por uma equipe multidisciplinar: neurologista, psiquiatra, psicólogo, neuropsicólogo, psicopedagogo, fonoaudiólogo e terapeuta ocupacional. Envolve avaliações, exames e relatórios, tanto escolar quanto dos profissionais citados. O diagnóstico precisa cumprir seis (ou mais) sintomas e persistirem por pelo menos seis meses, impactar na vida escolar, familiar e social do indivíduo e, como consequência, prejuízos no desempenho estudantil, nas habilidades sociais e no funcionamento das atividades de vida diária.

Também desencadeia sintomas e comportamentos que dificultam o processo de aprendizado, mesmo a criança apresentando um nível intelectual preservado. O mesmo ocorre nas relações sociais, uma vez que a hiperatividade/impulsividade prejudica o controle das emoções, seguimento de regras e o pensar antes de agir.

O TDAH possui três subtipos: o subtipo desatento, ou seja, sem hiperatividade/impulsividade; subtipo hiperativo/impulsivo, ou seja, sem desatenção; e o subtipo combinado (desatento e hiperativo/impulsivo). Sua gravidade pode variar em leve, moderado ou grave. DSM-5-TR 5ª Edição (2023, pp. 68-69).

O subtipo predominantemente desatento apresenta dificuldade em: prestar atenção nos detalhes e de manter-se em atividades lúdicas; seguir as instruções até o fim e terminar trabalhos escolares, tarefas e deveres; manter seus pertences organizados; cometer erros por descuido nas atividades; perder coisas. No geral, resiste a tarefas de esforço mental prolongado e parece não escutar quando alguém lhe dirige a palavra.

O subtipo predominantemente hiperativo/impulsivo apresenta: agitação nas mãos e pés, remexe, batuca, contorce ou levanta da cadeira em situações em que deveria permanecer sentado, um comportamento de não parar; é falante demais, corre e sobe nas coisas quando é inapropriado. Bem como dificuldade em: envolver-se calmamente nas atividades, brincadeiras ou lazer; fazer troca de turno na conversa e deixar escapar uma resposta antes mesmo de finalizar a pergunta; esperar a sua vez, aguardar na fila e interromper ou se intrometer em conversas ou jogos.

Considerando todos os prejuízos que os sintomas do TDAH podem ocasionar na vida de uma pessoa, quanto mais cedo for diagnosticado, maiores serão as chances de intervenções, que irão possibilitar uma remissão dos sintomas e uma maior qualidade de vida a médio e longo prazo (BRITES, 2023).

A não avaliação, o não diagnóstico e a não intervenção precoce impedem um tratamento correto dos sintomas, aumentando a chance de prejuízos no desempenho escolar, nas habilidades sociais e no funcionamento das atividades de vida diária, bem como possíveis comorbidades neuropsiquiátricas (BRITES, 2023).

Você lá em casa...

> Se pudermos observar cuidadosamente o comportamento humano de um ponto de vista objetivo e chegar a compreendê-lo pelo que é, poderemos ser capazes de adotar um curso mais sensato de ação.
> (SILVA, 2012)

Você reconhece algumas dessas falas descritas abaixo?

Quantas vezes eu tenho que repetir?
Você não escutou eu chamar não? Parece que não me escuta!
Desse jeito, você não termina isso hoje!
Presta atenção no que eu estou falando!
Você vive no mundo da lua.
Pare de brincar com isso e faça a tarefa!
Perdeu o material de novo?
Você não copiou a tarefa?
Você não para!
Desce daí!
Você não pensa antes de falar, não?
Controle esse corpo!
Nem tudo é do jeito que você quer!
Escreve na linha.
Como você é desorganizado!
Espere a sua vez!
Desse jeito, ninguém vai querer brincar com você.

Os pais passam por situações assim e se veem repetindo essas frases constantemente. Por outro lado, as crianças e adolescentes escutam essas falas repetidamente, uma situação do cotidiano familiar e, de tão recorrente, torna-se "normal". Isso não significa que seja uma situação saudável, há muitos prejuízos sentidos pelos pais e filhos que não se adaptam aos sintomas do TDAH presentes no dia a dia familiar.

De um lado da corda, encontram-se os pais estressados, cansados, desmotivados e culpados por não saberem mais como agir. Do outro lado da corda, estão os filhos sentindo-se incompreendidos e desamparados, sem entender porque são assim. Ambos não sabem o que fazer para mudar.

O estresse emocional atinge toda a família, as atividades que deveriam ser realizadas naturalmente são sempre desencadeadoras de momentos tensos e conflituosos, seja um simples banho, refeições ou atividades escolares. O momento da tarefa é considerado o ápice do desconforto (BENCZIK; CASELLA, 2015).

O perfil neuropsicológico da pessoa com diagnóstico do TDAH apresenta prejuízos nas funções cognitivas, a exemplo: controle inibitório, memória operacional, flexibilidade do pensamento, velocidade de processamento, planejamento, estratégia, autorregulação emocional, monitoramento de regras e atenção.

É importante saber que nem toda pessoa com o diagnóstico vai apresentar os mesmos déficits cognitivos. Até 70% dos pacientes com TDAH irão apresentar pelo menos uma função cognitiva com algum nível de prejuízo, mas apenas 30% dos casos apresentarão prejuízos em mais de um domínio (MARQUES, 2023).

A grande pergunta: como eu percebo a manifestação dos sintomas do TDAH no dia a dia da minha casa, na vida do meu filho, na convivência escolar e social?

Alguns dos sintomas a serem observados na criança são: falar demais, não esperar os outros terminarem a frase e já interromper, esquecer o que você falou, principalmente em mais de um comando, se distrair com facilidade, cometer erros por descuido, não memorizar, parecer ser desorganizada. Também apresenta dificuldade em: dar a vez, perceber detalhes (como sinais matemáticos), cuidar dos seus pertences, seguir as regras e combinados, lidar com o "não", quando é frustrado e contrariado; agir de maneira impulsiva; além de parecer não parar para pensar. Sobre sintomas físicos: não consegue ficar parado ou parar de pensar, batucar, parecer desastrado, escorregar na cadeira, correr e esbarrar nas coisas.

Em casos em que não há um acompanhamento profissional, as crianças são rotuladas como preguiçosas, sossegadas, desligadas, desobedientes, geniosas, agitadas, de personalidade difícil, estabanadas, que não querem fazer ou aprender. Muitas vezes são taxadas como "causadoras de confusão", como se estivessem ligadas a mil por hora. Em consequência, as crianças podem desenvolver outros transtornos emocionais.

S.O.S – o que fazer?

Por que você me deixa tão solto?
Por que você não cola em mim?
Tô me sentindo muito sozinho...
Quando a gente gosta, é claro que a gente cuida...
(PENINHA, 1997, Sozinho)

A tabela a seguir não substitui o acompanhamento de um profissional especialista, a indicação é que o diagnóstico e o tratamento sejam realizados por uma equipe multidisciplinar. A conduta na intervenção vai depender das demandas apresentadas pelo paciente, sempre considerando os prejuízos encontrados e as áreas impactadas. Independentemente dos especialistas envolvidos, é de extrema importância que os profissionais trabalhem juntos, trocando informações quando necessário e que deem suporte e orientação familiar e escolar.

TDAH – estratégias de intervenção para pais
Identifique os pontos fortes, elogie, incentive, estimule, valide seu potencial.
Estabeleça combinados, regras e limites.
Estabeleça contato visual sempre que falar, e peça para que a criança repita o que você disse.
Diga de maneira clara e objetiva o que é esperado do comportamento; evite reforçar ou falar frases negativas; troque "não corra" por "ande devagar".
Não faça comparações.
Procure sempre conversar sobre como a criança se sente e as dificuldades que está encontrando.
Tenha cuidado com o excesso de atividades extracurriculares.
Tenha um lugar iluminado, organizado, sem estímulos distratores para a realização das atividades da escola.

Estimule a convivência com os pares, ensine como ela pode lidar com as situações de conflitos.
Tenha cuidado com tempo de exposição à tela.
Mantenha o controle da situação. Seja firme, porém acolhedor.
Procure trabalhar com sistema de pontos; existem vários quadros e modelos.
Utilizes recursos como mural, agenda, lista e alarme para auxiliar na organização.
Auxilie na rotina da criança, seja em casa ou no ambiente escolar.
Dê uma instrução por vez, evite mais de uma consigna.
Evite atividades longas e, quando isso não for possível, dê intervalo entre elas.
Altere conteúdos com menor e maior grau de exigência na realização das atividades.
Mantenha sempre comunicação com a escola e os profissionais que estejam envolvidos.
Foque no empenho e não nos resultados.
Mantenha a harmonia e a organização no ambiente familiar, isso também é educativo.
Faça uso de reforçadores positivos para os comportamentos esperados e auxilie a pensar em comportamentos mais ajustados e funcionais quando o que é esperado não ocorrer.
Incentive brincadeiras com jogos e regras.
Mantenha coerência e consistência com as regras estabelecidas; os pais precisam manter unicidade e coerência na maneira de educar.
Peça que a criança pense as etapas das atividades; depois, peça que ela diga para você em voz alta. Ela estará treinando o pensar, as etapas e a execução do que vai realizar.
Ensine a parar – pensar – agir; você pode utilizar para isso o "sistema do semáforo", o "pare e pense", a técnica da respiração.
Mantenha a prática de atividades físicas.

Fonte: ABDA – Associação Brasileira do Déficit de Atenção.

O conhecimento é a maior e melhor forma de ajudar a criança, procure saber o máximo acerca do assunto e cuide para que a fonte seja segura, pautada na ciência. Dispomos de associações, livros, artigos científicos e os próprios profissionais que acompanham a criança/adolescente.

Certifique-se de que os profissionais que estão na condução do tratamento sejam formados e capacitados e entendam do assunto.

Muito além de um diagnóstico

> Às vezes eu digo e faço coisas sem pensar. As pessoas não gostam disso. Elas gostam de rótulos. De te colocar numa caixa. Querem que você seja quem elas querem que seja. Não gostam do complicado, nem do diferente. Se existisse alguém capaz de me salvar, seria você.
> (Por lugares incríveis, Pensador, 2023)

Aqui, uma licença poética: seu filho sempre será seu filho, ele traz dentro de si o amor antes de qualquer diagnóstico, ele é tudo o que ele pode ser. Está muito além de notas escolares, muito além dos limites e dos padrões estabelecidos, muito além dos rótulos. Está na singularidade, na individualidade de ser e existir, está nas possibilidades, nos sonhos, na construção e na superação diária, está nos seus sonhos, nas suas lutas que serão sempre as dele.

Ele está no seu mundo, no mundo social e no mundo interno dele; mas nenhum desses mundos que ele habita pode ser cercado de muros e fronteiras que o impeçam de crescer e se desenvolver. Seu filho é o hoje e o amanhã, mas jamais o ontem, porque o ontem é passado e, nesse tempo, não há o que fazer, somente compreender. Seu filho é esperança, é eterna crença e eterno existir, é amor, é vida que pulsa e que se transforma constantemente e diariamente.

A você cabe amar, respeitar, acreditar e cuidar, pois seu filho sempre, sempre será o seu filho!

Referências

AMERICAN PSYCHIATRIC ASSOCIATION. *Manual diagnóstico estatístico de transtornos mentais: DSM-V-TR*. 5. ed. Porto Alegre: Artmed, 2023.

ASSOCIAÇÃO BRASILEIRA DO DÉFICIT DE ATENÇÃO. *TDAH – algumas dicas para os pais*. Disponível em: <https://tdah.org.br/tdah-algumas-dicas-para-os-pais/>. Acesso em: 9 abr. de 2023.

BENCZIK, E. P.; CASELLA, E. B. Compreendendo o impacto do TDAH na dinâmica familiar e as possibilidades de intervenção. *Rev. psicopedag.*, São Paulo, v. 32, n. 97, pp. 93-103, 2015 . <http://pepsic.bvsalud.org/scielo.php?script=sci_arttext&pid=S0103-84862015000100010> Acesso em: 9 abr. de 2023.

BRITES, C.; BRITES, H. *et al.* Diagnóstico precoce do TDAH: é possível? *Psicologia*, 14 , 359-370. doi: 10.4236/psych.2023.143021.

MARQUES, S. C. *Perfil Neuropsicológico TDAH,* 2023. Incantato Psicologia.

PENINHA. Sozinho. *In*: VELOSO, C. *Prenda minha.* Rio de Janeiro: Polygram, 1998

SILVA, D. *Terapia comportamental e cognitiva na condução terapêutica de clientes com TDAH.* São Paulo: 2012.

11

EU, EU MESMO, EU DE NOVO
COMO O TDAH ACOMPANHOU MINHA VIDA NOS ÚLTIMOS 40 ANOS

O escritor Eduardo Ferrari teve diagnóstico de TDAH tardiamente. Foi graças ao seu filho caçula, Gabriel, que ele descobriu que tinha todas as características do transtorno e que havia um fator genético envolvido na perpetuação familiar dessa condição. "Isso explica muita coisa", diz Eduardo. Fico imaginando que muitos colegas de trabalho, amigos e relacionamentos sofreram com seus respectivos sintomas de TDAH, sem que nenhuma das partes soubesse a razão. Para combater o preconceito, Eduardo escreveu três livros sobre as vivências em TDAH, inspirado em fatos reais; também sobre TEI, outra condição comum em quem tem TDAH. Agora, ele compartilha parte de sua história neste capítulo.

EDUARDO FERRARI

Eduardo Ferrari

Contatos
Instagram: @eduardoferrari_
Twitter: @eduardoferrari_
Facebook: escritoreduardoferrari
YouTube: @EduardoFerrari
wa.me/5511991499040

O escritor Eduardo Ferrari é pai de dois adolescentes, Pedro de 19 anos e Gabriel de 15 anos. É autor de vários livros, entre eles a trilogia infantojuvenil *Elétrico*, que conta com as obras *Elétrico, Distraído* e *Falante*, também traduzidos para o inglês; da trilogia espacial *Terráqueos*, com mais dois livros: *Robóticos* e *Extraterrestres*; da obra autobiográfica *Explosivo;* e da aventura pré-histórica *Zumanos*. É *publisher* da EFeditores Conteúdo e parceiro editorial da Literare Books International.

Eu fui diagnosticado com TDAH com mais de 45 anos. Até então, eu havia perdido grandes colocações em algumas das mais cobiçadas multinacionais do país. Havia perdido dezenas de amizades e, mais recentemente, desfeito um casamento com a mulher da minha vida depois de 20 anos porque não soube lidar com sintomas como impaciência e irritabilidade, muito comuns em quem é diagnosticado somente na fase adulta. No casamento, essa incapacidade levou à separação pela qual fui culpado pelas demais partes envolvidas, no caso, a ex-esposa, suas amizades, seus familiares e até mesmo terapeutas. "Foi você que, com toda essa sua instabilidade emocional, me afastou". Foi o mínimo que tive que ouvir. Calado.

Pronto. Apresentei o elefante na sala. Agora você sabe praticamente tudo o que aconteceu e sabe que quem escreve aqui é uma pessoa profundamente impactada pelo TDAH e seus outros sintomas, como o transtorno explosivo intermitente (TEI) que também é muito comum em adultos diagnosticados tardiamente. Também sabe o quão sério é essa situação e que não se trata de um conto de fadas com final obrigatoriamente feliz. Eu sou um dos dois milhões de brasileiros adultos que a Associação Brasileira do Déficit de Atenção (ABDA) aponta como atingidos pelo transtorno. A Organização Mundial de Saúde (OMS) afirma que cerca de 4% da população adulta mundial tem o transtorno de déficit de atenção e hiperatividade (TDAH). Esse percentual atinge mais de 400 milhões de pessoas. É muita gente.

Eu comecei a descobrir que também tinha TDAH – e posteriormente TEI – por causa do meu filho caçula. Quando ele tinha cinco anos de idade, fui chamado à escola para ouvir que ele não conseguia contar de um até dez. Gabriel foi levado para uma consulta com uma fonoaudióloga porque imaginavam que se tratava de uma questão simples de pronúncia de palavras. Não era. Foram mais de dois anos e uma grande lista de outros especialistas, como psicólogo, psicoterapeuta, até chegar no psiquiatra que, num laudo, confirmou a suspeita. Gabriel possui TDAH.

A cada consulta, a cada especialista, tudo o que eu ouvia parecia dizer mais de mim do que de Gabriel. Foi assim que descobri que o transtorno possui um grande fator genético. Quando criança, eu já apresentava todos os sintomas que meu caçula mostrou ter quando chegou a sua vez de conviver na escola. Como ele, eu também tive dificuldades de alfabetização e a escola chamou minha mãe para falar sobre isso. Estávamos nos anos 70 e tudo que se podia fazer era ter uma professora adicional para me dar aulas de reforço. Funcionou e em pouco tempo eu estava lendo e escrevendo e alcancei o desempenho da minha turma na segunda série. Também conheci uma professora que, mais de 30 anos depois, teria papel importante na descoberta do TDAH do Gabriel. Dona Hermengarda foi a diretora de uma escola pública onde eu estudava aos oito anos e foi quem me deu as aulas de reforço. Depois, foi a proprietária da escola onde, por mera coincidência, Gabriel foi matriculado na pré-escola. Foi uma alegria e um privilégio encontrar dona Hermengarda tão bem e relembrar momentos marcantes da minha infância. Ela foi, provavelmente, quem melhor entendeu minhas dificuldades com o TDAH na infância, mesmo que, naquela época, não a chamássemos assim. Serei sempre grato a ela.

Levou tempo para que Gabriel alcançasse um bom desempenho na escola. Hoje, aos 15 anos e mais de metade de sua vida com o diagnóstico, ele é um adolescente curioso pelas coisas do mundo e por temas diversos como mangá e ficção científica; lê e escreve muito bem. Mas não foi uma tarefa fácil. Foram vários terapeutas até se acertar com a atual, que se chama Marisa, e por quem ele tem um carinho especial e uma amizade sincera. Nas duas sessões terapêuticas que ele tem com ela por semana, é visível sua alegria e entusiasmo. Marisa também é outra profissional por quem tenho uma gratidão pela forma como cuida do Gabriel. Na minha opinião, todo mundo com essas características neurológicas atípicas precisa ter a sorte de encontrar na vida suas donas Hermengardas e Marisas. Comece por ai: buscando as professoras e terapeutas certas.

Antes disso, porém, Gabriel foi vítima de muito preconceito e *bullying* na escola, nos eventos infantis e até mesmo na família. Houve quem dissesse que o TDAH era apenas uma invenção para justificar pais despreparados que não conseguem educar seus filhos ou dar limites a eles.

Um dia, Gabriel, entre sete e oito anos, chegou em casa triste e eu perguntei o por quê.

— Um colega me chamou de maluco. O que significa isso, pai?

Essa história e sua conclusão eu conto no livro *Elétrico,* que depois virou uma trilogia com mais dois livros chamados *Distraído* e *Falante*. Foi nesse dia em que Gabriel foi chamado de "maluco" que eu decidi que precisava escrever a sua (nossa) história como forma de combater o preconceito contra ele e contra outras crianças que têm TDAH.

A trilogia que começou apenas com histórias do Gabriel acabou por incluir outras histórias, que tomei conhecimento assim que o primeiro livro foi publicado. Apenas pela alegria do Gabriel, no dia do lançamento público do livro, já teria valido a pena o esforço de escrever e publicar. Na escola, ele também fez questão de presentear o livro para professores e vários colegas. Passou a ser conhecido como o *menino elétrico*; também se encheu de felicidade. No livro, eu tinha tomado o cuidado de preservá-lo, escolhendo outro nome para o personagem principal. Para minha surpresa, meu filho me disse que preferia que o protagonista também se chamasse Gabriel. Além do orgulho, meu caçula queria que soubessem que a maior parte das histórias eram dele.

Hoje, costumo dizer que quem escreveu o livro mesmo foi Gabriel e algumas dezenas de outras crianças: eu apenas coloquei no papel o que vi e o que me contaram. Eles, as crianças e os adolescentes, são os verdadeiros autores.

Eu também descobri, nos últimos três anos, que possuo transtorno explosivo intermitente (TEI), que gera grande impulsividade e irritabilidade nos seus acometidos. O TEI também é preponderante em que tem TDAH. Segundo a própria Organização Mundial da Saúde, o TEI é responsável por atingir cerca de 2,7% da população mundial e, muitas vezes, pode ser confundido com um ataque de raiva. Esses números representam quase 300 milhões de pessoas com o transtorno, que também só é descoberto tardiamente. De novo, muita gente.

O TEI é caracterizado por explosões de raiva muito desproporcionais, que levam a pessoa a não ter controle das próprias ações. Nesses casos, uma situação muito simples pode causar uma explosão de raiva com proporções muito grandes, com ameaças, ofensas, destruições e até agressões físicas. Por causa dessas características peculiares de ter dois transtornos simultâneos, já fui julgado como mau-caráter por dezenas de pessoas, até por profissionais da área de saúde que sequer conheciam a existência do transtorno. Sobre o TEI, eu também escrevi um livro, o primeiro livro brasileiro sobre o tema sob a perspectiva de uma pessoa que tem o transtorno, lançado em 2023, chamado *Explosivo*, mais uma vez com o objetivo de combater o preconceito e ajudar na divulgação das características do transtorno.

Seja TDAH, seja TEI, o que posso dizer é que quem convive com os acometidos pelo transtorno também é muito atingido; e podemos dizer que essas pessoas estão em segundo lugar na linha de chegada dos impactos causados por essas características. Ao expor minha realidade em livros, depoimentos, materiais e artigos, eu espero ajudar outras pessoas a também encontrarem seu caminho. Se essa exposição ajudar a uma única pessoa, já terá valido a pena. Quanto a mim? Continuo respirando.

12

A MATERNIDADE
E O TDAH

Neste capítulo, vamos falar de maneira sincera sobre as angústias presentes na maternidade de uma mãe que recebe o diagnóstico de TDAH do filho, esclarecendo que são sentimentos reais e que precisam ser olhados e acolhidos.

EMÍLIA GIMENE LUNA

Emília Gimene Luna

Contatos
psiemilialuna@gmail.com
Instagram: @emilialunapsi
67 99282 2504

Psicóloga formada em 1998 pela Universidade Católica Dom Bosco-UCDB, em Campo Grande (MS). Atendimento de crianças e adolescentes vítimas de violência doméstica, com maior abrangência nas vitimizações sexuais. Atuação em CAPS III, atendendo pacientes com transtornos mentais graves e persistentes, com quadros de esquizofrenia, depressão grave, transtorno *borderline* e outros. Atendimento em clínica particular desde 1999, com crianças, adolescentes e adultos. Profissional com certificação Neurocompatível desde 2020, e formação continuada em Neurociência.

Recebi, com muita honra, o convite para participar da construção deste livro, e logo me veio à mente a necessidade de falar com as mães, neste caso, falar com as mães de crianças com transtorno de déficit de atenção e hiperatividade (TDAH).

Fala-se muito da criança com TDAH. Sua importância é inquestionável, porém, geralmente, esquecemos de olhar para a mãe. A mãe que pode inclusive estar adoecendo com a criança, sem nem mesmo estar sendo vista, ouvida, muito menos amparada.

Logo após a minha formação, ingressei no serviço público, e foi nessa época que comecei a acompanhar a mãe de uma menina de seis anos de idade. A criança chegou para tratamento após o falecimento da avó materna, o que desencadeou um processo de luto patológico, piorando consideravelmente o comportamento da criança. Por volta de 1 ano antes, a criança já tinha recebido o diagnóstico de TDAH.

Chamarei a mãe por Angélica e a criança por Laura.

Como muitas, Angélica era uma mãe solo. O pai de Laura pagava uma pensão irrisória e não mantinha contato com a filha. O que só agravava o comportamento da criança e o desamparo da mãe.

Não podemos esquecer que muitos pais ficam alheios no processo de criação e tratamento dos filhos, mantendo um papel coadjuvante e de observador, mesmo morando com a família.

A gestação aconteceu logo no início do namoro e, ao saber da mesma, o pai foi contra a continuidade da gestação. A mãe, por sua vez, não cogitava essa opção, passando a assumir a filha sozinha, com o apoio dos avós maternos da criança.

Lembro-me das angústias relatadas por Angélica*, das situações de constrangimento que ela já tinha vivenciado e que me relatava ainda com bastante emoção; dos momentos de dúvidas que vivenciou em relação à gestação, ao futuro e à filha. Bem como da falta da figura do pai como apoio.

Com o desenvolvimento e crescimento da criança, as alterações de comportamento começaram a ficar mais evidentes. Vieram as situações vivenciadas tanto no seio familiar quanto em lugares que ambas frequentavam durante o convívio social. Com o início da vida escolar, começaram as constantes reclamações na escola em decorrência da agitação de Laura*, também da dificuldade de aprendizagem.

Constantemente a filha não era compreendida, recebendo rótulos de "mal-educada" e "desobediente" além outros adjetivos, que muitas de nós infelizmente já ouvimos dos nossos filhos.

Angélica*, por sua vez, recebia o rótulo de permissiva e de que não era uma boa mãe, pois, na visão deles, não conseguia "controlar" uma criança de 6 anos. Entre os casos de TDAH, é muito perceptível que a criança hipercinética (constante estado de inquietação) é a mais atingida com adjetivos pejorativos, em função da demanda do comportamento hiperagitado.

Angélica* sentia-se cada vez mais culpada e incapaz, começando a acreditar em tudo o que falavam sobre sua filha e sobre ela mesma. Além disso, ainda existia a culpa, e até desespero, por não saber o que estava acontecendo com a filha e o que fazer com aquela menina que não parava um minuto, corria o tempo todo e subia em tudo que via pela frente.

Com todo esse cenário, é muito comum as mães desenvolverem um quadro de exaustão; ou como é nomeado atualmente, um quadro de *burnout* materno.

Só quem está em um quadro de exaustão é que sabe a dimensão do sofrimento, das dores emocionais e físicas por se sentir no limite do cansaço.

Sabemos que a maternidade por si só é cansativa, porém precisamos olhar com mais cuidado os quadros de exaustão, que podem desencadear inclusive outros quadros emocionais e clínicos.

A partir do início da gestação, o cérebro da mãe passa por mudanças importantíssimas. As principais mudanças são relacionadas ao aumento de massa cinzenta no córtex cerebral. O cérebro da mãe fica alerta, voltado para a proteção da cria. Só por esse processo, justifica-se o cansaço materno, e até a exaustão.

Um cérebro exausto não consegue responder como seria esperado. É como aquele corpo que correu uma maratona e não tem energias para continuar andando. Ele precisa deitar e descansar.

Uma mãe exausta dificilmente vai conseguir atender às necessidades da criança, porque, muitas vezes, ela não tem recursos nem para atender a ela mesma. Essa mãe fica "pescando" uma energia que muitas vezes está no limite.

Para essa mãe, geralmente, também fica mais difícil escutar e respeitar seus instintos. É cada vez mais comum as mães deixarem de respeitar sua voz interna, acreditando que o que vem de fora merece mais credibilidade, enquanto o seu instinto tem que ser desconsiderado.

Isso já acontece com as mães de crianças neurotípicas (crianças que não possuem nenhuma condição neurológica especial). Pensando na mãe de uma criança com TDAH, esse quadro fica ainda mais preocupante. A exaustão é mais presente e acontece muito mais rápido. É como se a reserva de energia fosse usada em velocidade avançada.

É muito comum que a mãe de uma criança com TDAH, em decorrência do desgaste emocional e físico, também precise de tratamento psicológico. Ela precisa de um espaço onde possa colocar suas angústias, sem medo de julgamentos; sentir-se acolhida e respeitada.

Quando a psicoterapia individual não é possível, um grupo terapêutico atende essa necessidade; cada uma conta sua história e se apoiam mutuamente.

Não é incomum as mães desenvolverem quadros de transtornos de ansiedade ou depressivos, necessitando inclusive de tratamento medicamentoso. O preconceito em relação à medicação psicotrópica ainda é muito presente, mas prescrita com responsabilidade e acompanhamento médico, ela tende a melhorar gradativamente a qualidade de vida da mãe e o ambiente em que a criança está inserida; impactando também no sucesso do tratamento dessa criança.

A qualidade do ambiente é importantíssima no desenvolvimento infantil e, logicamente, também na criança com TDAH. Segundo o médico húngaro-canadense, Gabor Maté, já existem pesquisas neurocientíficas que relacionam o quadro de TDAH à vivência em ambientes estressores. Ou seja, pais estressados contribuem para o desenvolvimento e piora do quadro de TDAH. Essas pesquisas apontam o TDAH como um processo adaptativo cerebral, que busca sobrevivência no ambiente estressor. Obviamente, é um processo inconsciente de um cérebro ainda em desenvolvimento.

O caminho até o diagnóstico

Geralmente, o caminho até o recebimento do diagnóstico adequado é longo, desgastante e, muitas vezes, solitário para a mãe. Até a criança ser realmente vista e encaminhada para a avaliação, provavelmente já passou por algumas situações angustiantes e constrangedoras, tanto para ela quanto para a mãe.

Até encontrar a equipe adequada, com profissionais bem preparados e comprometidos com o bem-estar real da criança, essa mãe já percorreu alguns bons quilômetros, se deparando com situações que podem ter minado ainda mais sua energia, podendo agravar seu estado de exaustão.

Como citei acima, essa mãe já deve ter recebido vários adjetivos, desde "permissiva" a "irresponsável", afetando diretamente a autoestima e acentuando um quadro de sentimentos de culpa e vergonha. E a criança, por sua vez, já deve ter recebido punições físicas e emocionais, além de broncas e olhares pejorativos, causando outros prejuízos emocionais.

Durante o processo de diagnóstico, é preciso ter cuidado para uma avaliação comprometida com o bem-estar da criança, respeitando o desenvolvimento, habilidades e necessidades, bem como a preocupação com as orientações oferecidas para essa mãe.

É importante ressaltar que muitos diagnósticos são feitos de forma errônea e prematura, com medicalização inadequada, que só geram rótulos e impedem o desenvolvimento de muitas habilidades presentes na criança, sem respeitar características e individualidade.

Dúvidas quanto ao futuro

Se têm duas coisas que acompanham as mães, são as dúvidas e o sentimento de culpa. Culpamo-nos por tudo e tendemos a nos culpar pela demora do diagnóstico e pelas condutas inadequadas com aquela criança que precisava de um olhar especial.

São comuns as dúvidas em relação ao diagnóstico, ao tratamento indicado pelos profissionais, ao futuro do filho, ao sofrimento que, por ventura, possa surgir.

Mas precisamos parar e tentar reconhecer e aceitar que não temos o controle de muitas coisas que acontecem conosco e com nossos filhos. Se não possuímos esse controle, por que tanta culpa? Cabe a nós fazermos o que está a nosso alcance, oferecendo o que temos de melhor; mas precisamos nos lembrar que somos humanos. Sendo assim, temos as nossas limitações. Nem tudo está ao nosso alcance!

Estratégias para as mães
Respiração diafragmática

Uma das técnicas mais eficientes para regulação das emoções são os exercícios de respiração. Dentre eles, a respiração diafragmática já tem seus benefícios comprovados, inclusive no controle das crises de ansiedade e pânico.

Procure inserir, na sua rotina diária, momentos de respiração diafragmática. Coloque, por exemplo, um despertador três vezes ao dia e sempre que despertar, pare e realize a respiração. Tornando-a uma prática habitual, fica muito mais fácil recorrer à técnica quando ela for necessária.

Inicie liberando todo o ar dos seus pulmões. Coloque uma das mãos sobre a barriga e a outra sobre o peito e feche os olhos. Concentre-se no exercício e na sua respiração. Inspire o ar e sinta sua barriga se expandir. Depois expire todo o ar pela boca e sinta seu abdômen se esvaziar, aproximando-o da sua coluna. Enquanto isso, seu peito não deve se mover.

Saia e tome um copo de água

Um comportamento bastante simples, mas que contribui enormemente para o processo de regulação emocional,

Sempre que perceber que está perdendo o controle, tanto com a criança quanto consigo mesmo, procure se afastar da situação por alguns minutos, respire e tome um copo de água gelada.

Enquanto estamos em contato com a situação estressora e já estamos em desregulação emocional, dificilmente conseguiremos retomar o controle. Precisamos, sim, desse espaço. A água gelada, nesse momento, serve para sairmos daquele turbilhão e nos ligarmos novamente ao momento presente.

Grupo de apoio

Um dos aspectos muito presente, entre as mães, é o sentimento de desamparo. Esse sentimento está presente em muitas de nós, desde a nossa infância, quando não tivemos nossas necessidades de atenção, cuidado e carinho atendidas. Na idade adulta, ele retorna em muitos momentos da nossa vida. Enquanto mães, esse sentimento é muito presente.

O grupo tem o poder de trazer a sensação de pertencimento e de amparo, o sentimento de que não estamos sozinhas com as nossas adversidades; além de, muitas vezes, oferecer as orientações que estamos precisando para lidar com situações corriqueiras do dia a dia.

Existem diversos grupos de mães espalhados pelo mundo. Entre eles, grupos específicos para diversos diagnósticos. Informe-se e encontre um grupo para participar. Se não encontrar um com reuniões presenciais, existem vários outros por WhatsApp. Com certeza, você já se sentirá acolhida e ouvida, diminuindo o sentimento de desamparo e solidão.

Para encerrar, duas coisas são importantíssimas. Primeiro: seu filho é uma promessa para a humanidade; segundo: por mais que seja um sentimento muito presente, você não está sozinha.

A Angélica – após o encontro com profissionais especializados e a utilização desses recursos – está menos sobrecarregada, uma vez que a demanda da criança diminuiu com o seu crescimento e com o sucesso do tratamento. Laura, hoje uma adolescente linda de 17 anos de idade, continua seu tratamento. Ambas continuam caminhando juntas, se amparando mutuamente.

Referências

GUTMAN, L. *A maternidade e o encontro com a própria sombra*. 16. ed. Rio de Janeiro: BestSeller, 2019.

GUTMAN, L. *Mulheres visíveis, mães invisíveis*. 4. ed. Rio de Janeiro: BestSeller, 2018.

VILARINHO, T. *Mãe fora da caixa*. São Paulo: Buzz Editora, 2017.

13

TDAH E A NUTRIÇÃO

Neste capítulo, falaremos sobre a importância da nutrição no tratamento do TDAH. Um dos pilares da nutrição funcional é o que compreende que existe uma interação entre todos os sistemas do nosso corpo, enfatizando as relações existentes entre nossa bioquímica e a fisiologia, levando em conta os aspectos emocionais e cognitivos. Descobriremos além: não existe a mesma receita para todo mundo.

FERNANDA MOLINA

Fernanda Molina

Contatos
www.fernandamolina.com.br
fernanda.molina.tosi@gmail.com
Instagram: @nutri.fernandamolina
Fanpage: Nutricionista Fernanda Molina

Nutricionista graduada pela Universidade Católica Dom Bosco (UCDB) em 2005; com pós-graduação em Nutrição Clínica e Estética pelo Instituto de Pesquisas, Ensino e Gestão em Saúde (IPGS); Nutrição Esportiva Funcional pela Valéria Paschoal Nutrição Funcional (VP); Fitoterapia Clínica pelo IPGS. Conta também com formações em Modulação Intestinal (prof. Murilo Pereira), Autismo, Síndrome de Down e TDAH: manejo nutricional na prática (IPGS); Nutrição para Esportistas, Suplementos e Formulações em Estética (Instituto Ana Paula Pujol); *Personal Diet* e Marketing Pessoal (Celiane Gonçalves). Acadêmica em Biomedicina; pratica clínica nutricional há 17 anos, atuando em ambulatório e consultório particular. Mãe da Anna Victoria, João Gabriel e da Maria Carolina.

*Quando a dor de não estar vivendo for maior
do que o medo da mudança, a pessoa muda.*
SIGMUND FREUD

Mudar já é sinônimo de sair da zona de conforto, mas quando a mudança significa mexer na nutrição, em ter um novo olhar sobre os alimentos, isso, muitas vezes, representa abandonar memórias afetivas, padrões familiares e a própria individualidade. Falo isso porque, se a família não organizar todo um padrão relacionado à alimentação e estilo de vida, fica muito mais difícil implementar tudo que vou abordar neste capítulo.

Comer é afeto, segurança e nutrir o corpo.

TDAH é um transtorno neurocomportamental, disso já sabemos, caracterizado por um padrão persistente de desatenção, hiperatividade e impulsividade; englobando, para cada quatro meninos, uma menina. Uma síndrome multifatorial, integrando fatores genéticos, neurobiológicos e ambientais. Desde a década de 1970, sabemos que, em termos nutricionais, temos no TDAH:

- Deficiências de vitaminas e minerais.
- Distúrbios gastrointestinais.
- Alergias múltiplas.
- Distúrbios nos processos de destoxificação.

Não temos a cura, porém temos as armas para lutar, e a nutrição é uma delas.

Podemos regular as deficiências de vitaminas e minerais ajustando a alimentação e melhorando a absorção desses nutrientes por meio de um intestino saudável e íntegro.

Podemos melhorar os distúrbios gastrointestinais – dores abdominais, azia, má digestão, aftas, constipação, diarreia, estufamento e excesso de gases – com hábitos simples, como boa mastigação, ingestão de alimentos saudáveis, controle no consumo de açúcar, equilíbrio entre carboidratos, proteínas e lipídios, evitando os industrializados.

A destoxificação é um processo natural do corpo humano, pelo qual eliminamos substâncias tóxicas absorvidas pelo organismo.

Esse processo que acontece de forma harmoniosa somente quando nossa alimentação é rica em alimentos capazes de nos fornecer antioxidantes, sendo a glutationa o antioxidante mais potente produzido pelo corpo para a saúde cerebral.

Tudo o que se refere ao trato gastrointestinal – desde o momento que ingerimos o alimento até a excreção – nos fornece indícios de que de fato somos o que comemos, porque nossa energia, imunidade, estresse, fertilidade e declínio cognitivo dele. O nosso intestino abriga, além de um importante tecido linfoide chamado Galt, uma variedade de micro-organismos que convivem conosco de maneira harmoniosa, produzindo substratos que beneficiam nossa saúde de maneira geral e, principalmente, a cerebral. E quando isso não acontece, estamos susceptíveis a danos epiteliais, alergias alimentares múltiplas; porque perdemos a capacidade de regular a permeabilidade, deixando que tudo ultrapasse a barreira de defesa, entrando na corrente sanguínea e atingindo os demais sistemas do corpo.

E, sim, a otimização dos processos metabólicos – incluindo o desenvolvimento cognitivo, psicológico, sensorial, vitalidade e locomoção – depende de uma alimentação saudável e adequada. Quando isso não acontece, há uma perda na comunicação entre intestino e cérebro, que passa a acontecer de forma bidirecional e acabamos por viver num telefone sem fio interminável, incluindo a atividade de neurotransmissores inibitórios e excitatórios.

Já tinha imaginado, alguma vez, os prejuízos de uma alimentação aleatória, só visando ao prazer momentâneo? E o quanto isso pode prejudicar quem tem TDAH?

Pensando na saúde intestinal, nossas fezes têm muito a dizer sobre nós. Os formatos das fezes indicam nossa saúde e podem nos dizer se esse eixo intestino-cérebro está funcionando adequadamente. Vamos observar a escala de Bristol:

ESCALA DE BRISTOL

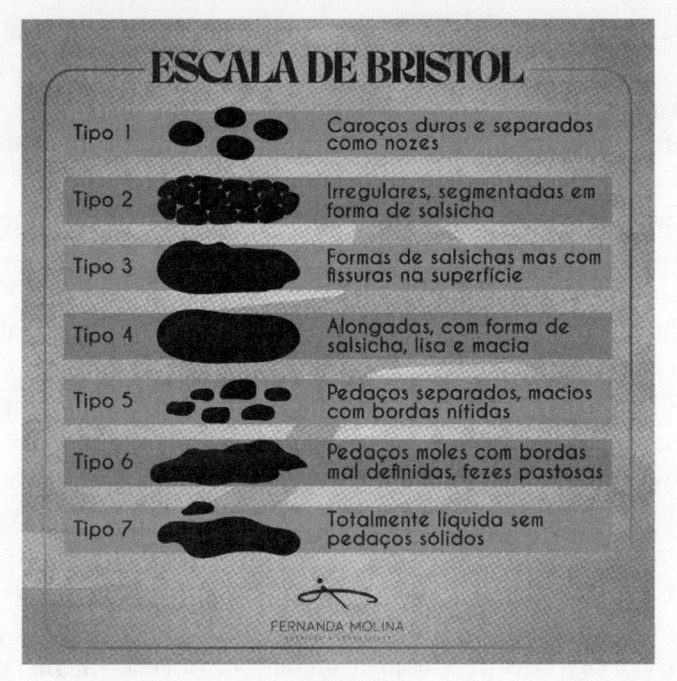

Tipo 1	● ● ● ●	Caroços duros e separados como nozes
Tipo 2		Irregulares, segmentadas em forma de salsicha
Tipo 3		Formas de salsichas mas com fissuras na superfície
Tipo 4		Alongadas, com forma de salsicha, lisa e macia
Tipo 5		Pedaços separados, macios com bordas nítidas
Tipo 6		Pedaços moles com bordas mal definidas, fezes pastosas
Tipo 7		Totalmente líquida sem pedaços sólidos

FERNANDA MOLINA

Fonte: da autora

Os tipos três e quatro são os ideais, sendo o quatro a forma mais perfeita. Todos os outros tipos podem nos dizer que algo que não anda bem; alergias múltiplas ou mesmo excesso de peptídeos opioides na dieta.

É imprescindível que qualquer pessoa que tenha diagnóstico para qualquer transtorno neurocomportamental investigue as alergias múltiplas alimentares, pois a hiperpermeabilidade intestinal modifica e altera nosso eixo endócrino, imunológico, sistema nervoso autônomo e entérico. Você já deve ter ouvido falar que nosso intestino é nosso segundo cérebro, não é mesmo?

Alimento não digerido, principalmente a parte proteica, causa hiperpermeabilidade; e esse comportamento intestinal está associado ao TDAH.

O genoma dos micro-organismos que compõem nossa microbiota contém 150 vezes mais genes que o genoma humano; existem bactérias positivas e negativas. Bactérias positivas fermentam de maneira adequada, isso significa saúde, maior capacidade de defesa, vilosidades intestinais maiores e permeabilidade normal; já as negativas significam confusão no sistema. Quando tudo está em equilíbrio, o nosso organismo funciona bem, mas quando isso não acontece, damos o nome de disbiose.

A disbiose aumenta nossa peneira intestinal, favorecendo as alergias múltiplas; as principais proteínas capazes de causar esses danos são: o glúten (trigo), caseína (leite) e a proteína da soja.

A gluteomorfina e a caseomorfina são peptídeos opioides presentes nesses alimentos e apresentam similaridade às substâncias opioides e suas ações no sistema nervoso central: na motivação, na emoção, no comportamento, nas respostas ao estresse e à dor e no controle alimentar. Essas proteínas podem ser as primeiras a causarem os danos à permeabilidade intestinal. Uma vez o dano instalado, abre-se o caminho para que outras proteínas de alimentos também causem estragos.

Para detectar quais proteínas podem estar causando a hiperpermeabilidade, usamos testes de intolerância mediados por IGG, que detectam esses alimentos; assim, podemos exclui-los para recuperar essa integridade epitelial e reequilibrar as bactérias intestinais.

A dieta perfeita é só uma dieta perfeita. Tratando-se de pacientes especiais, e na maioria das vezes seletivos, devemos trabalhar com a realidade de cada um. E as mudanças devem, sim, acontecer, mas de forma gradual e possível. Sei que não é fácil fazer a exclusão do glúten e da caseína – mesmo porque a base da alimentação ocidental, desde há muito tempo, inclui o trigo, o leite e seus derivados – porém deve ser feita. A partir do momento em que temos a hiperpermeabilidade, isso acaba por permitir que produtos bacterianos prejudiciais e citocinas inflamatórias (uma tentativa do organismo em controlar inflamações) cruzem a barreira hematoencefálica, influenciando o cérebro e o comportamento.

Além das alergias e dos peptídeos opioides, devemos prestar atenção a: corantes artificiais, conservantes e saliciatos. Alguns alimentos ricos em saliciatos (pesticidas naturais) pioram a desatenção e aumentam a hiperatividade, devem ser introduzidos na dieta de maneira equilibrada – alguns deles são bem comuns: morango, tomate, maçãs, cacau (chocolate), uvas vermelhas, pimentões e nozes. Esses não devem ser excluídos, mas, sim, rotacionados e fracionados em uma alimentação balanceada.

Muitos pacientes com TDAH respondem muito bem a uma dieta que elimina os alimentos alergênicos, reduzindo significativamente os sintomas. Porém, além da exclusão do glúten e da caseína, existem outras abordagens nutricionais como:

- Dieta dos carboidratos específicos.
- *Body ecology diet.*

- *Feingold diet.*
- Dieta baixa em histamina.
- Dieta com foco na destoxificação.
- *Low-FODMAP diet.*
- Dieta cetogênica.
- Dieta livre de oxalatos.
- Dieta de rotação.

São muitas as abordagens nutricionais, e você pode estar se perguntando: qual é a minha? Qual é a melhor para o meu filho?

Isso eu não posso responder sem avaliar individualmente, mas posso dizer que nenhuma abordagem nutricional é para sempre e que não existe uma que sirva para todo mundo.

As dietas são cíclicas, devemos alterná-las à medida que os sintomas aparecem. Nossa microbiota muda conforme o alimento que estamos ingerindo, o ambiente externo também influencia. Trabalhar com pacientes especiais significa que devemos ser maleáveis, caminhar para frente e se preparar para dar alguns passos para trás.

E é de extrema importância ter um nutricionista caminhando junto, a cada passo do processo, porque a alimentação é tão importante quanto qualquer outra especialidade envolvida no tratamento. Cada mudança no padrão do comportamento importa, cada queixa gastrointestinal não pode ser desmerecida. Cada mudança no padrão alimentar e seletividade deve ser avaliada com cautela.

E como fazemos isso? Avaliando.

Fazendo testes de intolerância, recordatórios alimentares, solicitando exames bioquímicos para avaliar marcadores inflamatórios; escutando a família, o médico, os terapeutas; sempre trabalhando em conjunto.

A mudança no padrão alimentar é gradativa, existem substituições para farinhas e lácteos; muitas possibilidades de refeições principais e lanches intermediários; mas sempre priorizando a comida de verdade.

A suplementação também é importante: ômega 3, glutationa, vitaminas lipossolúveis e hidrossolúveis, minerais, prebióticos e probióticos e aminoácidos. Muitas vezes, devemos fazer o uso de enzimas digestivas, ou até mesmo hipercalóricos, se o paciente estiver em déficit de peso.

O que não pode acontecer de maneira nenhuma é desistir. Sei que a mudança, muitas vezes, assusta e que mexer em tudo que engloba alimentação é difícil, porém é possível e necessário.

Crianças ou adultos com TDAH são muitas vezes incompreendidos e mal-interpretados, porém um diagnóstico diferencial e uma análise criteriosa podem fazer a diferença nas suas vidas e nas suas famílias.

Referências

CARREIRO, D.; PEREIRA, M. *Semiologia na prática clínica nutricional*. 3. ed. São Paulo: 2022.

COUTO, T. S.; MELO-JUNIOR, M. R.; GOMES, C. R. A. *Aspectos neurobiológicos do transtorno do déficit de atenção e hiperatividade (TDAH): uma revisão*. 2010. Disponível em: <http://www.cienciasecognicao.org/revista/index.php/cec/article/view/202/174>. Acesso em: 2 maio de 2022.

PASCHOAL, V.; NAVES, A.; FONSECA, A. B. *Nutrição clínica funcional: dos princípios à prática clínica*. 2. ed. São Paulo: Valéria Paschoal Editora, 2007.

PEREIRA, M.; GOUVEIA, F. *Modulação intestinal: fundamentos e estratégias práticas*. Brasília: Trato, 2019.

PERLMUTTER, D.; LOBERG, K. *A dieta da mente: a surpreendente verdade sobre o glúten e os carboidratos – os assassinos silenciosos do seu cérebro*. São Paulo: Paralela, 2014.

SILVIA, A. B. *Mentes inquietas – TDAH: desatenção, hiperatividade e impulsividade*. Rio de Janeiro: Objetiva, 2009.

14

UM OLHAR ALÉM DOS SINTOMAS
A EDUCAÇÃO DOS ESTUDANTES COM TDAH E DIFICULDADES DE APRENDIZAGEM

Honra-me poder compartilhar um pouquinho de conhecimento com embasamentos teóricos e experiências clínicas e institucionais. A minha experiência com crianças com TDAH ensina-me, a cada dia, que a educação deve estar atenta às habilidades particulares que a criança precisa desenvolver e não somente ao conteúdo a ser ensinado. Uma educação inclusiva e com um olhar além dos sintomas tem como resultado, comportamentos adequados para absorver informações que favoreçam o ensino e a aprendizagem da vida social de pessoa com TDAH.

GISLAINE ARAÚJO DANTAS TANAKA

Gislaine Araújo Dantas Tanaka

Contatos
gislainejapa@gmail.com
Instagram: @psicopedagogiagislaine
Facebook: Gislaine Tanaka

Ms.Educação, pedagoga, habilitada em Supervisão e Coordenação (UNIP), especialista em Metodologia do Ensino da Filosofia (Faculdade UNYLEYA), pós-graduada em Neurociência e Educação (CBI of MIAMI), Psicopedagogia Institucional e Clínica (FEF), Psicopedagogia Baseada na Análise do Comportamento Aplicada-ABA (CBI of Miami), Educação Especial com Ênfase em Transtornos Globais do Desenvolvimento (UNOPAR) e Neuropsicopedagogia (Faculdade Metropolitana). MBA em Gestão Empresarial com Ênfase em Marketing e Pessoas (Faculdade FAMA). Técnica em Processos Gerenciais (UNIP), capacitação em Terapia ABA no Autismo (Academia do Autismo), massoterapeuta emocional e corporal (Japão). Mestre em Educação, com especialidade em Educação Superior pela Universidade Internacional Iberoamericana (UNINI Porto Rico, Espanha). Membro-associado na ABPp/MG – Associação Brasileira de Psicopedagogia de Minas Gerais. Desde 2022, escreve regularmente para revistas e jornais.

O docente e a realidade com alunos TDAH

Atualmente, ao receber alunos com transtornos e dificuldades de aprendizagem, uma das preocupações é sobre como podemos direcionar os educadores a definir intervenções metodológicas em sala de aula. Tendo em vista a pesquisa bibliográfica e minha experiência clínica e institucional, a pesquisa bibliográfica terá conteúdo para colaborar na melhoria da qualidade de ensino-aprendizagem com aprendentes de transtorno de déficit de atenção e hiperatividade (TDAH).

Contudo, no século XXI, as instituições escolares têm uma demanda gigantesca de alunos com problemas de comportamento e aprendizagem envolvendo o TDAH. Todas as crianças com transtornos precisam de acolhimento adequado para dificuldades e necessidades, mas o que se tem vivenciado é a precariedade das escolas públicas, além da falta de preparo e investimento aos educadores.

Recentemente, muito se tem discutido sobre como direcionar e definir intervenções metodológicas em sala de aula ao receber crianças com transtornos e dificuldades de aprendizagem.

Crianças com transtornos tendem a ter mais dificuldades na alfabetização, em decorrência de habilidades que estão em atraso. O conhecimento sobre o assunto é de extrema importância, sendo o melhor caminho para uma inclusão verdadeira.

Decidi colocar em pauta esse assunto, pois tenho minhas interpretações, algumas provavelmente corretas, sobre essas dificuldades e metodologias de intervenções aplicadas às crianças em sala de aula, em especial as com TDAH, assim como a aprendizagem diagnóstica que deveria estar incluída nos últimos momentos.

Vivemos em uma relação com o mundo e podemos elaborar discursos sobre o tema a partir da experiência pessoal, sendo essa experiência acumulada na troca de informações na comunidade e na relação com nossos alunos e familiares, que formam um conhecimento que não possui base em evidências sólidas. Além da partilha de conhecimentos do cotidiano, este tópico busca diminuir o estresse, a ansiedade e a baixa autoestima dos educadores – devido à sobrecarga psicológica em receber alunos com transtornos e não estarem preparados para esse acolhimento, tanto pedagógico quanto emocional.

Considerado uma novidade do século XXI, direcionar esse aluno é um grande desafio na rotina dos brasileiros, em especial no ambiente escolar. Apesar de não ser uma doença e, sim, um transtorno do neurodesenvolvimento, o indivíduo carregará consequências por um longo tempo de sua vivência.

A dificuldade de acolhimento às crianças com transtornos vem do desconhecimento sobre como vamos desenvolver as habilidades que estão em atraso para alfabetizá-las.

A questão da formação dos professores levanta críticas envolvendo as universidades e os desafios de mudanças curriculares, com materiais adaptados e estruturados para a inclusão. Esta nova geração de docentes deve saber que a aprendizagem do aluno é garantida pelo professor, e de forma significativa.

É hora de se preparar para novos tempos na educação, sendo necessário começar e adotar metodologias ativas em sala de aula, com demandas de materiais de estudo adaptados às necessidades de cada aluno. Um desafio para cada professor. A capacitação dos professores com novas metodologias torna a educação mais clara e eficaz para o ensino e acolhimento da criança com TDAH. A gestão deve entender que a escola tem papel importante frente à BNCC, com um olhar para transformar um mundo educacional melhor.

É preciso pensar também em estrutura escolar, materiais tecnológicos, adaptação curricular e Educacional Individualizado (PEI) às crianças de necessidades especiais. Observando esse cenário, constata-se que a escola atual procura por um aluno que já não existe e insiste em um modelo de educação que não cabe no século XXI. É necessário inovar para direcionar e definir intervenções metodológicas a serem aplicadas em sala de aula; com os avanços tecnológicos e as mudanças sociais, a educação inclusiva ganha repercussão. Se o profissional não estiver disposto a melhorar e aceitar mudanças, encontrará grandes barreiras ao alfabetizar um aluno com TDAH. Infelizmente, essas crianças não conseguem acompanhar um ensino regular, suas limitações neurológicas e cognitivas não são as mesmas das crianças típicas. Escolas e professores devem estar capacitados para recebê-los, tornando o ensino prazeroso e evolutivo. As dificuldades não são apenas para o TDAH, mas para o todo. Na sala de aula, temos a rotulação da criança que tumultua a sala, "não para quieto" ou até mesmo o rótulo de criança desobediente e sem limites. Vamos falar um pouco sobre o TDAH e ver algumas das características desses alunos "bagunceiros e desatentos", assim nomeados pela educação ou até mesmo pela sociedade.

TDAH – transtorno de déficit de atenção e hiperatividade

O transtorno de déficit de atenção e hiperatividade (TDAH) é uma das psicopatologias de maior prevalência na população infantojuvenil, produzindo diversos prejuízos acadêmicos e de relacionamento social.

Não é considerado um transtorno de aprendizagem, porém a criança que tem o TDAH tem prevalência maior do déficit de atenção, sendo prejudicada nos momentos em que se exige atenção visual. A alfabetização requer tanto dessa percepção visual quanto auditiva, em especial na sala de aula. Outros fatores como comportamentos disruptivos (transtorno de conduta e transtorno opositor-desafiador) e comorbidades associadas – depressão, ansiedade – também interferem na alfabetização.

Esses comportamentos acontecem em uma região do cérebro chamada de sistema nervoso central (SNC), no córtex, sendo capaz de transformar estímulos recebidos em aprendizados.

Relvas (2015) explica que cada estímulo que atinge o córtex é comparado com vivências anteriores, para que possa ser interpretado, decodificado e compreendido. É impossível o SNC reconhecer o que nunca viu. Para eventos novos, o reconhecimento estará impossibilitado; mas o aprendizado ocorrerá, pois ficará retido na memória e será associado a todas as informações possíveis para que se possa descobrir o que é, para que serve e, dessa maneira, aprender.

Um aluno só desenvolve o aprendizado quando a integridade da maturidade neurológica está saudável.

A mesma autora observa que a falta de atenção e a hiperatividade são eternos companheiros e causadores da dificuldade de aprendizagem e que a criança com transtorno considerado grau severo deve ser medicada.

As drogas usadas no tratamento do TDAH (metilfenidato, como a Ritalina) atuam ativando as sinapses dopaminérgicas, possibilitando a espera das gratificações mais tardias. Sem o tratamento, as crianças com TDAH não conseguem postergar uma recompensa, preferindo as que são imediatas, ainda que pequenas, do que a espera por uma maior, que só viria no longo prazo (COSENZA & GUERRA, 2011).

A criança com TDAH apresenta baixo desempenho escolar devido às dificuldades de concentração, impulsividade e ansiedade, assim como a atenção executiva; sendo necessária uma intervenção terapêutica multidisciplinar para que essa criança tenha melhor evolução socioemocional e sucesso escolar.

Intervenções e adaptações aos estudantes com TDAH

Para os profissionais que atendem e alfabetizam crianças com TDAH, é imprescindível estarem atento aos mínimos detalhes, em especial ao nível emocional, mediante diagnósticos psiquiátricos para justificar problemas de aprendizado. Outro tópico bem relevante e polêmico é o uso de medicações em crianças e adolescentes.

Todas essas informações no mundo da mídia tornaram os sintomas de TDAH mais conhecidos entre a população e impulsionaram um olhar específico dos docentes sobre seus discentes que apresentam dificuldades de aprendizagem e concentração.

Porém, entre os docentes, esse desconhecimento em meio a tantas novidades sobre transtornos, persistem médicos, psicólogos, terapeutas ocupacionais, fonoaudiólogos, pedagogos e psicopedagogos.

Sabemos que os comportamentos disruptivos interferem no dia a dia do discente, lidar com esses sintomas já não é mais um problema somente para familiares, mas também para os docentes que têm papel importante e real na melhoria do processo de aprendizagem.

Para Silva (2022), como consequência da hiperatividade/impulsividade, a criança com TDA faz primeiro e pensa depois. Reage, irrefletidamente, à maioria dos estímulos que se apresentam. Não porque seja mal-educada, imatura ou pouco dotada intelectualmente, e sim pelo fato da área cerebral responsável pelo controle dos impulsos e pela filtragem de estímulos (o córtex pré-frontal) não ser muito eficiente.

A partir do pressuposto de que uma criança é diagnosticada com TDAH, é necessário que os docentes e gestores entrem com adaptações necessárias para seu acolhimento.

1. Acomodações em sala de aula:
    a. O discente deve estar sentado próximo ao professor, e distante dos locais que tire sua atenção (janelas, portas etc.) ou colegas desatentos e tagarelas.
    b. Sentar perto de crianças que sejam calmas e que possam colaborar para seu desenvolvimento social.

c. O docente deve dar assistência individual na medida do possível.
d. A criança deve ter um quadro visível com rotinas e comportamentos desejáveis em sala de aula.
e. Deixar sobre a carteira somente o material necessário.

2. Apresentação de conteúdos acadêmicos e demais informações:
    a. Tornar o processo de aprendizado o mais concreto e visual possível.
    b. Se o professor perceber que o aluno tem dificuldades de aprender no visual, utilizar recursos verbais.
    c. Usar cores vivas nos diferentes recursos visuais.
    d. Manter na lousa somente informações necessárias ao temas.
    e. Após perguntas, dar tempo para que a criança possa absorvê-la e respondê-la.

3. Atividades em sala de aula e tarefas:
    a. Evitar grupos com mais de três alunos.
    b. Designar e tornar o aluno com TDAH um ajudante de sala de aula, sendo de muita valia para sua atenção e autoestima.
    c. O discente com TDAH deve receber as informações e executar suas tarefas conforme seu grau de dificuldade.
    d. Tornar as atividades mais concretas, simplificá-las e dividi-las.
    e. Os trabalhos de maior duração devem ser divididos em segmentos, podendo ser entregue em várias etapas.

Temos uma meta curricular proposta para alfabetizar crianças com dificuldades, mas, além das metas, é necessário que as adaptações e intervenções metodológicas venham com um olhar além dos sintomas.

Ainda em relação às dificuldades de aprendizagem e transtornos, sempre estarão correlacionados, devido às falhas cognitivas neurocerebrais das crianças com limitações, em especial as que influenciam a leitura e a escrita.

Na fala dos docentes, é possível observar o caráter afetivo das relações estabelecidas com pessoas que ali circulam, priorizando a atenção e a inovação às adaptações necessárias. É preciso acolher e colocar em prática o que pode ser aprendido a cada discente que chegar.

Posso ressaltar que cada criança é única e recebe as informações de maneira única, assim, refletindo na sua aprendizagem.

Referências

COSENZA, R. M.; GUERRA, L. B. *Neurociência e educação: como o cérebro aprende*. Porto Alegre: Artmed, 2011.

RELVAS, M. P. *Neurociências e transtorno de aprendizagem: as múltiplas eficiências de uma educação inclusiva*. 6. ed. Rio de Janeiro: Wak, 2015.

SILVA, A.B.B. *Mentes inquietas. TDAH: desatenção, hiperatividade e impulsividade*. 4. ed. São Paulo: Globo, 2014.

15

A TRAJETÓRIA DE UMA *CREATOR* COM TDAH

Este capítulo apresenta a jornada de uma criadora de conteúdo que somente se encontrou quando deixou a criatividade aflorar, se conheceu melhor e se aceitou. Mostra os desafios enfrentados nas fases de sua vida.

GIULIA FERNANDES

Giulia Fernandes

Contatos
giulia.fernan@gmail.com
Instagram:@giufernan
TikTok: giufernan
LinkedIn: Giulia Fernandes

O diagnóstico de TDAH veio na fase escolar trazendo vários desafios. Aos 17 anos, começou a trabalhar com design gráfico (*freelancer*), mas não era o que realmente queria. Atualmente, é social media, e consultora, fazendo parte do elenco de autores do livro *Um novo olhar para o secretariado*, com o capítulo "Secretariado e as redes sociais", em coautoria com Cláudia Avelino. As redes sociais sempre despertaram muito interesse na autora. Seus pontos fortes são criatividade e estratégia nas mídias. Está sempre em busca de ajudar pessoas, aprender e ter novos desafios.

Criança: quando surgiu o diagnóstico

Quando eu tinha três anos, a minha comunicação era comprometida. Alguns achavam engraçadinho, outros não entendiam mesmo; eu falava a língua do "T", a palavra professora era "totetoia", aranha era "atanha", enfim, o TA-TE-TI-TO-TU imperava.

Sempre fui uma criança muito divertida, acordava sorrindo, era sociável, criativa até demais, trabalhava muito a minha imaginação, amava assistir à televisão por horas (e até ficava boquiaberta). Criava cenários como se fosse um filme, brincava com bonecas, amava lápis de cor, recortava, desenhava, adorava quebra-cabeças; também fazia montagens de edição no *tablet* e no computador (colocar chapéu nas fotos, desenhos etc.).

Quando entrei na fase escolar, sempre demorava muito na realização das tarefas. Minha mãe teve que restringir o número de lápis de cor no meu estojo, porque sempre eu era a última a sair da sala, recolhendo todo o material. Nas lições de casa, eu tinha muita dificuldade na realização dos exercícios que a professora orientava os pais de que eram tarefas que levavam 15 minutos, eu levava horas e muitas vezes nem concluía.

Minha mãe trabalhava fora e não acompanhava a realização das tarefas, somente meu pai e a tia da minha mãe, que tinham flexibilidade de horário. Quando minha mãe fez uma cirurgia e ficou 15 dias em repouso, ela acompanhou de perto a execução das lições de casa. Levou um susto com a minha baixa produtividade, falta de organização e falta de foco. Marcou uma reunião com a escola e, quando foi expor o problema para a coordenadora pedagógica, ela escutou: "Ah, mãe, bem que eu ia te falar…".

Meus pais procuraram médicos especialistas que poderiam orientá-los e veio o diagnóstico de TDAH. Observação: só foi possível porque eu já estava com sete anos completos. Na escola, eu era a menina quietinha, calma, devagar, que estava sempre no mundo da lua, não prestava atenção, esquecia material, não realizava as atividades no tempo certo.

No cotidiano, eu era considerada – segundo os colegas – lenta para entender piadas, chata, aleatória, preguiçosa, metida – porque às vezes não percebia algumas situações ou estava olhando para a parede –, sempre precisavam repetir mais de uma vez para eu entender; as pessoas até se irritavam pela demora ou enrolação.

Logo que saiu o diagnóstico do TDAH, minha mãe comprou livros sobre o assunto, tirou cópia das principais partes e entregou na escola para a coordenadora pedagógica, também para a professora com orientações de como lidar com uma criança com TDAH. A professora seguiu à risca muitas das instruções: sempre sentar na cadeira da frente, para que a atenção estivesse direta para a lousa; não se sentar perto da porta ou janela; fazer algum tipo de gratificação na intenção de elevar a minha autoestima. A professora Flávia acrescentou um prêmio para a sala: todas as sextas-feiras, quem era a mais quietinha levava o prêmio. E sempre, às sextas-feiras, chegava em casa feliz da vida, com prêmios e o mérito perante todos os alunos da sala.

Mudei várias vezes de escola. Algumas por não me adaptar ao método conteudista; outras por situações como *bullying* dos colegas de classe; outras pelos professores não qualificados que tratavam o TDAH como bobeira; outras eu fui taxada como aluna preguiçosa, coordenadores e diretores escolares que não se posicionaram pontualmente em situações desagradáveis, que não foram poucas.

Por orientações médicas, para me ajudar no cotidiano a reduzir os sintomas, foram sugeridos esportes. Comecei a praticar atividades físicas e em grupo (*ballet*, teatro, natação, dança, handebol, vôlei, basquete). Os esportes foram fundamentais na minha vida, nesse meio a aceitação do outro no seu ritmo, do seu jeito é muito melhor. O esporte me ajudou muito a trabalhar a minha presença plena, principalmente os jogos coletivos, encontrando também novos amigos.

Naquele período (2007- 2015), os estudos sobre o TDAH eram recentes; e a cada novo ano letivo ou mudança de professor, meus pais precisavam repassar todas as informações que tinham sobre TDAH. Foram muitas as situações com escolas e professores; a diretoria que tratava o TDAH com ignorância já era um fator decisivo de eliminação da escola. Já entre os alunos, a maioria não conhecia e pensava sempre que eu era a protegida ou preferida dos professores.

Para alavancar o meu desenvolvimento, desde o início, os meus pais "estudavam" livros e conteúdos da internet sobre TDAH, assim como também assistiam a palestras, programas de televisão e conversavam com profissionais.

Na fase dos nove anos, tive uma equipe multidisciplinar que me acompanhou: neurologista, psiquiatra, fonoaudióloga, psicóloga e terapeuta floral. Nessa altura, comecei a tomar um medicamento para ativar as conexões neurais e essa equipe me acompanhou por quase cinco anos.

Para eu me interessar por uma matéria, era muito difícil, gostava mesmo era das matérias práticas e dinâmicas (educação física, artes ou algo criativo).

Por um bom tempo, achava chato estudar, e ler, cansativo e desinteressante. O que eu mais tinha medo era prova oral ou apresentações em grupo, ficava pensando que poderia esquecer algo. Antes de começar a prova, sempre ficava lendo meu rascunho várias e várias vezes.

Eu era muito criativa, até em matemática. Tive um professor de matemática que sempre me perguntava como conseguia acertar quase tudo e no meio criar uma teoria que acabava errando. Já em português, realizava textos sem fim ou bagunçados, fugindo do propósito. Nunca fui uma aluna considerada acima da média ou bagunceira, era a aluna *good vibes*, no mundo da lua, muito devagar e atrapalhada.

Adolescência: encontrando a solução

Do sétimo ano até o terceiro ano do Ensino Médio, estudei em duas escolas. Conheci vários amigos que me apoiaram e percebi como era importante me comunicar e aceitar a ajuda do próximo. Sempre me ajudavam a lembrar datas, informações, aniversários, compartilhavam rascunhos e me ajudavam quando terminavam suas atividades. Acabou virando uma rotina, perguntava se as datas que tinha marcado estavam certas ou se tinha esquecido algo e vice-versa.

Ao longo dos anos, o TDAH foi ganhando notoriedade. Na mídia, famosos começaram a assumir que tinham o transtorno de déficit de atenção e hiperatividade, o que me estimulou a encontrar pessoas com o mesmo diagnóstico.

Conhecer a história de Bill Gates, Sabrina Sato, Fiuk, Justin Timberlake, Steve Jobs, Will Smith e Walt Disney foi uma mola propulsora para acreditar que eu consigo e posso chegar aonde eu quiser. Espelhando-me em pessoas com histórico bem-sucedido, entendi que todos enfrentaram muitas dificuldades e que chegaram lá, conseguiram destaque e construíram grandes feitos.

No terceiro ano do ensino médio, tudo estava fluindo bem, minhas notas estavam boas, tinha uma boa interação com a turma, amizade com os professores; tudo maravilhoso, até que... Era início de 2020, os meios de comunicação anunciavam a chegada de um novo vírus e, com ele, o isolamento social. As escolas foram fechadas.

No primeiro mês, curti o ócio, como férias. No segundo mês em casa, o dia a dia começou a ficar cansativo, aulas on-line, muito difícil de me adaptar, nada atrativo. Eu não tinha vontade de ver os conteúdos nem mexer no material da escola.

O tempo passava e a cada dia eu me distanciava dos conteúdos didáticos, não conseguia ter foco e entender as matérias. Como eu estava no último ano do ensino médio, queria muito concluir o ciclo. Comecei a estudar no terraço da minha casa, todos os dias, mesmo perdendo o foco; mesmo assim, eu conseguia finalizar as atividades. Percebi como era importante mudar de cenário, de ambiente para não ficarem cansativos os estudos em *home office*.

Agreguei ao estudo outros assuntos de meu interesse, fiz cursos on-line gratuitos sobre criatividade, design gráfico, redes sociais, inteligência emocional e desenho. Por *hobby*, sempre procurei estudar matérias relacionadas ao meu desenvolvimento criativo e visual. Para me distrair, no tempo livre, testei, usei as redes sociais e comecei a gostar e observar como cada plataforma funcionava.

Adulta: trabalho e autoconhecimento

Trabalhei como *freelancer* de design gráfico, porém sabia que era uma atividade temporária. Consegui uma vaga como Jovem Aprendiz em uma empresa de grande porte e atingi muitos objetivos. Gostava muito das conquistas que o trabalho me trazia, porém a minha atuação na empresa era no setor comercial. Ligava o computador e todo o período de trabalho era bem exaustivo: planilhas, números, dados, gráficos gigantes, reuniões, conflitos, revisão da descrição dos produtos no site e monitoramento de compras e estoque. Tudo muito dinâmico, retrabalho exaustivo, que contava com uma precisão absoluta.

Comecei a ter conflitos internos, porque eu estava fora do meu ritmo e, consequentemente, do meu propósito. O rendimento ficou muito comprometido e tive que sair da empresa.

Após a saída, eu me perguntei: por que eu entrei numa vaga simplesmente por entrar? Por que não avaliei antes de dizer sim, se eu – com TDAH – gostaria de trabalhar horas no computador com números e conferências e mais conferências de números? Como seria se eu insistisse nesta atividade? Talvez lá na frente eu desenvolvesse alguns problemas psicossomáticos.

Faltou eu me perguntar: será que essa vaga realmente é para mim? Quero fazer o quê?

Qual a atividade que me faz acordar todos os dias para trabalhar motivada? O que me faz ter vontade de levantar da cama?

Como protagonista da nossa vida, precisamos ter o nosso diálogo interno. Se há alguma inquietação, incômodo ou desmotivação na nossa atuação, algo está errado, é a hora de pensar em novas possibilidades. A felicidade só depende de nós.

Durante o expediente do trabalho (que eu não gostava), sentia vários incômodos, não conseguia chegar no horário, tinha vontade de ficar no banheiro até o expediente acabar; além de sonolência, ideias aleatórias, esquecimento do que deveria entregar, sensação de um mar de cobranças nas costas, falta de foco, cansaço, autocobrança, irritabilidade e muita tensão.

Sem concluir o tempo de contrato, com apenas seis meses, saí da empresa. Decidi me dedicar aos estudos e descobrir o que eu realmente queria fazer. Foquei em alguns cursos profissionalizantes e busquei autoconhecimento. O que realmente me fazia bem e onde eu poderia oferecer o meu melhor para o mundo? Qual área criativa que eu quero trabalhar? Como?

Eu mudei a forma de enxergar o TDAH. O que antes era um peso, agora é uma maneira generosa para me aceitar como eu sou e buscar uma atividade que eu coloque todo o meu potencial criativo para os outros.

Com o tempo e com cursos, imersões e eventos, me encontrei na internet como *creator* (criador de conteúdo) e *social media*, juntando várias habilidades que sempre gostei e valorizei: ajudar pessoas, criatividade, conexões, criação, colocar minhas ideias em conteúdos (às vezes, bem doidas), tecnologia, atualização, gravação, edição; busco também conseguir trabalhar independentemente do localidade geográfica, criando o próprio método.

Quando comecei a encarar que o TDAH não iria barrar os meus sonhos, a chave virou. Ter TDAH não quer dizer que eu não tenha direito de ser feliz, que não consiga me encontrar nem que não consiga me entender. Pelo contrário, o autoconhecimento é a chave de tudo, não podemos insistir em algo que não é para nós.

Eu não sou perfeita e estou longe disso, mas acredito que estou em constante evolução. Há momentos desafiadores e que vou precisar me reorganizar. É importante ter o acompanhamento médico para facilitar o cotidiano e o autoconhecimento (trabalho, *hobby*, gostos, conexões, rotina que se adapta ou identifica, conhecimento de seus pontos fracos e fortes, medos, dificuldades).

A vida é igual *videogame* e tem várias fases e desafios para todas as pessoas. Mas para alguém que tem TDAH, é um jogo com vários desafios (estilos de corrida e Lara Croft), em que cada etapa é diferente: há sempre novos cenários, obstáculos para desviar ou superar e oportunidades. E sempre algo novo para aprender sobre seu personagem (autoconhecimento, situações).

Lembre-se: é um jogo com constância, aprendizados, erros e tentativas. Você consegue mudar de fase, mas precisa acreditar em você.

O TDAH não impossibilita você de nada:

- Saia da sua zona de conforto.
- Experimente, teste, erre e tente novamente.
- Não desista no primeiro erro.
- Faça acompanhamento médico.
- Acredite em você.

Foi somente dessa maneira que me encontrei, com vários erros e acertos, conflitos internos, tentativas, reflexão, autoconhecimento, testando e pensando como dar o próximo passo, forçando a pensar no tempo presente.

Estou em constante evolução. Agora que você está lendo, pode ser que eu tenha mudado ou tenha tido uma nova ideia, mas o importante é que eu estou pronta para me reinventar a cada dia, sempre testando, errando, me aceitando, não me importando com as críticas destrutivas e aumentando o repertório de estratégias para o meu melhor viver.

16

A COMPREENSÃO DO TDAH COMO UMA MANEIRA DIFERENTE DE SER

O TDAH é um transtorno do neurodesenvolvimento caracterizado pela desatenção, impulsividade e hiperatividade. Seu diagnóstico e manejo exigem comunicação adequada entre a equipe multidisciplinar, a família e a sociedade. A democratização de informações acerca dessa e de outras neurodiversidades é indispensável para o acesso ao diagnóstico, o tratamento, a seguridade de direitos e o combate ao capacitismo.

JAIRA VANESSA DE CARVALHO MATOS

Jaira Vanessa de Carvalho Matos

Contatos
jairavanessacm@gmail.com
Instagram: @jairavcm

Médica graduada pela Universidade Federal de Sergipe (UFS), neurodivergente (TEA e TDAH), com enorme inclinação pelas ciências sociais e da saúde e por democratização da educação, pesquisa, inovação e docência. Desenvolveu intervenções de educação em saúde física e mental, atuou como docente no Cursinho Popular Dr Almir Santana e apresenta experiência profissional em saúde mental, medicina de emergência, pediatria e cuidados paliativos.

O transtorno de déficit de atenção e hiperatividade (TDAH) é considerado um transtorno do neurodesenvolvimento, iniciado na infância, de origem multifatorial, com alta herdabilidade, perfil heterogêneo de manifestação dos sintomas e atinge aproximadamente 5% das crianças e adolescentes no mundo e entre 2,5% e 3% dos adultos. Apesar da maior frequência entre crianças, evidências crescentes demonstram que até 80% das crianças permanecem com os sintomas e/ou prejuízos funcionais na adolescência e vida adulta, o que o caracteriza como um transtorno crônico. Na população geral, o TDAH é mais frequente no sexo masculino, acomete dois meninos para cada menina e, entre os adultos, apresenta uma proporção de 1,6 homem para cada mulher com diagnóstico.

O TDAH é caracterizado por três sintomas essenciais: a desatenção, impulsividade e hiperatividade física e/ou mental incompatíveis com o período de desenvolvimento no qual a pessoa se encontra. Essa forma diferente de funcionamento cerebral resulta em padrões de comportamento propulsores de características pessoais responsáveis por suas maiores qualidades e angústias. Embora a desatenção esteja no cerne das expressões clínicas do TDAH, o termo déficit de atenção não é fidedigno à capacidade atentiva dessas pessoas por desconsiderar o hiperfoco e a facilidade de intensa imersão em assuntos e atividades que o interessam e/ou quando são direcionadas adequadamente. Essa dinâmica cerebral também tem como propriedade o destacado potencial criativo e a apresentação clínica heterogênea.

Os sintomas do TDAH podem se manifestar no formato em que predomina a hiperatividade/impulsividade, no que o destaque é a desatenção e na apresentação mista, na qual as características essenciais se apresentam simultaneamente e com intensidade próximas. Em pessoas do sexo feminino, percebe-se, com maior frequência, a predominância do perfil desatento, quando comparado aos do sexo masculino, no qual os perfis hiperativo e combinado/misto são mais frequentes. Outro ponto a ser destacado é a notável influência e relação entre os prejuízos nas funções executivas e os caracteres centrais do TDAH.

No que diz respeito ao transtorno supracitado, trata-se de uma maneira de ser que causa transtornos e expressivo impacto social e econômico, sobretudo, por conta das repercussões dos prejuízos funcionais nas relações interpessoais e laborais, nos processos de aprendizagem, na construção da autoestima e no desenvolvimento emocional. Esses aspectos estão intimamente associados ao comprometimento das funções executivas, que são um conjunto de habilidades que controlam e regulam, de maneira integrada, pensamentos, emoções e ações. Em consequência disso e da ausência de abordagem e direcionamentos adequados, o TDAH eleva a frequência e propensão de uma gama de comorbidades psiquiátricas como: transtornos de humor, transtorno de ansiedade, transtornos por uso de substâncias e dificuldades de aprendizagem.

A interação entre a desatenção, hiperatividade e impulsividade promove atitudes que expõem esses indivíduos à maior vulnerabilidade e lesões físicas, acidentes, comportamento sexual de risco e comprometimento da performance acadêmica e trabalhista. O diagnóstico do TDAH é determinado por uma avaliação clínica, baseado na investigação da presença dos critérios diagnósticos no presente e ao longo da vida e, idealmente, deve usar como fonte os relatos pessoais e analisá-los em conjunto com informações provenientes da participação, observação e relato de pessoas com quem tem convivência próxima e/ou durante muito tempo.

Aqui está disponível um canal informático sobre TDAH, com conteúdo elaborado pelo Programa de Déficit de Atenção e Hiperatividade (PRODAH), e que objetiva auxiliar pessoas com TDAH, familiares e amigos.

Características diagnósticas

As características diagnósticas do transtorno de déficit de atenção/hiperatividade envolvem a presença de um padrão persistente de desatenção, hiperatividade e/ou impulsividade, que interfere no funcionamento ou no desenvolvimento. Essa desatenção pode se expressar por meio de atitudes como divagação constante, falta de persistência, dificuldade para concluir tarefas e manter o foco, desorganização, perda constante de objetos de uso pessoal e rotineiro, esquecer compromissos, pular etapas ao tentar seguir instruções. A hiperatividade diz respeito à atividade física e mental excessiva, como pessoas que vivem imersas e perdidas em um turbilhão constante e acelerado de pensamentos e ideias, crianças que correm o tempo todo e aparentam ter energia infinita, indivíduos que apresentam dificuldade em manter-se fisicamente quietos mesmo que por períodos muito curtos, como dificuldade em manter-se sentados durante uma aula, se mexer e/ou conversar em excesso, entrar e sair inúmeras vezes do mesmo recinto sem motivo razoável. Nos adultos, a hiperatividade pode se manifestar como inquietude extrema, dificuldade relatada por terceiros ao tentar acompanhar sua rotina e/ou atividade e pode ocasionar *burnout* e depressão como consequência da constância do um ritmo intenso associado à dificuldade de se manter estáticos e descansar adequadamente. A impulsividade está relacionada às atitudes e reações precipitadas, realizadas sem planejamento e/ou adequada análise das ações e/ou ideias que motivaram sua execução e expressam elevado potencial para causar danos à pessoa (atravessar uma rua sem olhar, responder de imediato às provocações, não calcular os riscos das atitudes). Essa característica também reflete a dificuldade para aguardar ou postergar recompensas e está associado ao desejo de recompensa imediata. Os comportamentos impulsivos se manifestam por meio de intromissão social, como interromper os outros em excesso e/ou se envolver nos problemas alheios; tomada de decisões importantes sem considerações acerca das repercussões disso a longo prazo, como assumir um emprego sem as informações adequadas e/ou realizar compras excessivas sem calcular as consequências disso.

Os sintomas do TDAH iniciam na infância, devem estar presentes antes dos 12 anos de idade e com uma apresentação clínica notável nesse período: devem se manifestar em pelo menos dois ambientes diferentes (como, por exemplo, no ambiente escolar e domiciliar e/ou no ambiente de lazer e no trabalho). Vale ressaltar que a idade de início dos sintomas pode não ser bem delimitada devido à ausência de percepção familiar acerca da clínica apresentada e/ou dificuldade de fazer um adequado recordatório próprio da infância. Por isso, as lembranças dos adultos sobre a sintomatologia na infância tendem a não ser muito confiáveis e há benefício em obter informações complementares, que podem ser adquiridas com familiares ou pessoas de convívio próximo.

A confirmação dos sintomas mais evidentes e recorrentes em várias situações e ambientes não costumam ser relatadas ou precisas sem a colaboração dos relatos de terceiros. Os sintomas podem ser variáveis de acordo com o ambiente e o contexto em que estão inseridos, o que é bastante comum. Os sintomas do TDAH podem se apresentar de maneira discreta ou ser ausentes quando recebem reforço positivo por comportamentos apropriados, sob supervisão, diante de uma situação nova, envolvidos com atividades de interesse, quando recebem estímulos externos consistentes (como por meio do estímulo de telas eletrônicas ou diante de recursos e/ou situações de constante interatividade) ou por meio da interação individualizada (como em consultório e/ou aulas ou terapias individuais). Essas situações, quando elaboradas adequadamente, podem ser úteis como essência/inspiração para criação de métodos que colaborem com a mitigação dos sintomas do TDAH.

No que tange aos aspectos do TDAH durante a vida, na pré-escola, a principal manifestação do TDAH é a hiperatividade; no ensino fundamental, destaca-se a desatenção. Na adolescência, a hiperatividade – como correr e subir nas coisas – são menos comuns e podem limitar-se a comportamento irrequieto ou sensação interna de nervosismo, inquietude ou impaciência. No desenvolvimento infantil, antes do quarto ano de vida, pode se observar atividade motora excessiva na infância, porém há dificuldade em discernir os sintomas do comportamento habitual para a idade, devido à variabilidade dos sintomas e do curso do desenvolvimento humano. O TDAH costuma ser mais perceptível durante o ensino fundamental, quando a desatenção se acentua com o potencial de provocar danos e por apresentar prejuízos acadêmicos perceptíveis e quantificáveis, o que acaba motivando questionamentos acerca da origem e possíveis soluções para os danos provocados.

Durante os anos iniciais da adolescência, o TDAH pode alcançar uma estabilidade, no entanto, alguns indivíduos apresentam piora e desenvolvem comportamentos antissociais ou destacam-se os comportamentos impulsivos e de risco. Na adolescência e na vida adulta, os sintomas motores de hiperatividade se tornam mais discretos, o que não significa que a inquietude mental obedeceu ao mesmo curso. Nesses períodos, as dificuldades de planejamento, inquietude, desatenção e impulsividade persistem. Uma proporção significativa das crianças com TDAH apresentam manutenção dos prejuízos até a vida adulta, como consequência da desatenção, inquietação e impulsividade. Por esses motivos, a intervenção precoce e constante é necessária e importante para mitigação dos danos e melhora da qualidade de vida em todas as fases da vida.

O diagnóstico de TDAH é clínico e não existem exames que possam confirmar essa condição sem auxílio das avaliações clínicas. Para o diagnóstico adequado, são necessárias várias avaliações detalhadas e existem diversos benefícios na abordagem diagnóstica de caráter multidisciplinar, que pode contar com o parecer de neuropsicólogos, psicólogos, psicopedagogos e/ou fonoaudiólogos. Durante a avaliação clínica, devem ser coletadas informações com pais e cuidadores acerca do comportamento da criança em diferentes ambientes e situações, sociabilidade e aprendizado. A solicitação dessas informações à escola e aos outros ambientes que a criança frequenta deve ser estimulada e valorizada na análise clínica do paciente. A utilização de escalas de avaliação da presença e intensidade dos sintomas são úteis. Depois da coleta e análise das informações, deve ser avaliada a inclusão desses dados nos critérios diagnósticos para o TDAH. Os critérios diagnósticos estão descritos nos manuais de classificação e são uma lista de sinais e sintomas elaborado por um grupo de profissionais especialistas no assunto, pautados nas evidências científicas existentes e úteis para padronizar o formato das avaliações diagnósticas. No momento, os manuais de classificação mais utilizados são o Manual de Diagnóstico e Estatística da Associação Americana de Psiquiatria, o DSM-V, e o Código Internacional de Doenças, o CID-10, da Organização Mundial de Saúde. O objetivo principal dos manuais de classificação é melhorar a comunicação entre os pesquisadores e os clínicos; e é importante atentar-se para que manuais diagnósticos e diagnósticos concluídos não sejam utilizados para estigmatizar e limitar as intervenções e oportunidades a serem recebidas pelo paciente.

Critérios diagnósticos

De acordo com o DSM-V e o CID-10, os critérios diagnósticos utilizados permanecem os mesmos, independentemente da idade ou do sexo do paciente. Os sintomas apresentam modificações em sua intensidade e no modo de apresentação ao longo do tempo. Essas mudanças são perceptíveis quando comparamos os sintomas nas diferentes fases do desenvolvimento. No entanto, a essência do TDAH continua a mesma, ainda que haja mudanças na maneira como os sinais e sintomas se mostram. Por esse motivo, os critérios diagnósticos são os mesmos nas diferentes idades. De acordo com o DSM-V, os critérios diagnósticos do TDAH são os seguintes:

Um padrão persistente de desatenção e/ou hiperatividade-impulsividade que interfere no funcionamento e no desenvolvimento, conforme caracterizado por (1) e/ou (2).

Desatenção – seis (ou mais) dos seguintes sintomas persistem por pelo menos seis meses em um grau que é inconsistente com o nível do desenvolvimento e têm impacto negativo diretamente nas atividades sociais e acadêmicas/profissionais.
Nota: os sintomas não são apenas uma manifestação de comportamento opositor, de desafio, hostilidade ou dificuldade para compreender tarefas ou instruções. Nos adolescentes mais velhos e adultos (17 anos ou mais), pelo menos cinco sintomas são necessários.

1. Frequentemente, não prestam atenção aos detalhes ou comentem erros por descuido em tarefas escolares, no trabalho ou durante outras atividades (negligencia ou deixa passar detalhes, o trabalho é impreciso).
2. Frequentemente, têm dificuldade de manter a atenção em tarefas ou atividades lúdicas (dificuldade de manter o foco durante aulas, conversas ou leituras prolongadas).
3. Frequentemente, parecem não escutar quando alguém lhe dirige a palavra diretamente (parecem estar com a cabeça longe, mesmo na ausência de qualquer distração óbvia).
4. Frequentemente, não seguem instruções até o fim e não conseguem terminar trabalhos escolares, tarefas ou deveres no local de trabalho (começam as tarefas, mas perdem o foco e facilmente perdem o rumo).
5. Frequentemente, têm dificuldade para organizar tarefas e atividades (dificuldade em gerenciar tarefas sequenciais; dificuldade em manter materiais e objetos pessoais em ordem; trabalho desorganizado e desleixado; mau gerenciamento do tempo; dificuldade em cumprir prazos).
6. Frequentemente evitam, não gostam ou relutam em se envolver em tarefas que exijam esforço mental prolongado (trabalhos escolares ou lições de casa; nos adolescentes mais velhos e adultos, preparo de relatórios, preenchimento de formulários, revisão de trabalhos longos).
7. Frequentemente, perdem coisas necessárias para tarefas ou atividades (materiais escolares, lápis, livros, instrumentos, carteiras, chaves, documentos, óculos, celular).
8. Com frequência, são distraídos por estímulos externos (nos adolescentes mais velhos e adultos, incluem-se pensamentos não relacionados).
9. Com frequência, esquecem atividades cotidianas (realizar tarefas, obrigações; nos adolescentes mais velhos e adultos, retornar ligações, pagar contas, manter horários agendados).

Hiperatividade e impulsividade – seis (ou mais) dos seguintes sintomas persistem por pelo menos seis meses em um grau que é inconsistente com o nível do desenvolvimento e têm impacto negativo diretamente nas atividades sociais e acadêmicas/profissionais. **Nota:** os sintomas não são apenas uma manifestação de comportamento opositor, de desafio, hostilidade ou dificuldade para compreender tarefas ou instruções. Nos adolescentes mais velhos e adultos (17 anos ou mais), pelo menos cinco sintomas são necessários.

1. Frequentemente, remexem ou batucam as mãos ou os pés ou se contorcem na cadeira.
2. Frequentemente, levantam da cadeira em situações em que se espera que permaneçam sentados (saem do lugar em sala de aula, no escritório ou em outro local de trabalho ou em outras situações que exijam que se permaneça em um mesmo lugar).

3. Frequentemente, correm ou sobem nas coisas, em situações em que isso é inapropriado (**nota:** nos adolescentes ou adultos, podem-se limitar a sensações de inquietude).
4. Com frequência, são incapazes de brincar ou se envolverem em atividades de lazer calmamente.
5. Com frequência, "não param", agindo como se estivessem "com o motor ligado" (não conseguem ou se sentem desconfortáveis em ficar parados por muito tempo, como em restaurantes ou reuniões; outros podem ver o indivíduo como inquieto ou difícil de acompanhar).
6. Frequentemente, falam demais.
7. Frequentemente, deixam escapar uma resposta antes que a pergunta tenha sido concluída (terminam frases dos outros, não conseguem aguardar a vez de falar).
8. Frequentemente, têm dificuldade em esperar a vez (de falar, de aguardar em uma fila).
9. Frequentemente, interrompem ou se intrometem (metem-se nas conversas, jogos ou atividades; podem começar a usar as coisas de outras pessoas sem pedir ou receber permissão; nos adolescentes e adultos, intrometem-se ou assumem o controle sobre o que outros estão fazendo).
10. Vários sintomas de desatenção ou hiperatividade-impulsividade estão presentes antes dos 12 anos de idade.
11. Vários sintomas de desatenção ou hiperatividade-impulsividade estão presentes em dois ou mais ambientes (em casa, na escola, no trabalho; com amigos ou parentes; em outras atividades).
12. Há evidências claras de que os sintomas interferem no funcionamento social, acadêmico ou profissional ou de que reduzem a qualidade.
13. Os sintomas não ocorrem exclusivamente durante o curso de esquizofrenia ou outro transtorno psicótico e não são mais bem explicados por outro transtorno mental (p. ex., transtorno do humor, transtorno de ansiedade, transtorno dissociativo, transtorno da personalidade, intoxicação ou abstinência de substância).

De acordo com o DSM-V, os critérios também permitem determinar o subtipo:

- **Apresentação combinada (314.01 (F90.2):** se tanto o Critério A1 (desatenção) quanto o Critério A2 (hiperatividade-impulsividade) são preenchidos nos últimos seis meses.
- **Apresentação predominantemente desatenta (314.00 (F90.0):** se o Critério A1 (desatenção) é preenchido, mas o critério A2 (hiperatividade--impulsividade) não é preenchido nos últimos seis meses.
- **Apresentação predominantemente hiperativa/impulsiva (314.01 (F90.1):** se o critério A2 (hiperatividade-impulsividade) é preenchido e o critério A1 (desatenção) não é preenchido nos últimos seis meses.

Aqui está disponível o questionário de suporte diagnóstico para TDAH construído a partir dos sintomas descritos no DSM-IV.

Aqui está disponível o questionário coadjuvante no diagnóstico para TDAH para adultos.

Consequências funcionais do TDAH

O TDAH está associado à redução do desempenho escolar e do sucesso acadêmico, rejeição social e, em adultos, a prejuízos no âmbito profissional, como assiduidade, maior probabilidade de desemprego e altos níveis de conflito interpessoal. Crianças com TDAH apresentam uma probabilidade expressivamente maior do que seus pares para desenvolver transtorno da conduta na adolescência, transtorno da personalidade antissocial na idade adulta e aumento da probabilidade de transtornos por uso de substâncias e problemas legais. O risco subsequente para transtornos por uso posterior de substâncias é alto, especialmente quando se desenvolve transtorno da conduta ou transtornos de personalidade. Indivíduos com TDAH são mais propensos a sofrer lesões do que seus colegas.

A autodeterminação variável ou inadequada às tarefas que exijam esforço prolongado é interpretada erroneamente como preguiça, irresponsabilidade ou falta de cooperação. As relações familiares podem se caracterizar por discórdia e interações negativas. As relações com os pares costumam ser conturbadas como consequência da rejeição sofrida nos meios em que estão inseridos e a negligência e/ou provocações em relação ao indivíduo com TDAH. Em sua forma grave, o transtorno é marcadamente prejudicial, afetando a adaptação social, familiar e escolar/profissional. Dificuldades acadêmicas, problemas escolares e negligência do meio tendem a estar associados à exacerbação dos sintomas de desatenção; a rejeição por colegas são mais proeminentes nos que apresentam hiperatividade ou impulsividade. No meio acadêmico, o TDAH costuma causar prejuízos, sobretudo nas funções executivas. As funções executivas são fundamentais na aprendizagem, pois permitem o processamento de informações, integração das informações selecionadas, processos mnemônicos (estratégias de memorização e evocação da informação armazenada na memória) e na programação das respostas motoras e comportamentais. Crianças com TDAH podem apresentar dificuldades para entender com clareza o que lhes é dito e para se expressarem.

Subdomínios das funções executivas e os possíveis déficits associados

Função executiva	Possíveis déficits associados
Controle da atenção	Impulsividade, falta de autocontrole, dificuldades para completar tarefas, erros de procedimento que não consegue corrigir, responder inapropriadamente ao ambiente.
Processamento de informação	Respostas lentificadas (leva mais tempo para compreender o que é pedido e para realizar tarefas), hesitação nas respostas, tempo de reação lento.
Flexibilidade cognitiva	Rigidez no raciocínio e nos procedimentos (faz as coisas sempre da mesma forma, repetindo erros cometidos anteriormente), dificuldade com mudanças de regras, de tarefas e de ambientes.
Estabelecimento de objetivos	Poucas habilidades de resolução de problemas, planejamento inadequado, desorganização, dificuldades para estabelecer e seguir estratégias eficientes, déficit no raciocínio abstrato.
Memória operacional	Dificuldade no processo de codificação, armazenamento e evocação; dificultando o aprendizado de novas informações e de lembrar as ações a serem realizadas no cotidiano.
Controle inibitório	Dificuldade para inibir comportamentos inadequados e que possam interferir na realização das atividades.

Fonte: Adaptada da cartilha de TDAH da ABDA.

Em ambientes clínicos, comorbidades são frequentes em indivíduos nos quais os sintomas preenchem critérios para TDAH. De acordo com o DSM-V, na população geral, transtorno de oposição desafiador pode ser uma comorbidade do TDAH em cerca de metade das crianças com a apresentação combinada; e em cerca de um quarto daquelas com a apresentação predominantemente desatenta. O transtorno da conduta pode se apresentar em aproximadamente um quarto das crianças e dos adolescentes com a apresentação mista. A maioria das crianças e dos adolescentes com transtorno disruptivo da desregulação do humor tem sintomas que também preenchem critérios para TDAH e uma porcentagem menor de crianças com TDAH tem sintomas que preenchem critérios para transtorno disruptivo da desregulação do humor. Os transtornos específicos da aprendizagem costumam ser comórbidos com o TDAH, principalmente em consequência do comprometimento das funções executivas. Ainda que transtornos por abuso de substância sejam relativamente mais frequentes entre adultos com TDAH que na população em geral, estão presentes em apenas uma minoria dos adultos com o transtorno. Outros transtornos que podem ser comórbidos com o TDAH incluem os transtornos de ansiedade, transtornos depressivos, transtornos obsessivo-compulsivos, os transtornos de tiques e os transtornos do espectro autista.

Aqui estão disponíveis materiais para consulta produzidos pelo Programa de Tratamento de Déficit de Atenção/Hiperatividade.

Tratamento do TDAH

Após a conclusão do diagnóstico do TDAH, é de extrema importância que paciente, família e o meio no qual ele está inserido tenha entendimento adequado a respeito do transtorno. O tratamento do TDAH envolve múltiplas abordagens, que incluem intervenções psicoterapêuticas, psicopedagógicas, psicofarmacológicas, neuropsicológica e psicoeducacionais com participação do paciente, da família e do meio (seja escolar ou laboral). O manejo do TDAH é uma tarefa complexa, mas uma boa comunicação entre a equipe multidisciplinar, a família e ambiente acadêmico é uma potente aliada. O tratamento do TDAH objetiva manejar os principais sintomas do transtorno em casa e na escola; intervir no comportamento de oposição e disruptivo em ambos ambientes; mitigar os problemas acadêmicos consequentes do transtorno por meio do manejo das disfunções executivas; moderar e guiar a resolução de conflitos familiares e com os pares; auxiliar na correção dos problemas de comunicação disfuncional; oferecer apoio na resolução e tratamento dos sintomas associados ao transtorno (ansiedade, instabilidade de humor, depressão, déficits de coordenação motora, transtornos de aprendizagem específicos, prejuízos de fala e linguagem).

A psicoeducação é a pedra angular de todas as abordagens terapêuticas para o TDAH e, quando a farmacoterapia faz parte do roteiro de tratamento, é importante que a psicoeducação inclua instruções precisas sobre os medicamentos, principalmente no que tange aos efeitos esperados, à probabilidade de resposta, tempo de ação esperado do fármaco e à compreensão dos resultados a curto e longo prazo. Parte significativa das crianças com TDAH apresenta várias demandas de tratamento. Além dos sintomas centrais do transtorno, é importante que haja decisão e comunicação de qual problema abordar primeiro e qual é o roteiro de tratamento a ser seguido. É muito importante ser claro acerca dos objetivos do tratamento e identificar e desmistificar possíveis expectativas equivocadas.

Uma boa compreensão da psicofarmacologia – relacionada à neurociência e às abordagens acerca da estrutura cerebral, dos circuitos neurais, das redes de atenção e dos receptores e neurotransmissores – otimiza expressivamente o manejo clínico farmacológico. Na maioria dos países, os psicoestimulantes são a opção farmacológica mais utilizada no tratamento do TDAH. A classe dos psicoestimulantes incluem o Metilfenidato – medicamento com maior disponibilidade para tratamento do transtorno ao redor do mundo – a dexanfetamina e outros derivados das anfetaminas. Por fim, o investimento de tempo no esclarecimento das informações sobre o transtorno e seu tratamento impacta positiva e expressivamente na aceitação e adesão ao tratamento adequado e necessário.

Intervenções psicoeducacionais no TDAH

O meio e a equipe educacional são de extrema importância para adequada abordagem e melhora do prognóstico, dos padrões de aprendizagem e da prevenção ou redução da intensidade das comorbidades. Como já foi citado anteriormente, o TDAH é um transtorno que afeta não apenas comportamento da criança, tem influência direta nos processos de aprendizagem. Além disso, na ausência de intervenção ou diante de intervenções inadequadas ou insuficientes, elevam-se as possibilidades de desenvolver comorbidades, que por sua vez são também consequências dos impactos das disfunções executivas na autoconfiança e na maneira como essas pessoas são enxergadas e tratadas. Observa-se que as emoções são cruciais na detecção dos padrões, tomada de decisões e aprendizagem. Fatores como estresse, ansiedade e estados depressivos prejudicam o aprendizado. É importante conhecer como os sintomas centrais do TDAH podem se apresentar no cotidiano.

Sintomas de TDAH e exemplos de sua apresentação na sala de aula

Sintomas de desatenção	Exemplos de situações. Na escola, o aluno:
Não presta atenção a detalhes e/ou comete erros por omissão ou descuido.	Faz atividade na página diferente da solicitada pelo professor. Ao fazer cálculos, não percebe o sinal indicativo das operações. Pula questões.
Tem dificuldade para manter a atenção em tarefas ou atividades lúdicas.	Durante o intervalo, não consegue jogar dama ou xadrez com os colegas.
Parece não ouvir quando lhe dirigem a palavra ("no mundo da lua").	Está mais preocupado com a hora do recreio e situações de lazer. Desenha no caderno e não percebe que estão falando com ele.
Tem dificuldades em seguir instruções e/ou terminar tarefas.	Não percebe que o enunciado indica um determinado comando e executa de outra forma. Em perguntas sequenciadas, em geral, respondem apenas a uma.
Dificuldade para organizar tarefas e atividades.	Guarda os materiais fotocopiados em pastas trocadas. Na véspera da prova, resolve fazer uma pesquisa de outra matéria.
Demonstra ojeriza ou reluta em envolver-se em tarefas que exijam esforço mental continuado.	Inicia uma resposta, palavra ou frase deixando-a incompleta. Desiste da leitura de um texto ou tarefa só pelo seu tamanho.
Perde coisas necessárias para as tarefas e atividades.	Leva gravuras para uma pesquisa em sala e deixa no transporte escolar. Perde frequentemente o material.
Distrai-se facilmente por estímulos que não têm nada a ver com o que está fazendo.	Procura saber quem é o aniversariante da sala ao lado quando escuta o "parabéns". Envolve-se nas conversas paralelas dos colegas.
Apresenta esquecimento em atividades diárias.	Esquece a mochila na escola com todo o seu material. Não traz as tarefas e trabalhos a serem entregues no dia.

Sintomas de hiperatividade/impassividade	Exemplos de situações. Na escola, o aluno:
Irrequieto com as mãos e com os pés ou se remexe na cadeira.	Pega todos os objetos próximos a si. Batuca na mesa durante a aula. Escorrega e deita-se na cadeira inúmeras vezes.
Não consegue ficar sentado por muito tempo.	Solicita, inúmeras vezes, ir ao banheiro ou beber água. Tem sempre algo a buscar na mesa do colega.
Corre ou escala em demasia, ou tem uma sensação de inquietude (parece estar com o "bicho carpinteiro").	Refere que não consegue parar de pensar ou ficar parado.
Tem dificuldade para brincar ou se envolver silenciosamente em atividades de lazer.	Não fala, grita. No jogo, fala todo o tempo.
Está "a mil por hora", ou age como se estivesse "a todo vapor".	Não anda, corre. Esbarra frequentemente nos objetos expostos pela sala.
Fala em demasia.	Contando sobre o fim de semana, agrega outras informações sem conseguir finalizar e deixar os demais falarem.
Dá respostas precipitadas antes das perguntas terem sido completamente formuladas.	Ao ser perguntado o que fez no fim de semana, responde o que terminou de fazer no recreio. O professor vai dirigir uma pergunta ao grupo e, antes que a conclua, ele interrompe dando uma resposta.
Tem dificuldade em esperar a sua vez.	Não obedece a filas.
Interrompe, intromete-se nas conversas ou jogo dos outros.	Interrompe o professor no meio de uma explicação.

Fonte: cartilha de TDAH da ABDA.

A educação como uma ferramenta de libertação, justiça e humanidade deve respeitar a singularidade de cada ser para que seus objetivos sejam alcançados. Cada cérebro é único, organizado de forma singular; e como um sistema dinâmico e integrado, é constantemente moldado por experiências. É emergencial que se adote uma pedagogia que contemple e inclua toda a diversidade infantil com base em evidências científicas e garantindo os direitos civis das pessoas com deficiência, se apresenta como uma alternativa de vanguarda e esperança por uma comunidade escolar e sociedade mais justas e solidárias. A diversidade infantil requer intervenções educacionais individualizadas para que todas as crianças, com desenvolvimento típico ou atípico, com ou sem deficiência, transtornos mentais ou de aprendizagem, tenham reabilitadas suas dificuldades, suas habilidades estimuladas e sua singularidade respeitada, proporcionando um desenvolvimento pleno, mais humano e saudável. A neurociência da educação usa a pesquisa científica para estabelecer práticas pedagógicas mais adequadas e realizar mudanças de paradigmas para alcançar um modelo mais eficiente de ensino e aprendizagem, desde a infância até a idade adulta.

No que tange à abordagem do TDAH na escola, existem diversas alternativas que podem ser adotadas no âmbito escolar para mitigar os prejuízos provocados por essa forma diferente de funcionamento. Como a capacidade de aprendizagem é afetada pelos danos às funções executivas provocados pelo TDAH, a escola deve contribuir com o importante papel de organizar os processos de ensino de uma forma que a aprendizagem seja otimizada. Para isso, é necessário que a equipe escolar receba o suporte e informações adequadas e se empenhe para planejar e implementar as técnicas e estratégias de ensino que melhor atendam às necessidades dos alunos que se encontram sob sua responsabilidade. A seguir, apresentamos algumas estratégias para o manejo de crianças com TDAH no cotidiano escolar. Essas estratégias são resultado de um programa de treinamento de manejo comportamental para professores e outros profissionais da área de educação, desenvolvido pela Equipe do Projeto Inclusão Sustentável (PROIS).

Recebendo e acolhendo o aluno

- Identifique quais talentos que seu aluno possui. Estimule, aprove, encoraje e ajude no desenvolvimento dele.
- Elogie sempre que possível e minimize ao máximo evidenciar os fracassos. O prejuízo à autoestima frequentemente é o aspecto mais devastador para o TDAH.
- Tenha consciência de que o prazer está diretamente relacionado à capacidade de aprender, seja criativo e afetivo buscando estratégias que estimulem o interesse do aluno para que ele encontre prazer na sala de aula.
- Solicite ajuda sempre que necessário. Lembre-se de que o aluno com TDAH conta com profissionais especializados nesse transtorno.
- Evite o estigma conversando com seus alunos sobre as necessidades específicas de cada um, com transtorno ou não.
- Organize o espaço; monitore o processo.
- Saiba que a rotina e organização são elementos fundamentais para o desenvolvimento dos alunos, principalmente para os que têm TDAH. A organização

externa irá refletir diretamente em maior organização interna. Assim, alertas e lembretes serão de extrema valia.

- Lembre-se de que quanto mais próximo de você e mais distante de estímulos distratores, maior benefício ele poderá alcançar.
- Estabeleça combinados. Esses precisam ser claros e diretos, e lembre-se de que ele se tornará mais seguro se souber o que se espera dele.
- Deixe claras as regras e os limites, inclusive prevendo consequências ao descumprimento desses. Seja seguro e firme na aplicação das punições quando necessárias, optando por uma modalidade educativa (por exemplo, em situações de briga no parque, afaste-o do conflito; porém, mantenha-o no ambiente para que ele possa observar como seus pares interagem).
- Avalie diariamente com seu aluno o comportamento e desempenho, estimulando a autoavaliação.
- Informe frequentemente os progressos alcançados por seu aluno, buscando estimular avanços ainda maiores.
- Dê ênfase a tudo o que é permitido e valorize cada ação dessa natureza.
- Ajude seu aluno a descobrir por si próprio as estratégias mais funcionais.
- Estimule que seu aluno peça ajuda e dê auxílio apenas quando necessário.
- Promova procedimentos facilitadores.
- Estabeleça contato visual sempre que possível, isso possibilitará uma maior sustentação da atenção.
- Proponha uma programação diária e tente cumpri-la, se possível, além de falar, coloque-a no quadro e, em caso de mudanças ou situações que fogem à rotina, comunique o mais previamente possível.
- Saiba que a repetição é um forte aliado na busca pelo melhor desempenho do aluno.
- Estimule o desenvolvimento de técnicas que auxiliem a memorização, como o uso de listas, rimas e músicas.
- Determine intervalos entre as tarefas como modo de recompensa pelo esforço feito. Essa medida poderá aumentar o tempo da atenção concentrada e redução da impulsividade.
- Combine saídas de sala estratégicas e assegure o retorno. Para tanto, conte com o pessoal de apoio da escola.
- Monitore o grau de estimulação proporcionado por cada atividade.
- Lembre-se de que, muitas vezes, o aluno com TDAH pode alcançar um grau de excitabilidade maior do que o previsto por você, criando situações de difícil controle.
- Adote um sistema de pontuação, incentivos e recompensas em geral alcançam bons resultados.
- Integre-o ao grupo.
- Saiba que a integração ao grupo é um fator de crescimento e é importante estar atento ao grau de aceitação da turma em relação a esse aluno.
- Identifique possíveis parceiros de trabalho, grandes conquistas podem ser obtidas pelo contato com os pares.

- Tenha em mente que sua capacidade de liderança, improviso e criatividade são ferramentas que podem auxiliar no nivelamento da atenção do grupo e em especial do aluno com TDAH. Use o humor sempre que possível.
- Realize tarefas, testes e provas.
- Lembre-se de que as instruções devem ser simples, evite mais de um questionamento por vez.
- Destaque palavras-chave fazendo uso de cores, sublinhado ou negrito.
- Estimule o aluno a destacar e sublinhar as informações importantes contidas nos textos e enunciados.
- Evite atividades longas, subdividindo-as em tarefas menores, isso reduz o sentimento de "eu nunca serei capaz de fazer isso".
- Mescle tarefas com maior grau de exigência com as de menor.
- Incentive a leitura e compreensão por tópicos.
- Utilize procedimentos alternativos, como testes orais, uso do computador, máquina de calcular, dentre outros.
- Estimule a prática de fazer resumos, isso facilita a estruturação das ideias e fixação do conteúdo.
- Oriente o aluno sobre como responder perguntas de múltipla escolha ou abertas.
- Estenda o tempo para a execução de tarefas, testes e provas.
- Lembre-se de que a agenda pode contribuir na organização do aluno e na comunicação entre escola e família.
- Incentive a revisão das tarefas e provas.
- Mantenha contato com a família, deveres e trabalhos em casa.
- Mantenha constante contato com a família e tente utilizar as informações fornecidas por ela com o objetivo de compreender melhor o seu aluno.
- Procure nesses encontros enfatizar os ganhos e não apenas pontuar as dificuldades.
- Evite chamá-los apenas quando há problemas.
- Ajude seu aluno a fazer um cronograma de tarefas e estudos de casa, isso poderá contribuir para minimizar a tendência a deixar tudo para depois.
- Tente anunciar previamente os temas e familiarizar o aluno com situações que posteriormente serão vivenciadas.
- Estimule a atividade física.

Aqui estão disponíveis materiais para consulta produzidos pela Associação Bra*sileira do Déficit de Atenção*.

Conclusão

O TDAH é um transtorno do neurodesenvolvimento caracterizado pela desatenção, hiperatividade e impulsividade. Apresenta impactos na vida acadêmica e na interação social que são consequências dos seus sintomas centrais e das disfunções executivas relacionada a eles. O diagnóstico e a intervenção multidisciplinar e precoce são modificadores positivos do curso do TDAH, promovem qualidade de vida e reduzem em incidência e intensidade das comorbidades associadas ao transtorno. A ausência de entendimento do transtorno e dos seus sintomas geram estigmas que fomentam a desinformação, estimulam o capacitismo e afetam negativamente pessoas com TDAH e outras neurodiversidades. Faz-se necessário democratizar o conhecimento acerca das neuroatipicidades, promover o acesso à informações didáticas e de qualidade acerca desse e de outros transtornos do desenvolvimento, e tornar acessível o diagnostico e tratamento dessas condições de maneira multidisciplinar e integral.

Referências

AMERICAN PSYCHIATRIC ASSOCIATION (APA). *Manual diagnóstico e estatístico de transtornos mentais – DSM-V*. 5 ed. Disponível em: <http://www.institutopebioetica.com.br/documentos/manual-diagnostico-e-estatistico-de-transtornos-mentais-dsm-5.pdf> Acesso em: 07 jul. de 2023.

ARRUDA, M. A.; MATA, M. F. *Projeto escola da diversidade: cartilha dos pais e do professor* (Ed. Instituto Glia, 2014). Disponível em: <https://institutoglia.com.br/wp-content/uploads/2023/04/GLIA-CARTILHA-PAIS-E-PROFESSOR.pdf> Acesso em: 25 jul. de 2023.

Classificação de transtornos mentais e de comportamento: descrições clínicas e diretrizes diagnósticas. CID-10: classificação estatística internacional de doenças e problemas relacionados à saúde. Porto Alegre: Artmed. 1993.

COLLABORATIVE MENTAL HEALTH CARE. *Child & Youth Mental Health Toolkits*. Disponível em: <http://www.shared-care.ca/toolkits>. Acesso em: 19 jul. de 2023.

COMUNIDADE APRENDER CRIANÇA. *Cartilha da inclusão escolar: inclusão baseada em evidências científicas* (Ed. Instituto Glia, 2014). Disponível em: <https://institutoglia.com.br/wp-content/uploads/2023/04/GLIA-CARTILHA-INCLUSAO.pdf>. Acesso em: 25 jul. de 2023.

FOCUS TDAH Informações sobre TDAH, c2023. Página inicial. Disponível em: <https://www.ufrgs.br/blogtdah/>. Acesso em: 25 jul. de 2023.

FOCUS TDAH. YouTube, 02 de dezembro de 2020. Disponível em: <https://www.youtube.com/@focustdah8407/featured>. Acesso em: 25 jul. de 2023.

NOVARTIS BIOCIÊNCIA. *TDAH – transtorno do déficit de atenção e hiperatividade: uma conversa com educadores.* Disponível em: <https://www.tdah.org.br/wp-content/uploads/site/pdf/tdah_uma_conversa_com_educadores.pdf?_gl=1*1t0eh9s*_ga*MTIzNDg3ODM4Mi4xNjgxNjk4OTE0*_ga_DEQB19N48Z*MTY4MTY5ODkxNC4xLjEuMTY4MTY5ODkyNi4wLjAuMA..&_ga=2.189627368.275693900.1681698914-1234878382.1681698914>. Acesso em: 19 jul. de 2023.

OMS. *Escala de auto-avaliação do transtorno de hiperatividade e déficit de atenção para o adulto* (ASRS-v1.1). Disponível em: <https://www.hcp.med.harvard.edu/ncs/ftpdir/adhd/18Q_Portuguese_FINAL.pdf>. Acesso em: 19 jul. de 2023.

PRODAH – Programa de Transtornos de Déficit de Atenção/Hiperatividade. Dsponível em: <https://www.ufrgs.br/prodah/materiais-de-consulta/>. Acesso em: 25 ju. de 2023.

QUEVEDO, J.; IZQUIERDO, I. *Neurobiologia dos transtornos psiquiátricos.* Porto Alegre: Artmed, 2020.

ROHDE, L. A. *et al. Guia para compreensão e manejo do TDAH da World Federation of ADHD.* Porto Alegre: Artmed, 2019.

STAHL, S. M. *Fundamentos de psicofarmacologia de Stahl: guia de prescrição.* 6. ed. Porto Alegre: Artmed, 2019.

SWANSON, J. M. *The SNAP-IV Teacher and Parent Rating Scale.* Irvine, University of California. Disponível em: <http://www.shared-care.ca/files/SNAP_IV_Long_with_Scoring.pdf>. Acesso em: 19 jul. de 2023.

WELLS, R. H. C. *et al.* Classificação de Transtornos Mentais e de Comportamento: descrições clínicas e diretrizes diagnósticas. CID-10: classificação estatística internacional de doenças e problemas relacionados à saúde. Porto Alegre: Artmed, 1993.

17

UMA VISÃO SOBRE O TDAH ENQUANTO UMA NEURODIVERSIDADE

E se questionássemos nossas certezas? E se descobríssemos que o TDAH, na verdade, é parte do processo de evolução do ser humano? Se tivéssemos a possibilidade de acompanhar crianças, entendendo o funcionamento e ofertando o melhor para elas? Que fantástico, não é? Convido você para uma leitura breve sobre essa possibilidade.

MARCELA LOMBELLO

Marcela Lombello

Contatos
www.psiemae.marcelalombello
marcelalombello.ml@gmail.com
67 99322 7474

Psicóloga formada, em 2010, pela Universidade Católica Dom Bosco (UCDB), Campo Grande (MS). Especialista em Gestalt Terapia Infantil e Micropolítica e Gestão do SUS. Profissional certificada pelo Movimento Neurocompatível, mãe de duas adoráveis meninas – Alicia e Lara, com 10 e 4 anos de idade respectivamente. Engajada no trabalho com a primeira infância e proteção dos direitos das crianças e dos adolescentes. Atuante na Rede Municipal de Saúde do município de Campo Grande (MS), onde colaborou com a implementação do atendimento a crianças vítimas de violência, ficando responsável pela linha de cuidado de atendimento a infantes de até 5 anos. No atendimento clínico desde 2011, atuou como perita para o Conselho Nacional de Justiça. Realiza atendimentos individuais, com principal foco na linha materno-infantil. Nos últimos quatro anos, teve cerca de 5 mil horas de atendimentos realizados; neles, diversas famílias foram acolhidas em um trabalho de complementaridade para o qual foram pensadas estratégias de melhor acompanhamento ao desenvolvimento infantil.

A psicologia me escolheu há muito tempo, nem sei ao certo quando e em nenhum momento cogitei outra jornada. Estudando, me identifiquei, cada vez mais, com o cuidado à infância. Sinto que ter sido uma criança deveras amada, respeitada e com disponibilidade para brincar, possibilitou que me tornasse uma pessoa otimista, alegre, com flexibilidade e motivação para a ludicidade, características que favorecem o meu trabalho clínico.

Cursando a minha trajetória de vida, é clichê dizer, mas, com certeza, sou outra pessoa pós-maternidade. A chegada das minhas filhas me deu entusiasmo e maior certeza de que nossa sociedade precisa amadurecer no cuidado e na gentileza com as crianças. Por isso, urge um novo modelo de educação, baseado no respeito às potencialidades e cuidado às vulnerabilidades.

Outro ponto de inflexão foi o nascimento do meu sobrinho, atualmente com 10 anos de idade. Miguel nasceu com uma condição genética rara – síndrome de Wolf-Rischorn –, o que impactou drasticamente no curso do seu desenvolvimento, além de acarretar comorbidades. Após o impacto do descobrimento, passei a ficar ainda mais perto da minha irmã. Não apenas para o apoio, mas também para entender o funcionamento desse novo ser humano em nossa família. Esse convívio ampliou olhares e compreensões sobre a necessidade de diagnóstico. E sobre diagnóstico, uma frase sempre nos acompanhou: "Diagnóstico não é destino!". O diagnóstico deve ser como um mapa para nos mostrar os melhores caminhos, e nunca servir de definição, como ponto final de linha, fixo. A chegada desse ser humano e os estudos me fizeram questionar a responsabilidade para além do que encontramos na Classificação Estatística Internacional de Doenças e Problemas Relacionados com a Saúde (CID), de olhar para a criança na nossa frente.

Tão importante quanto o que disse até aqui, foi a descoberta do Movimento Neurocompatível, idealizado por Márcia Tosin. Encontrar mulheres e profissionais que comungam do mesmo entendimento para aprender ainda mais sobre o desenvolvimento infantil, pelo viés da Psicologia Evolucionista, foi uma verdadeira iluminação. Uma das diretrizes mais marcantes e lindas do Movimento Neurocompatível é a certeza de que cada ser humano é único e "é uma promessa extraordinária para a humanidade" (TOSIN, 2022, p. 129).

Introduzir quem sou e de qual sistema venho, dá início a este capítulo para que você acompanhe meu funcionamento. Minha *práxis* é envolvida por todo o meu ser, e isso tem gerado boas conexões e resultados.

Então, a proposta é que consigamos ajustar as lentes e enxergar os transtornos do desenvolvimento infantil – aqui em especial o Transtorno do Déficit de Atenção e Hiperatividade (TDAH) – como raridades, enquanto uma neurodiversidade, não como "falhas" no desenvolvimento, mas, sim, como uma das possibilidades de combinações possíveis existentes, entre os bilhões de seres humanos viventes.

Sobre o Transtorno do Déficit de Atenção e Hiperatividade (TDAH), diagnóstico introduzido em 1980 no Manual de Diagnóstico e Estatísticas (DSM), sabemos o que é divulgado, o entendimento dos manuais diagnósticos. Vemos, atualmente, também uma hipermedicalização e a angústia de uma sociedade toda que está 'hiperativada' e insiste em colocar crianças em 'caixas'. Uma ressalva: seria irresponsabilidade da minha parte negar a existência do adoecimento, tampouco normalizar e/ou romantizar um transtorno.

Nessas linhas não tenho a ousadia de ofertar respostas, e, sim, pensar alto; levar a novas perguntas, novos questionamentos sobre crianças que convivem com o TDAH. É necessário adotar uma abordagem mais ampla. Busco aqui costurar minha trajetória pessoal e de clínica – desde a chegada da criança em terapia, encaminhamentos para diagnósticos e tratamento – com essa possibilidade de entender o transtorno como um ajustamento criativo do ser humano. Enxergarmos as crianças pelo olhar acolhedor e afetuoso sem, *a priori*, de como deveriam ser.

Quando compreendemos o funcionamento de uma criança com TDAH e estamos dispostos a disponibilizar as tecnologias que elas precisam, o desenvolvimento pleno acontecerá.

Para tanto, agora faz-se importante compreender o termo Neurodiversidade que intitula o capítulo. O entendimento de neurodiversidade como expressão do ser humano por meio do seu modo de funcionar cerebral foi alçado, pela primeira vez, por Judy Singer, em 1999. Para ela, neurodiversidade diz respeito "à diversificação de organizações de nosso cérebro no processamento de informações, que leva a padrões comportamentais diferentes e adaptativos evolutivamente" (SINGER, 2016 *apud* TOSIN, 2022, p. 133).

Ao atender uma família de uma criança com TDAH, minha abordagem jamais buscará um "conserto" para a mesma; ao contrário, envolvo todos ativamente no processo e entendimento dos sintomas do TDAH. A proposta passa por ajustamentos saudáveis e realiza-se uma psicoeducação necessária para as melhores tomadas de decisão.

Numa perspectiva evolucionista e de criação, baseada no respeito e afeto, o que nossas crianças precisam é da consciência de que "só o Amor não basta, mas sem Amor não funciona". É urgente o sentimento de pertencimento e valoração/validação social, iniciando pela família e estendendo-se por toda a teia social, ofertando espaço seguro para o pleno desenvolvimento.

Espero que essa reflexão tenha levado o leitor a questionar, talvez entender, que no universo tudo é impermanente, que a natureza seleciona exatamente aquilo que necessita para manter a evolução. Assim, o TDAH não merece ser visto como erro, e sim como uma possibilidade de expressão do Ser no Mundo. Essa forma de enxergar nos sensibiliza para não marginalizar aqueles que sofrem com o transtorno.

Por fim, deixo um relato de caso, autorizado pela família, do acompanhamento desde o diagnóstico de uma criança com TDAH e, também, de uma criança feliz por ser como é.

História de C. J. P. (7 anos de idade)

C. J. P. não tinha 5 anos quando já demonstrava maior agitação do que as outras crianças. Inquietação, dificuldade com regras e limites, possível dificuldade de aprendizagem, desatenção, impulsividade.

Ainda na anamnese e nos primeiros encontros com ela, já detectamos "vários sintomas". A família sempre ofertou um bom suporte emocional e esteve aberta para as orientações e encaminhamentos.

Desde os primeiros contatos, pós-vínculo, sempre me mantive com muita crítica ao diagnóstico indiscriminado, ou ao desejo de outrem para que iniciasse medicalização.

Durante o curso do processo, verificou-se a necessidade de avaliação médica e o aporte medicamentoso. Em todos os momentos e em cada passo do processo, a criança foi ouvida, teve voz, discutiu sobre os próximos passos, e fomos, paulatinamente, ensinando-a e seus pares sobre o seu modo de funcionar. Fatores que a auxiliavam deveriam ser mantidos, diminuindo aquilo que não era favorável.

C. J. P. fora sempre protagonista e, em nenhum momento, teve baixa autoestima; quanto aos sentimentos de inadequação e incapacidade, fomos acolhendo e superando todos os desafios.

Pós-diagnóstico e intervenções terapêuticas, verificou-se a necessidade de outras estratégias de suporte. Então, a mesma realiza aulas de ginástica artística, acompanhamento psicopedagógico e fonoaudiológico.

No exato momento em que escrevo este livro, emociono-me lembrando a nossa caminhada na qual, em toda trajetória, a criança foi respeitada e amada. Atualmente, ela passeia pela vida saboreando tudo que uma infância segura e respeitada lhe oferece como benefício.

Referência

TOSIN, M. *Criação neurocompatível: uma visão revolucionária sobre o desenvolvimento infantil*. 2022.

18

PARA QUEM CONVIVE COM TDAH, POR UMA VIDA MELHOR, É PRECISO CONHECER

Quando nos deparamos ou pensamos em comportamentos agitados, logo os associamos a crianças, mas o TDAH também está presente na vida de adultos. Este capítulo tem o objetivo de esclarecer um pouco mais sobre o TDAH em adultos, os impactos nos relacionamentos, na sociedade e na vida. Quais motivos levaram ao aumento de casos e algumas dicas para uma vida melhor.

MARCIA BARBOSA PADUAN

Marcia Barbosa Paduan
CRP 06/183639

Contatos
mppsicologaonline.com.br
Instagram: @mppsicologaonline

Psicóloga, com abordagem em terapia cognitivo-comportamental; especializações em Psicologia Positiva pela Pontifícia Universidade Católica (RS), em Saúde Mental pela Faculdade Unileya (DF), além de certificações em Inteligência Emocional pela Florida Christian University (FCU) e *PNL Practitioner* pela Elsever Institute. Atuação clínica e consultoria nas áreas de saúde mental, desenvolvimento pessoal, inteligência emocional e trabalho em equipe. Atuação como palestrante em *workshops* e eventos de desenvolvimento pessoal.

Com as informações que temos hoje, sabemos que o transtorno de déficit de atenção e hiperatividade (TDAH) é um distúrbio neurobiológico reconhecido pela organização Mundial da Saúde (OMS) e que pode ser observado na infância e adolescência, principalmente na idade escolar.

O que muitas pessoas não percebem é que o TDAH pode persistir na idade adulta. Desatenção nas atividades, falta de organização, dificuldade em manter a concentração e atenção, inquietação e hiperatividade são apenas alguns dos sintomas típicos de adultos com TDAH.

O TDAH não está ligado a fatores culturais ou conflitos psicológicos, mas, sim, às pequenas alterações na região frontal do encéfalo, que são responsáveis pela inibição do comportamento e controle da atenção. O que realmente salva a vida das pessoas com TDAH é a diagnóstico precoce. Após o diagnóstico, o tratamento adequado promovendo melhora significativa no relacionamento do indivíduo com seu cônjuge, família e amigos.

O TDAH está presente no período adulto por não ter sido descoberto e tratado na infância. Também pode surgir após os 18 anos, sem nunca ter existido nenhum traço quando a pessoa era criança.

Isto acontece porque, ao contrário do que se pensa, o TDAH nunca desaparece, mas, sim, se manifesta de forma diferente na vida do adulto.

De acordo com uma enquete realizada pelo King's College London, cerca de 70% dos adultos diagnosticados com TDAH não são testados entre as idades de 5 e 12 anos. Ainda não há consenso se o TDAH adulto poderia ser considerado como um novo transtorno; para a pesquisadora e psicóloga clínica norte-americana Terrie E. Moffitt, sim.

Também existem hipóteses de que o TDAH exclusivo na fase adulta esteja ligado ao meio social da criança que não permitiu o aparecimento dos sintomas na infância, como famílias superprotetoras ou escolas desatentas.

O diagnóstico é ainda mais difícil para as meninas que, como diz o senso comum, "menininha é calma", se desviam do padrão esperado de feminilidade e, por isso, tentam suprimir o comportamento hiperativo na infância.

Ainda são necessários muitos estudos para melhor compreensão sobre o transtorno só aparecer na idade adulta. Mas um fato que não pode ser negligenciado é que, independentemente da causa ou origem, a realidade da vida adulta traz maiores consequências e desafios para lidar com o transtorno.

Há grande impacto na vida profissional, na qual há mais instabilidade, baixos salários; e a procrastinação pode contribuir para o desemprego dos pacientes. As relações sociais também sofrem, podendo acabar amizades e relações amorosas por desorganização e reclamações sobre a dificuldade de diálogo.

Isso pode contribuir para o aparecimento de outros transtornos, como depressão, ansiedade, transtorno bipolar, entre outros, isolando ainda mais a pessoa com TDAH. Por isso é tão importante desmistificar a condição e tratá-la como algo normal, sem preconceitos, para que o tratamento seja feito corretamente.

É comum que outros transtornos, como a depressão, se desenvolva como resultado do sofrimento de uma pessoa com TDAH.

Os principais sintomas do TDAH

Segundo o DSM-5, o TDAH se classifica entre os transtornos do neurodesenvolvimento, que são caracterizados por dificuldades no desenvolvimento, se manifestam precocemente e influenciam o funcionamento pessoal, social, acadêmico. Se um adulto tiver dificuldades no funcionamento social ou ocupacional, ou ações consideradas repetitivas ou inapropriadas, então, ele poderá estar sofrendo de TDAH. Entretanto, se os mesmos problemas forem causados por outras condições de saúde mental, como depressão ou ansiedade, estes devem ser tratados separadamente. Da mesma forma, se as dificuldades são causadas por um problema físico, como problemas de audição ou visão, então a fonte deve ser abordada. Além disso, muitos dos sintomas de TDAH também podem ser causados por abuso de substâncias, privação de sono ou outras escolhas de estilo de vida, portanto, estes devem ser descartados antes de se fazer um diagnóstico.

O diagnóstico de TDAH em adultos é um processo complexo que envolve uma avaliação cuidadosa de sintomas, histórico médico, histórico familiar e outras variáveis. O diagnóstico de TDAH em adultos é baseado em critérios clínicos estabelecidos pela Associação Americana de Psiquiatria (APA).

O primeiro passo para diagnosticar um adulto com TDAH é avaliar os sintomas, que podem ser dificuldade em manter a atenção, hiperatividade, impulsividade, distração, problemas de memória, problemas de organização e dificuldade em controlar as emoções.

O segundo passo é avaliar o histórico médico do paciente. O médico pode procurar por sinais de TDAH na infância, como problemas de comportamento, dificuldade em manter a atenção e problemas de aprendizagem. O médico também pode procurar por sinais de TDAH na vida adulta, como problemas de relacionamento, problemas de emprego e de saúde mental.

O terceiro passo é avaliar o histórico familiar do paciente. O médico pode procurar por sinais de TDAH em membros da família, como problemas de comportamento, dificuldade em manter a atenção e problemas de aprendizagem.

O quarto passo é avaliar outras variáveis, como o uso de substâncias, o estresse e a saúde mental. O médico pode procurar por sinais de uso de substâncias, como álcool ou drogas, e por sinais de estresse ou problemas de saúde mental, como depressão ou ansiedade.

O quinto passo é realizar testes psicológicos e neuropsicológicos para avaliar a função cognitiva do paciente. Esses testes podem incluir testes de memória, atenção, raciocínio e outras habilidades cognitivas.

O último passo é realizar um exame físico para descartar outras condições médicas que possam estar causando os sintomas. O médico pode procurar por sinais de doenças que podem causar sintomas semelhantes aos do TDAH, como hipotireoidismo ou anemia.

Após a avaliação dos sintomas, histórico médico, histórico familiar e outras variáveis, o médico pode diagnosticar um adulto com TDAH. O tratamento para TDAH em adultos pode incluir medicamentos, terapia comportamental e outras estratégias de gerenciamento.

Pequenas ações e novos comportamentos podem melhorar muito o dia a dia de um adulto com TDAH.

1. Metas realistas e alcançáveis – estabelecer metas realistas é importante para ajudar a manter o foco e a motivação. É importante estabelecer metas que sejam desafiadoras, mas não impossíveis de alcançar.

2. Ambiente de trabalho organizado – um ambiente de trabalho organizado pode ajudar a manter o foco e a concentração. É importante ter um espaço de trabalho limpo e organizado, com todos os materiais necessários à mão.

3. **Rotinas** – estabelecer rotinas diárias é importante para ajudar a manter o foco e a concentração. É importante estabelecer horários para as tarefas diárias e seguir esses horários.
4. **Técnicas de relaxamento** – praticar técnicas de relaxamento, como meditação, respiração profunda ou yoga, podem ajudar a reduzir o estresse e a ansiedade.
5. **Atividade física** – fazer exercícios físicos regularmente pode ajudar a melhorar o humor, a concentração e a memória.
6. **Ajuda profissional** – se os sintomas do TDAH estiverem afetando significativamente a vida do adulto, é importante procurar ajuda profissional. Um profissional de saúde mental pode ajudar o adulto a gerenciar os sintomas do TDAH.

Outras estratégias que podem ajudar você a viver uma vida melhor:

- Manter um diário.
- Estabelecer limites.
- Estabelecer relacionamentos saudáveis.
- Aprender técnicas de gerenciamento de tempo.
- Evitar o uso de substâncias.

O apoio de amigos e familiares pode ajudar os adultos com TDAH a lidar com os sintomas e melhorar a qualidade de vida.

Independentemente da idade que seja diagnosticado o transtorno, o tratamento é baseado no uso de medicamentos, terapia comportamental, terapia de apoio, treinamento de habilidades e outras intervenções. O tratamento deve ser adaptado às necessidades específicas de cada indivíduo.

A terapia comportamental envolve o treinamento de habilidades para ajudar o indivíduo a controlar os sintomas do TDAH e melhorar o comportamento. Essa terapia é realizada em consultas individuais ou em grupo, e pode incluir habilidades de resolução de problemas, melhoria de autoimagem e treinamento de habilidades sociais.

A terapia de apoio ajuda o indivíduo a lidar com as consequências emocionais do TDAH. Essa terapia pode incluir psicoterapia, terapia de grupo ou outras terapias com o objetivo de melhorar a saúde mental. Busque ajuda de um profissional e tenha qualidade de vida.

Referências

BUICÓ, A. et al. Aspectos clínicos do diagnóstico diferencial em pacientes adultos com TDAH. *Psihiatru.ro*, [sl], v. 57, n. 2, pp. 13–16, 2019. DOI 10.26416/psih.57.2.2019.2440. Disponível em: <https://www.sciencedirect.com/science/article/pii/S016503272101034X?via%3Dihub>. Acesso em: 02 fev. de 2023.

DEMINCO, M. *TDAH – transtorno do deficit de atenção com hiperatividade: como diagnosticar crianças e adultos*. 2019.

MOFFITT, T. E. et al. Is Adult ADHD a Childhood-Onset Neurodevelopmental Disorder? Evidence From a Four-Decade Longitudinal Cohort Study. *The American Journal of Psychiatry*. Disponível em: <https://ajp.psychiatryonline.org/doi/10.1176/appi.ajp.2015.14101266>. Acesso em: 29 jun. de 2023.

NATIONAL INSTITUTE OF MENTAL HEALTH. *Attention Deficit Hyperactivity Disorder in Adults*. Disponível em: <https://www.nimh.nih.gov/health/topics/attention-deficit-hyperactivity-disorder-adhd/index.shtml>. Acesso em: 04 maio de 2023.

Painel brasileiro de especialistas sobre diagnóstico do transtorno de déficit de atenção/hiperatividade (TDAH) em adultos. Disponível em: <https://doi.org/10.1590/S0101-81082006000100007>. Acesso em: 20 jul. de 2023.

VIEIRA, A. S. J.; EMÍLIO, T. *TDAH e terapia cognitiva comportamental: uma nova perspectiva*. São Paulo: Novas Edições Acadêmicas, 2014.

19

DA ESCASSEZ À PROSPERIDADE

Será que é possível viver uma vida sem ser escrava do dinheiro? Irei ensinar você como deixar essa relação saudável e, para isso, juntos o percurso da sua liberdade financeira; é preciso entender alguns aspectos, como o autoconhecimento, suas emoções, pensamentos e crenças limitantes que o impedem de prosperar. O porquê de aprender sobre finanças é o primeiro passo que o guiará nessa jornada e o motivará em direção a se tornar um adulto próspero. Seguindo os passos apresentados aqui, tenho certeza de que sua vida mudará da água para o vinho, pois a educação financeira é uma ferramenta de transformação.

MARIA FERNANDA FIGUEIREDO

Maria Fernanda Figueiredo

Contatos
contato.mariafernandafigueiredo@gmail.com
Instagram: @mariafernandaeducadora

Tem 40 anos, é casada e mãe, cristã e educadora há mais de 15 anos. CEO da EFE (Educação Financeira Empreendedora) e criadora das dez estações (método para sair do endividamento). Tem formação acadêmica em Matemática e Pedagogia. É pós-graduada em Educação e mestre em Estatística, além de voluntária em projetos que apoiam mulheres e meninas vítimas de qualquer tipo de violência.

No Brasil, poucos tiveram a oportunidade de ter contato com a educação financeira desde a infância. Logo, é natural encontrarmos pessoas que, invariavelmente, mantêm hábitos nocivos à saúde financeira, comprando compulsivamente e desconsiderando suas reais necessidades e capacidade orçamentária.

Isso fica ainda mais evidenciado quando falamos de pessoas com TDAH, pois é parte dos sintomas do transtorno uma maior dificuldade com o controle inibitório na compulsão e no sistema de recompensa diretamente ligado ao sistema dopaminérgico.

A educação financeira é o caminho que pode conduzir as pessoas ao autoconhecimento necessário para podermos melhorar a nossa relação com o dinheiro e administrar com êxito nossos ganhos, sempre tendo em mente a realização de nossos objetivos e sonhos. Sendo assim, não precisamos de muito para entender que uma pessoa com TDAH não consegue facilmente a habilidade de lidar com suas finanças, pois o simples fato de parar para fazer um planejamento é muito penoso para quem possui esse transtorno.

O TDAH possui, de maneira sobreposta, o senso do prazer que vem acima do senso do dever, pois a impulsividade leva o indivíduo com TDAH a ser ávido por prazer, procrastinando o dever. Então, há muitas chances do TDAH sempre estar endividado, desequilibrado com suas finanças, perder prazos ou esquecer dos pagamentos, gerando juros, falta de controle do cartão de crédito, "nome sujo", gastos maiores do que os ganhos etc.

Dicas para o indivíduo com TDAH lidar com suas finanças:

- Reconhecer a dificuldade em lidar com isso.
- Evitar ter cartão de crédito ou outras formas de crédito fácil.
- Montar um *script* das finanças do mês, e revisitá-lo toda semana para checagem.

Essas dicas são importantes, mas o que verá neste capitulo vai muito além disso!

Quais são as fundamentações deste capítulo?

Para mim, educar consumidores vai muito além de aprender a lidar com dinheiro e envolve habilidades como:

- Autoconfiança.
- Criatividade.
- Responsabilidade.
- Resiliência.
- Organização.
- Colaboração.

Nosso propósito é plantar uma semente para você construir uma relação saudável com o dinheiro. Não queremos famílias ricas só em termos financeiros; para nós, educação financeira não é só sobre isso.

O que realmente nos move é buscar um futuro em que os valores fundamentais sejam aqueles que realmente importam e que vão muito além de entender de finanças e investimentos.

Queremos mostrar que educação financeira vai muito além dos números, é uma ferramenta de transformação para a **vida**.

Por que aprender sobre finanças?

Para responder a esta pergunta, vamos refletir, juntos, sobre dois conceitos importantes.

Prosperidade e autoconhecimento

O autoconhecimento nos permite conhecer além dos nossos altos e baixos, é fundamental na nossa relação com as finanças.

Ele ajuda você a dominar emoções e pensamentos, possibilitando compreender exatamente quais são os sentimentos que levam você a consumir de maneira equivocada e como você pode controlá-los para alcançar seus objetivos e sonhos. Nesse processo, você terá uma relação melhor com o seu dinheiro, pois iremos discutir alguns meios para controlar o consumismo, a razão principal de muitas pessoas se endividarem. Isso possibilitará a tomada de decisões mais racionais sobre seus hábitos de consumo, melhorando significativamente sua saúde financeira, física e mental, pois os problemas financeiros nos trazem complicações como ansiedade, estresse e outros.

Conhecer seus gatilhos ajudará você a controlá-los, assim você terá condições de compreender por que consome de modo equivocado. Com isso, poderá tomar decisões mais acertadas quanto a como aplicar melhor o seu dinheiro e poderá começar a investir em seu futuro, seja criando uma reserva emergencial para trazer mais segurança ou aplicando seus recursos em produtos do mercado financeiro. Já a prosperidade está apoiada na emoção, razão e energia.

- Emoção: o que nos move a consumir, envolvendo as nossas crenças referentes ao dinheiro, servir, valor pessoal e merecimento.
- Razão: onde mora a disciplina, que só conquistamos com constância e consistência. Para que o pêndulo fique equilibrado entre emoção e razão, precisamos da energia geradora do dinheiro a fim de termos êxito para alcançar nossa tão sonhada liberdade financeira.

Alcançar a prosperidade talvez seja a missão mais complexa que nos foi dada nesta vida. Mas se engana aquele que acha que viver na plenitude é se livrar dos sofrimentos e aborrecimentos.

Como qualquer pessoa, temos dias bons e dias ruins, e ser pleno não significa que você terá uma vida repleta de acontecimentos positivos. Porém, um adulto próspero tem maturidade e inteligência emocional para lidar com as dores do caminho. Ele transforma a si mesmo, dá valor ao que realmente importa e abandona fatores negativos que interferem no dia a dia.

A partir de um processo de autoconhecimento, ficamos abertos às boas oportunidades, às novas perspectivas que a vida nos dá e aprendemos a lidar com situações que nos tiram da zona de conforto.

Afinal, como ser um adulto próspero?

Para ajudar a alcançar a plenitude e entender de fato o que é ser próspero, criei três passos simples e acessíveis que iremos percorrer juntos.

São os mesmos passos que percorri em meu processo de autodescoberta e construção, e que agora utilizo para facilitar e auxiliar outros adultos em seus caminhos rumo à plenitude.

Acredito que, para viver uma vida próspera, é preciso estabelecer uma relação saudável com seus hábitos de consumo.

Muitos alunos e clientes solicitam meus serviços por considerarem suas rendas insuficientes. Mas, na maioria dos casos, o problema não está no quanto ganham, mas em como se relacionam com o dinheiro.

O grande vilão que sabota as finanças e afasta você da vida que quer viver é invisível. Ele se manifesta nas suas emoções, na sua impulsividade e na falta de planejamento para comprar. E, independentemente do quanto você ganha, essa quantia nunca será suficiente se não olhar para as emoções que regem suas decisões de compra.

É hora de olhar para si com cuidado, pois você é seu bem mais precioso.

Ao entender como suas emoções afetam suas decisões e seus hábitos de consumo, conseguirá sair desse ciclo.

Como melhorar minha relação com o dinheiro?

Trabalho diariamente para que meus clientes entendam que dinheiro não é uma ciência exata – como afirmam muitos gurus –, mas uma ciência humana. Sua história, suas relações, seus planos e o ambiente em que você vive interferem diretamente na sua relação com o dinheiro e na sua prosperidade financeira. Eu estou aqui para mostrar como honrar tudo isso e escrever capítulos novos e mais prósperos nas páginas em branco do seu futuro.

Primeiro passo – mural dos sonhos: aonde quero chegar?

O objetivo do mural dos sonhos é auxiliar você a visualizar o caminho para alcançar seus objetivos. É uma maneira de se manter motivado, inspirado e focado, além de te ajudar a identificar que todos os esforços feitos valerão a pena no futuro.

A visualização das pequenas conquistas ajuda a ser persistente para concretizar seus planos, além de constantemente lembrar você para onde estão voltados os seus esforços diários. Por isso, o primeiro passo é produzir o seu próprio mural. Pense sobre todos os seus sonhos, por mais distantes que pareçam estar, e coloque-os em um quadro, parede ou em algum lugar visível.

Depois, escreva todos os pequenos passos para atingi-los. Como uma escadinha, vá pensando em todas as etapas que devem ser executadas. E por último, mas não menos importante: não se esqueça do seu quadro. Coloque-o em algum lugar visível e comemore cada pequena conquista em busca dos seus objetivos.

Segundo passo – orçamento individual ou familiar: onde eu estou?

Todos temos planos para o nosso futuro e sonhamos em viver nossas vidas desfrutando de uma situação econômica privilegiada que nos garanta paz de espírito e conforto material. Para alcançar esse objetivo, é necessário fazer boas escolhas, pois como vivemos o hoje definirá nosso amanhã. Por isso, a segunda etapa de nosso caminho é entender onde estamos. Assim, dedique um tempo para anotar os ganhos e gastos de todas as pessoas de sua residência.

Entender claramente os valores que entram e saem de sua casa é fundamental, pois só tomando consciência de nossa realidade financeira é que será possível assumir o controle de nossas finanças. Para ajudar você nesse processo, vou apresentar uma breve explicação de gastos fixos e variáveis.

Despesas fixas e variáveis: entenda as diferenças

Visando evitar endividamento e assegurar a qualidade de vida, reduzir despesas e cortar gastos são medidas muito comuns em tempos de crise financeira.

A verdade é que controlar as despesas pessoais é uma decisão estratégica para fugir das dívidas e para conseguir manter as contas em dia. Além disso, analisar os gastos cuidadosamente é uma atitude fundamental para saber que ações devem ser tomadas no controle das finanças pessoais. Mas para conseguir classificar suas despesas da melhor maneira possível, você primeiro deve entender a diferença entre as despesas fixas e as variáveis.

O simples entendimento desses dois conceitos pode fazer você gastar muito menos no fim do mês, pois isso ajudará você a se organizar da melhor maneira possível para que as contas não te atropelem.

Mapear e registrar todos os seus gastos é o primeiro passo para conseguir classificar as despesas entre variáveis e fixas no seu orçamento doméstico. No entanto, uma estratégia de economia eficiente deve sempre ser acompanhada de um bom planejamento financeiro.

Depois de mapear e registrar todas as suas despesas, é hora de classificá-las. Para fazer isso, você deve compreender o que é despesa fixa e o que é despesa variável. Exemplos de despesas fixas: o aluguel, a taxa de condomínio, a prestação de um imóvel ou carro (financiamentos em geral), a mensalidade da academia, internet, a assinatura da TV a cabo, serviços de *streaming* etc. Esse tipo de despesa é fixa porque não sofre alteração à medida que você consome, frequenta ou usufrui daquilo que está tendo acesso. Por outro lado, as despesas variáveis são aquelas que oscilam de acordo com a frequência e a intensidade de consumo. Exemplos de despesas variáveis: água, alimentação, energia elétrica, gasolina, lazer, plano de celular pós-pago.

Como classificar despesas pessoais/contas pode me ajudar?

Quando é preciso reajustar os gastos para economizar, seja por problemas relacionados a dívidas, questões inflacionárias ou porque você quer criar sua reserva para emergências ou adquirir um bem (computador, carro, casa), é preciso olhar para seus ganhos e gastos.

Classificando seus gastos em fixos ou variáveis será mais simples identificar a ordem de importância deles e se planejar, além de elencar onde será possível cortar despesas.

Terceiro passo – o percurso para alcançar meu objetivo

Por fim, é importante traçar o caminho que levará de onde você está para aonde quer chegar. Lembre-se sempre de dividir cada etapa em pequenos passos, pois isso mantém você mais motivado e ajuda a enxergar cada pequeno avanço em direção ao seu objetivo final.

Crenças limitantes: precisamos falar

Quando dizemos que o *iceberg* é muito maior do que a pontinha fora d'água, estamos falando sobre nós mesmos. Nossas crenças conscientes são apenas a pontinha do iceberg.

Agora, toda aquela imensidão que se esconde sob a água são nossas crenças inconscientes e valores escondidos em nosso subconsciente.

Para se tornar uma pessoa próspera, é necessário tomar consciência desses pensamentos "esquecidos" para entender como eles afetam seu presente.

A boa notícia é que temos a solução!

Mesmo que não possua memórias muito claras, você pode ter lembranças ou sentimentos, qualquer coisa que conseguir acessar já é de grande ajuda.

Sabemos que não adianta lamentar pelo que já foi feito, então vamos focar no momento presente e pensar em como melhorar a partir do lugar que estamos hoje, começando por entender que, de alguma maneira, seu passado trouxe você até aqui. Assim, é importante determinar o caminho a ser seguido de hoje em diante. Para ajudar nesse processo, apresentamos aqui algumas questões para refletir:

- Como seus pais se relacionaram com dinheiro?

_____

_____

- Qual é sua lembrança mais marcante?

_____

_____

Essa mudança de perspectiva nos permite lidar com tudo isso de modo mais saudável e com um viés sustentável.

A maioria das pessoas construiu uma estrutura de vida que demanda gastos altos no final de cada mês. Não estamos aqui para julgar as escolhas, mas sim para refletir sobre elas.

- Você tem a vida que gostaria de ter ou vive para pagar contas?

———

Aprendemos que o sucesso possui uma "cara": emprego estável, casa própria, carro novo, casamento e filhos. Porém, estou aqui para ampliar seus horizontes e te dizer que existem inúmeras maneiras de ser uma pessoa próspera.

Vamos olhar para todas as áreas de sua vida e refletir sobre o que é importante **para você**.

Acreditamos que a prosperidade está no centro de tudo porque se relaciona com todos os aspectos da vida.

Ao falar de prosperidade, precisamos olhar para todas as áreas da vida, porque elas não ficam separadas em "caixinhas". Quando algo não está bem, todos os outros campos sofrem as consequências. Além disso, acreditamos que a vida financeira é uma das áreas que mais afetam diretamente todas as outras, ou seja, se as finanças não estão bem, todas as outras áreas serão impactadas.

Por conta de sentimentos como o estresse, a preocupação e a ansiedade, perdemos momentos preciosos, pois não estamos inteiramente presentes. Isso nos impede de viver a plenitude. Assim, entramos num ciclo de sofrimento, no qual trabalhamos em um lugar que não gostamos e gastamos dinheiro com bens supérfluos, pois é o que a sociedade nos diz que é correto.

Agora, vamos discutir um pouco sobre essa questão.

Círculo vicioso e virtuoso

Por muitos anos, vivi em um **círculo vicioso**. Um processo no qual a situação inicial gera consequências que conduzem novamente ao estado inicial, não havendo alterações e desenvolvimentos. É uma indicação de que algo não avança, que não progride e que não se resolve.

Já o **círculo virtuoso** é o processo de identificar os resultados de nossas decisões, nosso crescimento e realizações.

Para entendermos melhor esse conceito, gostaria de propor uma atividade: nas opções a seguir, ligue as palavras correspondentes.

Círculo vicioso	Círculo virtuoso
Ilusão financeira	Comprar o necessário
Padrão de vida elevado	Conhecer a realidade financeira
Consumo em excesso	Controle das despesas
Viver de status	Viver com simplicidade
Não controlar os gastos	Consumo equilibrado
Liquidação/promoção	Viver abaixo do padrão de vida

Prosperidade: o começo da nova vida

Depois de todas essas reflexões, espero que eu tenha ajudado você a entender que é possível viver uma vida sem ser escravo do dinheiro. Que o controle de gastos seja seu aliado e caminhe ao seu lado. E que sua relação com o dinheiro seja cada dia melhor.

Vamos, juntos, nessa caminhada rumo a uma vida mais próspera e virtuosa.

20

TDAH
O OLHAR DO NEUROLOGISTA INFANTIL

Este capítulo reúne sinais e sintomas para identificação do TDAH, assim como comorbidade e abordagem terapêutica medicamentosa, trazendo conhecimento sobre a abordagem médica nesse transtorno comportamental.

MARIA JOSÉ MARTINS MALDONALDO

Maria Jose Martins Maldonado

Contatos
mjmmaldonado@hotmail.com
67 3325 8031
67 98190 6656

Formada em Medicina pela Universidade Federal de Mato Grosso do Sul (1986). Especialidade em Neurologia Infantil pela USP – São Paulo. Especialidade em Eletroencefalografia pela Escola Paulista de Medicina. Título de especialista em Pediatria, Neurologia Infantil e Neurofisiologia/Eletroencefalografia. Diretora do Hospital Universitário FUFMS de 2013 a 2016. Presidente da Associação Médica de Mato Grosso do Sul de 2014 a 2020. Diretora acadêmica da Associação Médica Brasileira de 2017 a 2020. Mestre e doutora pela Universidade Federal de Mato Grosso do Sul.

O transtorno do déficit de atenção e hiperatividade, também chamado de TDAH, é um transtorno de desenvolvimento que acomete de 3 a 6 % das crianças desde tenra idade e persiste na vida adulta em mais da metade dos casos. O TDAH é a principal causa de encaminhamento de crianças para serviços especializados. Esse transtorno acomete ambos os sexos, porém existe um nítido predomínio entre os meninos, tendo uma proporção de quatro para um.

Os principais sintomas ocorrem em intensidade e combinações variadas, por exemplo, uma criança com TDAH pode ser predominantemente desatenta, enquanto outra apresenta a hiperatividade e a impulsividade em maior expressão do que a desatenção. Outro aspecto importante a comentar é que, devido à sua natureza neurobiológica (orgânica), a criança não consegue controlar os sintomas, que ocorrem em qualquer contexto.

O déficit de atenção, quando presente em maior grau, provoca dificuldade importante no aprendizado e na memória, ocorrendo reprovações e abandono escolar; com consequências muitas vezes irremediáveis para outros setores como autoestima, relacionamento social etc. Os pais de crianças e adolescentes com TDAH apresentam queixas que, direta ou indiretamente, fazem referência à dificuldade de atenção. Dizem: "meu filho parece não ouvir", "sonha acordado", "vive no mundo da lua", "não termina tarefas ou demora uma eternidade", "muda de uma atividade incompleta para outra", "perde seus pertences", "esquece recados", "não fixa conhecimentos"; assim, o rendimento escolar ou profissional costuma ser prejudicado.

A hiperatividade é o sintoma mais facilmente identificado. Frequentemente, essas crianças apresentam um desenvolvimento motor adiantado, começando a andar antes de um ano de idade; são bebês que não dormem bem e que choram exageradamente. A fala excessiva, em alto volume, quase sem pausas e com pouca ou nenhuma modulação, chega a incomodar pais, professores e outras crianças. Outras maneiras que os pais fazem referência são: "É levado da breca", "Não para quieto um segundo", "É elétrico, parece ligado nos 220", "Escala demais", "Não consegue parar nem para tomar as refeições", "Se consegue ficar na TV se mexe o tempo todo, se vira e desvira de cabeça para baixo".

A impulsividade também é um fator identificável nessas crianças e é comum frases como: "Responde antes que terminem a pergunta", "Age ou fala por impulso e só depois pensa no que fez", "É atirado", "Agressivo", "Impaciente", "Irritado" e "Explosivo". Quando adolescentes, apresentam um risco maior para o uso de drogas.

O TDAH é um transtorno neurobiológico, uma disfunção química cerebral, então não se trata de um "defeito" de personalidade ou de caráter, nem é consequência de má educação. É hereditário e transmitido de uma geração para outra por vários genes. É o que denominamos herança poligênica. Porém, o meio ambiente e fatores exógenos, como: prematuridade, intoxicações maternas, traumatismos cranianos, nível socioeconômico, condições psicoafetivas familiares e outros exercem papel importante no surgimento dessa condição clínica.

Os neurotransmissores dopamina e norepinefrina são os principais neurotransmissores envolvidos na fisiopatologia do TDAH, porém estão envolvidas também a serotonina, acetilcolina, opioides e glutamato. Há descrições da diminuição na produção das catecolaminas, recaptura dos neurotransmissores pela membrana pré-sináptica pela ação da enzima monoamino oxidase que destrói a norepinefrina e serotonina ou da enzima catecol O-metiltransferase na fenda intersináptica. Entender a fisiopatologia é importante para a determinação de medicamentos que são usados no tratamento desse transtorno.

O DSM-V, Manual de Diagnóstico e Estatístico dos Transtornos Mentais da Associação Americana de Psiquiatria, de 2013, estabelece os critérios para o diagnóstico desse transtorno. É estabelecido que o indivíduo deve ter de seis dos nove sintomas estabelecidos para a desatenção ou da hiperatividade/impulsividade. A seguir, a tabela.

	Critérios diagnósticos para transtorno de déficit de atenção/hiperatividade – DSM-V
A	1. Seis (ou mais) dos seguintes sintomas de desatenção (duração mínima de seis meses): a. Frequentemente deixa de prestar atenção a detalhes ou comete erros por descuido em atividades escolares, de trabalho ou outras. b. Com frequência, tem dificuldades para manter a atenção em tarefas ou atividades lúdicas. c. Com frequência, parece não escutar quando lhe dirigem a palavra. d. Com frequência, não segue instruções e não termina seus deveres escolares, tarefas domésticas ou deveres profissionais. e. Com frequência, tem dificuldade para organizar tarefas e atividades. f. Com frequência, evita, antipatiza ou reluta em envolver-se em tarefas que exigem esforço mental constante. g. Com frequência, perde coisas necessárias para tarefas ou atividades. h. É facilmente distraído por estímulos alheios a tarefa. i. Com frequência, apresenta esquecimento em atividades diárias. 2. Seis (ou mais) dos seguintes sintomas de hiperatividade (duração mínima de seis meses): a. Frequentemente, agita as mãos ou os pés, ou se remexe na cadeira. b. Frequentemente, abandona sua cadeira em sala de aula ou em outras situações nas quais se espera que permaneça sentado. c. Frequentemente, corre ou escala em demasia em situações nas quais isso é inapropriado. d. Com frequência, tem dificuldade para brincar ou se envolver silenciosamente em atividades de lazer. e. Está frequentemente "a mil" ou, muitas vezes, age como se estivesse "a todo vapor". f. Frequentemente, fala em demasia. **Impulsividade** (duração mínima de seis meses) g. Frequentemente, dá respostas precipitadas antes de as perguntas terem sido completadas. h. Com frequência, têm dificuldade para aguardar sua vez. i. Frequentemente, interrompe ou se mete em assuntos dos outros.
B	Alguns sintomas de hiperatividade – impulsividade ou desatenção – que causam prejuízo devem estar presentes antes dos 12 anos de idade.
C	Algum prejuízo causado pelos sintomas está presente em dois ou mais contextos (escola, trabalho e em casa por exemplo).
D	Deve haver claras evidências de prejuízo clinicamente significativo no funcionamento social, acadêmico ou ocupacional.
E	Os sintomas não ocorrem exclusivamente durante o curso de um transtorno invasivo do desenvolvimento, esquizofrenia ou outro transtorno psicótico e não são melhores explicados por outro transtorno mental.

Fonte: Academia Americana de Psiquiatria (2013).

O manual estabelece ainda que os sintomas têm que estar presentes no mínimo por seis meses, têm que se manifestar antes dos 12 anos de idade e devem ocorrer pelo menos em dois contextos. Há prejuízo social, acadêmico ou profissional, e os sintomas não são exclusivos durante o curso de um transtorno psiquiátrico. O DSM-V permite distinguir o TDAH em quadros leves, moderados e graves.

Nesse tipo de patologia, o diagnóstico é clínico, e é importante que os sintomas sejam marcantes e que tragam repercussões negativas para a vida do indivíduo. A investigação com exames complementares, como eletroencefalograma, tomografia computadorizada de crânio, ressonância magnética e exames sanguíneos. Esse último somente indicado em alguns casos.

Várias escalas de pontuação são utilizadas no auxílio desse diagnóstico, como a SNAP-IV, escala de Conners, ECERS (*Early Childhood Environment Rating Scale*®) e CBCL (*Child Behavior Checklist*).

Para complicar um pouco mais, o TDAH não gosta de andar sozinho: em dois terços dos pacientes, ele vem acompanhado de outros transtornos mentais como depressão, ansiedade, transtorno bipolar.

As crianças afetadas com TDAH podem ter transtornos de aprendizado associado ao quadro em 19% a 26% dos casos, por exemplo, dislexia (dificuldades para ler), disgrafia (dificuldades para escrever) e discalculia (dificuldades com matemática), sendo a dislexia a comorbidade mais frequente. Os transtornos da fala podem estar presentes, como dificuldades articulatórias, dificuldade de processamento de informações, dificuldades na vocalização e na estruturação sintática e semântica.

É importante citar que apresenta diagnóstico diferencial: a epilepsia tipo ausência infantil, déficit auditivo, déficit visual, sequela de lesões cerebrais, síndromes genéticas; Down X – frágil, Williams, alcoólica fetal, doenças da tireoide, distúrbio de sono, deficiência intelectual, transtornos neuropsiquiátricos, doenças neurodegenerativas, causas psicossociais.

O consenso atual é de que o tratamento do TDAH deve ser multimodal e consiste em modificar o comportamento e reorganizar o indivíduo a fim de promover melhor desempenho funcional no indivíduo. A intervenção engloba a orientação aos pais, participação da escola, atendimento psicoterápico e terapia com uso de medicamentos específicos. Em alguns casos, se faz necessário acompanhamento de psicopedagoga, fonoaudióloga e realização de terapia comportamental.

Na terapia medicamentosa, utiliza-se na primeira linha fármacos psicoestimulantes, que costumam ser prescritos a partir dos seis anos de idade. Eles diminuem a recaptação pré-sináptica das catecolaminas, elevando seus níveis na fenda sináptica. Assim, diminuem a impulsividade e a atividade motora, melhorando a memória recente e o desempenho acadêmico e social. No Brasil, existem duas categorias de medicação: o metilfenidato e os derivados de anfetaminas.

O metilfenidato tem três formulações: Ritalina® (10 mg, com ação por 3-4 horas); Ritalina LA® (cápsulas com 10 mg, 20 mg, 30 mg e 40 mg, com longa duração, de 6-8 horas); Concerta (com apresentação de 18 mg, 36 mg e 54 mg, com ação de 10-12 horas).

O dimesilato de lisdexanfetamina (Venvanse®), derivado da anfetamina, é comercializado no Brasil desde 2011. Tem apresentação de 30 mg, 50 mg, 70 mg e duração de 10-14 horas. Seu uso é preconizado para crianças acima de 20 quilos.

Os efeitos colaterais pelo uso das medicações citadas são a inapetência, insônia, cefaleia, dor abdominal e tiques. O conhecimento de outras opções terapêuticas é fundamental, pois 15% das crianças descontinuam o uso devido aos seus efeitos colaterais. Antes da troca da classe terapêutica, tenta-se a troca do psicoestimulante.

Outras classe de medicamentos que podem ser utilizados são os antidepressivos tricíclicos como a imipramina, antidepressivos não tricíclicos como os inibidores de serotonina (fluoxetina) e os inibidores da recaptação de norepinefrina-dopamina (bupropiona), também utilizados nas comorbidades como depressão ou transtornos de ansiedade.

Finalmente, após este breve relato sobre o TDAH, reforço a importância de sua identificação e tratamento precoces, pois poderemos mudar a trajetória de crianças e adolescentes fadados ao insucesso.

Referências

AMERICAN PSYCHIATRIC ASSOCIATION. *Manual diagnóstico e estatístico de transtornos mentais – DSM-5*. Tradução: Maria Inês Corrêa Nascimento. 5. ed. Porto Alegre: Artmed, 2014.

ANDRADE, P. E. S. M.; VASCONCELOS, M. M. Transtorno do Déficit de Atenção com Hiperatividade. *Resid Pediatr*, 8(1), 64-71, 2018.

DIAMENT, A. J.; CYPEL, S.; REED, U. *Neurologia infantil lefévre*. Rio de Janeiro: Atheneu, 2010.

SILVA, A. B. B. *Mentes inquietas TDAH: desatenção, hiperatividade e impulsividade*. Rio de Janeiro: Objetiva, 2009.

21

A ARTE DE CRIAR UMA ROTINA EFICIENTE
PAIS E A ARTE DE CONSTRUIR UMA ROTINA EFICIENTE PARA AS CRIANÇAS

Uma rotina clara é essencial para o desenvolvimento das crianças. A rotina traz previsibilidade tanto para as crianças quanto para os pais, o que pode evitar muitos conflitos no dia a dia. Ao contrário do que muitos pensam, rotina não aprisiona, ela liberta. Neste capítulo, eu convido você para compreender como a rotina pode ajudar pessoas diagnosticadas com TDAH.

Nunca ajude uma criança numa tarefa
em que ela se sente capaz de fazer.
MARIA MONTESSORI

MARILAN BARRETO BRAGA

Marilan Barreto Braga

Contatos
marilanbbraga@gmail.com
Facebook: psicologamarilanbraga
Instagram: @marilanbraga
74 3661 5432
71 99901 1075

Psicóloga. Especialista em crianças e adolescentes. Especialista em Terapia Cognitivo-comportamental. Especialista em Psicologia Escolar. Psicopedagoga. Educadora parental em disciplina positiva. Especialista em habilidades sociais, estilos parentais e treino de pais. Especialista em disciplina positiva para crianças com deficiência. Atua em consultório com acompanhamento psicoterapêutico individual e oficinas de treinamento em habilidades socioemocionais com crianças e adolescentes. Trabalha com atendimento e diagnóstico multidisciplinar e coordena o Centro Multidisciplinar em Educação Inclusiva (AMAR), projeto de sua autoria. Mãe e apaixonada por crianças. Acredita que o cuidado e o amor pela infância transformam o mundo.

> *As crianças estão mais motivadas a cooperar, aprender novas habilidades e dar afeto e respeito quando se sentem motivadas, conectadas e amadas.*
> JANE NELSEN

A rotina diminui a necessidade do nosso pensamento consciente, liberando nosso cérebro para se concentrar em tarefas mais complexas, além de estabelecer tempo para cada coisa e nossas vidas. Para as crianças, a rotina é fundamental.

Uma rotina ajuda:

- Na previsibilidade e, assim, gera segurança.
- Na organização, uma vez que ela sabe o que precisa ser feito.
- Na diminuição do estresse e ansiedade.
- No aumento da autonomia.
- Na promoção da colaboração (a criança sabe o que precisa ser feito).

A rotina é um "trilho" que nos ajuda a não sair da linha daquilo que precisa ser feito. Quando bem pensada e estruturada, nos dá mais controle, combate imprevistos e pode transformar nossas vidas.

Construindo uma rotina consciente

Agora que você já sabe da importância da rotina, é hora de construir uma que funcione. Para isso, é essencial conhecer alguns conceitos baseados na disciplina positiva:

1. A rotina deverá ser montada com a participação da criança, pois quando ela faz parte da criação da rotina, sente-se mais capaz e mais motivada a cooperar no dia a dia.
2. A rotina precisa de você para funcionar, elimine a expectativa de que o quadro de rotina por si só será suficiente para fazer a criança colaborar. Você será essencial para direcionar e orientar a criança sempre que necessário.

3. A rotina é essencial para criar hábitos e habilidades que a criança levará por toda a vida: hábitos de higiene, de organização, de planejamento, de responsabilidade; tudo isso é aprendido pela rotina e leva tempo. Desenvolver essas habilidades exige prática, persistência e paciência. Lembre-se sempre disso: a criança está criando habilidades e não apenas executando atividades. Então, vamos lá, basta seguir o passo a passo.

Passo 1 – listar as tarefas

Convide a criança para pensar em todas as tarefas que ela precisa realizar fazendo perguntas curiosas, como:

- O que você precisa fazer quando acordar?
- E depois do almoço? E antes de dormir?
- Qual o melhor horário para você fazer o dever de casa?
- O que você acha que pode fazer para contribuir com a organização/limpeza da casa?
- E que tal "isso", e que tal "fazermos assim", o que acha de tentarmos "desse jeito" primeiro? (ofereça sugestões e opções aceitáveis para você também e que se encaixe nas suas necessidades quando sua presença for indispensável para o cumprimento da tarefa).
- Agora, organize essa lista em três partes: "manhã/tarde/noite" ou "ao acordar/depois do almoço/antes de dormir".

Passo 2 – definir o modelo

Agora é hora de decidir como será montado o quadro de rotina da criança junto dela. Vocês vão decidir se querem desenhos impressos, se ela vai desenhar a representação de cada tarefa; ou se você vai tirar fotos dela executando cada tarefa e depois imprimir para colocar no quadro.

Lembrete: é de extrema importância que a criança faça parte do processo de montagem do quadro de rotinas. Sempre convide e a incentive a participar de todos os passos.

Abaixo, seguem sugestões de como você pode montar um quadro de rotinas.

Com figuras

Uma opção fácil e rápida de montar um quadro de rotinas é utilizando figuras.

- Peguem a lista de tarefas que vocês fizeram anteriormente e busquem por imagens que represente cada tarefa.

- Recorte cada uma e, caso a criança não saiba ler, certifique-se de que ela associe cada imagem à tarefa que precisa ser feita.
- Escolha um lugar (papel A4, cartolina ou outro que preferir) para colar as figuras de acordo com a ordem escolhida.
- Personalizem o quadro de rotinas. Pode ser com figurinhas, adesivos, desenhos e lápis de cor para deixar com a cara da criança.

Desenhando

- Escolha uma cartolina, papel A4, ou outro tipo de papel que preferir, dividam em partes conforme decidiram organizar e peça para a criança desenhar a representação de cada tarefa, na ordem que vocês decidiram.
- Personalizem o quadro de rotinas com figurinhas, adesivos, desenhos e lápis de cor para deixar a cara da criança.

Tirando fotos

- Tire fotos da criança fazendo as tarefas rotineiras (escovando os dentes, tomando café da manhã, tomando banho, caminhando para a escola, arrumando a lancheira, se preparando para dormir).
- Separe um lugar para colar essas imagens (cartolina, papel A4, um pedaço de MDF ou outro lugar que preferir).
- Imprima essas imagens em um tamanho que caiba no quadro de rotinas que você preparou.
- Cole na ordem que combinaram.
- Personalizem o quadro de rotinas com figurinhas, adesivos, desenhos, lápis de cor para deixar a cara da criança.

Escrevendo

Se a criança já sabe ler e escrever, você pode ajudá-la em todo o processo de organização e montagem e deixar que ela mesma escreva e monte o quadro de rotinas.

- Organizem de acordo com a ordem que combinaram e deixe que a criança escreva cada atividade que fará parte do quadro de rotinas.
- Personalizem o quadro de rotinas com figurinhas, adesivos, desenhos e lápis de cor para deixar a cara da criança.

Passo 3 – usar perguntas

Com o quadro de rotinas criado, agora você precisa permitir que ela seja o chefe da sua casa.

Quando não tem uma rotina clara para as crianças, precisa ficar a todo momento falando o que ela precisa fazer. Isso demanda muito do seu tempo e chega a ser desgastante para ambos.

É importante ressaltar que, mesmo com o quadro de rotina, a criança vai precisar do seu acompanhamento, da sua ajuda, da sua condução nas tarefas do dia a dia, porém, em vez de você ficar mandando a criança fazer as coisas, incentive-a a pensar no que ela precisa fazer e a fixar a rotina na mente.

E você vai fazer isso com perguntas, em vez de demandar ordens.

Nós caímos facilmente no abismo de demandar ordens o dia inteiro: "Guarda o brinquedo, vai tomar banho, senta para comer, vai escovar os dentes…". E por aí vai.

Acontece que, quando recebemos uma ordem, nosso cérebro envia uma mensagem para nosso corpo resistir. É como se ele dissesse "não faça, resista". Já quando recebemos uma pergunta, automaticamente nosso cérebro busca por resposta. Ordens geram resistência, perguntas estimulam a curiosidade. Comece a trocar as ordens por perguntas e veja o resultado. Em vez de dizer: "Filho, vai tomar banho", diga: "Filho, o que vem agora no seu quadro de rotinas?". Em vez de dizer: "Vá fazer o dever de casa!", diga: "Qual material você precisa para fazer o dever de casa?".

- Repare nas atividades que mais tende a demandar ordens, anote algumas perguntas pelas quais você possa substituir essas ordens; e deixe esse papel acessível para você consultar durante o dia. Troque ordens por perguntas.
- Em quais momentos você costuma demandar mais ordens para seu filho?
- Faça uma lista dessas ordens e, depois, uma lista das perguntas que você pode substituir essas ordens.
- Deixe essa lista acessível no seu dia a dia para consultar e praticar essa nova habilidade.

Passo 4 – fazer acordos

Os acordos ou combinados são ferramentas muito usadas na disciplina positiva. Por meio delas, conseguimos estabelecer regras de maneira respeitosa considerando as necessidades de cada um.

Entretanto, nós, adultos, temos a tendência de dar ordens camufladas de acordos. Ou seja, nós dizemos que fazemos acordos colocando só a nossa necessidade em questão; olhamos somente para o que achamos importante, sem validar a criança em grande parte das vezes.

Existem questões em que acordos não são aceitáveis, talvez, para você, não exista acordo para decidir se a criança come na mesa ou no sofá por exemplo. Mas onde cabem acordos, devemos fazê-lo da maneira certa, validando as vontades da criança e permitindo que ela participe da decisão.

Para começar, identifique quais conflitos são mais comuns com seu filho. É a hora do banho? É a hora de dormir? É a hora de sair da TV? Provavelmente, enquanto vocês estavam elaborando o quadro de rotina, essas atividades já tenham sido estabelecidas, porém, ainda assim, conflitos podem aparecer no dia a dia. Desta forma, você precisará conversar com a criança fora da zona de conflito, ou seja, em um momento em que os dois estejam calmos. Não tente resolver nada na hora do conflito, muito menos fazer qualquer tipo de combinado.

É importante vocês estarem abertos a soluções e isso só é possível se todos estiverem calmos.

1. Para começar, sente com a criança e diga: "Filho, eu notei que você sempre fica muito irritado na hora de desligar a TV e você nunca quer desligar. Como você acha que podemos resolver isso?".
2. Exponha o problema para a criança e pergunte a ela sobre as possíveis soluções. Depois disso, fale também das suas opções.
3. Ouça as sugestões dela e busquem juntos por soluções. Você pode sugerir avisar 10 minutos antes de acabar o tempo de TV, colocar o celular para despertar ou esperar o episódio acabar.
4. Definam uma solução e se comprometam a tentar aquela opção. Caso não dê certo, vocês poderão buscar por outras soluções no futuro.

É importante você combinar também o que vai fazer caso a criança não cumpra a parte dela do combinado e deixá-la ciente quanto a isso. Por exemplo: "Filho, caso você não desligue a TV após a mamãe avisar e dar o tempo que você pediu, eu vou respeitosamente pegar o controle e desligar a TV". Não é desrespeitoso desligar a TV se seu filho estiver ciente disso, e se conduzir isso com respeito por você e por ele. Testem o combinado por um tempo e, se não estiver funcionando, busquem juntos por outras soluções e façam um novo combinado. Lembre-se sempre de que você está ajudando seu filho a desenvolver habilidades de vida e isso leva tempo e repetição.

Passo 5 – conseguir a cooperação

Talvez você entre em disputas de poder ou conflitos frequentemente quando precisa que seu filho faça algo. E isso é bem exaustivo tanto para você quanto para ele, além de pouco produtivo para ambos.

A sua decisão de conseguir a cooperação do seu filho em vez de obrigá-lo a fazer algo pode ser suficiente para criar sentimentos positivos em você e de se conectar verdadeiramente com ele.

A seguir algumas ferramentas para você conseguir a cooperação, mas, como tudo na disciplina positiva, isso não é uma fórmula mágica e precisa estar sempre atenta à intenção por trás da sua atitude:

1. Expressar compreensão pelos sentimentos da criança, diga para ela o que percebe que ela está sentindo. Por exemplo: "Filho, eu estou vendo que você está bem desanimado para organizar seu quarto".
2. Mostrar empatia pelo que a criança está passando, sem julgamento ou concordância. Empatia não significa que você concorde ou dê permissão, apenas que compreende a percepção da criança.
3. Compartilhar seus sentimentos e experiências. Conte para a criança as vezes que você se sentiu como ela ou que passou por uma situação parecida.
4. Convidar a criança para pensar em soluções. Pergunte quais soluções ela tem para esse problema ou quais sugestões tem para evitar esse problema no futuro. Então, você pode dizer, por exemplo: "Filho, não é legal ficar com o quarto bagunçado, é difícil encontrar as coisas. Por onde você pode começar arrumando?".

São ferramentas simples, mas muito efetivas para ajudar a criança a se sentir compreendida.

Use-as para conseguir a cooperação do seu filho.

• Quais situações você percebe que mais entra em disputa de poder e conflitos com seu filho?
• A sua relação com seu filho não precisa ser um cabo de guerra. Lembre-se de soltar esse cabo e conquistar a cooperação dele de forma consciente e respeitosa.
• Nunca se esqueça de que você é o adulto da relação e responsável pela forma que ela está se desenvolvendo.

Passo 6 – treinar

É muito importante ensinar as crianças com intencionalidade.

Às vezes, os adultos se frustram pelo fato das crianças não realizarem uma tarefa bem feita, e a verdade é que, muitas vezes, as crianças não tiveram um treinamento dedicado para aprender aquilo. As crianças ainda estão aprendendo e desenvolvendo habilidades de organização, de planejamento e de execução de tarefas. Elas ainda não têm tanta habilidade de organizar uma tarefa passo a passo, como nós adultos, por exemplo. Por isso é importante você dedicar um tempo de treinamento para seu filho. O que você acha que seu filho precisa aprender? Ou qual habilidade percebe que ele precisa desenvolver?

Dedique um tempo intencionalmente para isso e ajude seu filho a dar pequenos passos para a execução daquela tarefa. Por exemplo, arrumar o quarto, tirar o lixo da casa e varrer a casa podem ser tarefas bem exaustivas para a criança. E ela pode se sentir sobrecarregada ao tentar pensar em quantas coisas precisa fazer. Desta forma, você pode ajudar a criança a dar pequenos passos, ajudando-a a organizar o passo a passo que precisa ser feito.

Você pode dizer, por exemplo: "Filho, o que você precisa para começar a arrumar seu quarto?", "Você já pegou o pano e o produto de limpeza?", "Você vai começar pelos calçados ou pela cama?". Ou dizer: "Você vai começar varrendo qual cômodo da casa? Que tal começar pela sala?", "Depois que tirar os tapetes, eu digo o que você precisa fazer". Dedicar tempo para treinamento significa ser bem específico sobre o que precisa ser feito e sobre suas expectativas. Então, seja clara e intencional ao ensinar seu filho a arrumar a cama, guardar as roupas e os brinquedos.

Uma rotina bem construída, com a criança, guia as atividades diárias e facilita a rotina familiar do dia a dia. Entretanto, uma rotina definida não é garantia de ausência de conflitos na hora das atividades serem executadas.

Essa construção é feita diariamente na manutenção da rotina, garantindo a constância das regras estabelecidas e usando as ferramentas aqui apresentadas para minimizar os conflitos mais frequentes. Você vai perceber que, quanto mais constância tiver na manutenção da rotina e na condução das ferramentas, mais facilmente conseguirá a cooperação dos seus filhos nas atividades diárias.

Espero que este capítulo seja muito útil na sua vida e na dos seus filhos!

Referências

FAVA, D; ROSA, M; DONATO, A. *Orientação para pais: o que é preciso saber para cuidar dos filhos.* Belo Horizonte: Artesã, 2018.

MASTINE, I; THOMAS, L; SITA, M. *Coaching para pais vol. 2. Estratégias e ferramentas para promover a harmonia familiar.* São Paulo: Literare Books International, 2018.

MINATEL, I. *Temperamentos sem limites: como conseguir resultados com crianças da raiva e com crianças da tristeza.* 2. ed. São Paulo: Novo Século, 2019.

NELSEN, J; GARSIA, A. *Disciplina positiva: 52 estratégias para melhorar as habilidades de mães e pais.* Barueri: Manole, 2018.

NELSEN, J. *Disciplina positiva: o guia clássico para pais e professores que desejam ajudar as crianças a desenvolver autodisciplina, responsabilidade, cooperação e habilidades para resolver problemas*. 3. ed. Barueri: Manole, 2015.

SIEGEL, D.; BRYSON, T. *Disciplina sem drama: guia prático para ajudar na educação, desenvolvimento e comportamento de seus filhos*. São Paulo: nVersos, 2016.

SIEGEL, D.; BRYSON, T. *O cérebro da criança: 12 estratégias revolucionárias para nutrir a mente em desenvolvimento do seu filho e ajudar sua família a prosperar*. São Paulo: nVersos, 2015.

22

TDAH
DICAS E DÚVIDAS DE CONSULTÓRIO

Neste capítulo, abordaremos os principais temas e dúvidas trazidos pelos pacientes em consulta. Faremos um breve resumo sobre o transtorno de déficit de atenção e hiperatividade (TDAH), com as principais dicas e orientações que fazemos no consultório médico e que ajudam o paciente e seus familiares a melhorarem a qualidade de vida no dia a dia.

Patrick Castro Alves

Contatos
drcastroalves@hotmail.com
Instagram: @patrickcastroalves
Facebook: Patrick Castro Alves
15 99171 6291

Médico com especialização em Psiquiatria, com mais de dez anos de experiência e com mais de dez mil pacientes atendidos. Atualmente, com foco no atendimento ao TDAH.

TDAH é um transtorno do neurodesenvolvimento que se caracteriza por dificuldade de concentração, hiperatividade e impulsividade. Ele é comum em crianças e adolescentes, mas também pode afetar adultos.

Como descobrir se tenho TDAH

O TDAH é um transtorno que afeta a função executiva, que pode ser entendida como as habilidades mentais responsáveis pelo planejamento, antecipação, estabelecimento de metas, organização, resolução de problemas dentre outras características. Uma pessoa com TDAH tem essas habilidades comprometidas.

Vale destacar que o TDAH pode ser confundido com outros transtornos ou até mesmo passar despercebido, pois ele é caracterizado por comportamentos inadequados, impulsivos e hiperativos, que são associados a dificuldades de atenção e concentração.

Muitas vezes, a criança é vista como desobediente, inquieta, sem compromisso e desinteressada; o que gera estereótipos como "essa criança não gosta de estudar", "ela é teimosa". A teimosia e a desatenção, quando não são identificadas como parte de um transtorno, podem reforçar os comportamentos negativos e gerar problemas como baixa autoestima, ansiedade, estresse e depressão.

Sendo assim, é importante identificar esse transtorno e isso deve levar em conta a faixa etária da criança ou do adulto (no caso de um diagnóstico tardio).

Existem três tipos de TDAH, caracterizados com base nos sintomas:

- **TDAH desatento:** afeta principalmente meninas. Há um atraso na cognição.
- **TDAH hiperativo:** mais frequente em meninos. Há uma dificuldade no controle motor.
- **TDAH misto:** afeta pessoas com dificuldade de atenção, mas sem prejuízo na inteligência.

O TDAH hiperativo é o mais fácil de ser diagnosticado, já os demais, por serem mais difíceis, muitas vezes, passam despercebidos ou são diagnosticados tardiamente.

Diagnóstico

Não existem exames, como a ressonância, para diagnosticar o TDAH. O diagnóstico é feito por meio de uma análise clínica, isto é, o profissional fará uma entrevista e testes específicos para identificar o transtorno.

No caso das crianças que não conseguem se expressar, a entrevista pode ser feita com familiares.

A entrevista tem como objetivo identificar sintomas que causam prejuízo recorrente ao indivíduo, como desatenção, hiperatividade e impulsividade.

O profissional pode solicitar exames complementares para descartar doenças que possuem sintomas semelhantes ao TDAH, como níveis de hormônios tireoidianos, encefalograma e eletrocardiograma.

Infelizmente, muitas pessoas buscam ajuda por causa das consequências do TDAH e não recebem o diagnóstico. Provavelmente, ele não foi identificado antes por desconhecimento e até mesmo por preconceito da pessoa com o transtorno ou de sua família.

TDAH e a ansiedade

As pessoas que possuem ansiedade, recorrentemente, desviam seu foco para os pensamentos de preocupação voltados a algo que pode ou não acontecer; isso pode ser confundido com a desatenção típica do TDAH.

Por conta disso, é comum que haja a associação entre TDAH e ansiedade, As pessoas com TDAH também apresentam comportamentos ansiosos decorrentes dos sintomas de hiperatividade, impulsividade e desatenção.

As frustrações decorrentes do TDAH podem ser responsáveis por causar uma ansiedade no indivíduo em situações que exigem certa performance, como no trabalho, em provas, nos estudos entre outras.

A ansiedade pode agravar alguns sintomas do TDAH, como a inquietação ou a dificuldade de concentração. Porém, o transtorno de ansiedade também vem com o próprio conjunto de sintomas, tais como:

- Preocupação constante com muitas coisas diferentes.
- Estresse.
- Sentimentos de que o indivíduo está no seu limite.

- Fadiga.
- Dificuldades para dormir.

TDAH e a depressão

O TDAH é um transtorno neurobiológico que afeta a capacidade de uma pessoa para controlar atenção, impulsos e hiperatividade. A depressão, por outro lado, é um transtorno do estado de ânimo, que se caracteriza por sentimentos persistentes de tristeza, desesperança e perda de interesse em atividades que antes eram prazerosas.

É importante notar que a relação entre TDAH e depressão é complexa e ainda não está completamente compreendida. No entanto, alguns estudos sugerem que as pessoas com TDAH têm um risco aumentado de desenvolver depressão devido a vários fatores, pois alguns sintomas de TDAH e depressão são similares, por exemplo, a falta de memória, a carência de motivação, as oscilações de humor, a irritabilidade e o desinteresse.

A existência desses sintomas pode levar a um diagnóstico tanto de uma doença quanto da outra.

A depressão pode facilmente mascarar a presença do TDAH, principalmente em crianças. Por isso, é importante estar atento às diferenças entre elas para chegar a um diagnóstico e tratamento adequado.

TDAH e os hábitos de vida

Os pacientes com TDAH sofrem um grande impacto nas atividades diárias devido aos sintomas. Tarefas que, para muitas pessoas, são simples, como prestar atenção em uma conversa e organizar as metas ao longo da semana, para um paciente com TDAH são atitudes muito complexas.

Isso pode causar dificuldades em cumprir prazos, esquecimento de compromissos importantes, perda de objetos e dificuldades no ambiente familiar, no trabalho e na escola. Esses impactos podem levar a problemas psicológicos, como sentimentos de incapacidade, falta de autonomia e confiança.

O TDAH na vida de um adulto pode trazer diversos outros problemas, como abandono escolar, acidentes, desemprego, divórcio, vícios (álcool e drogas), depressão, obesidade, repetição de erros, frequente falta de atenção com coisas simples, dificuldade para escutar o outro, esperar a sua vez de falar, dificuldade para planejar e executar as tarefas propostas.

TDAH e atividades físicas

O TDAH é causado pelo desequilíbrio de neurotransmissores, principalmente dopamina, com significativo componente genético. Fatores ambientais também podem desencadear o transtorno.

Quando se fala em tratamentos, esses podem ser feitos com abordagens tradicionais, que incluem gerenciamento de comportamento e medicamentos; ou ainda sob abordagens mais progressivas, como o incentivo à prática de exercícios e modificações na dieta.

Muitas pesquisas mostram que a prática regular de exercícios físicos pode melhorar a capacidade cognitiva e aliviar os sintomas do TDAH. Além disso, o exercício também beneficia a saúde cerebral, liberando neurotransmissores como a dopamina, que auxilia na atenção e pensamento; sendo especialmente benéfico para pessoas com TDAH, que geralmente têm níveis de dopamina alterados.

TDAH e os relacionamentos

A incapacidade básica de prestar atenção, típica do TDAH, pode gerar uma gama de comportamentos "malvistos" dentro de relações conjugais ou com amigos, como parecer não ouvir o outro, não perceber os sentimentos do outro, não lembrar datas ou acontecimentos importantes, não dividir as tarefas da casa e não se lembrar de encontros previamente agendados com o parceiro.

Algumas pessoas com TDAH podem ter o pavio curto e ser explosivas, impacientes, irritadas e inconstantes. Isso pode dar a impressão de falta de amor e consideração pelo parceiro. A cabeça sempre cheia de pensamentos desorganizados também dificulta o engajamento e o estabelecimento de intimidade.

Em consequência, é comum serem percebidos como pessoas frias, insensíveis, egoístas e hedonistas, características não desejáveis em um relacionamento saudável.

Os indivíduos que possuem TDAH costumam ser impulsivos e tomar decisões sem consultar o parceiro, o que pode piorar a relação. Essa impulsividade também pode causar esquecimento de comunicar algo importante e esgotar os parceiros.

Além disso, o TDAH promove um estado deficitário nas ações voluntárias, especialmente na memória, planejamento, organização, gerenciamento do tempo e emoções. Isso pode levar a atitudes passionais e inconstantes no relacionamento, bem como a sensação de tédio sexual e dificuldade em se manter em um emprego.

Pessoas com TDAH costumam ter menos anos de escolaridade, trabalhar menos horas e ter um salário menor. O cônjuge sem TDAH pode sentir solidão e a falta de compromisso e cumplicidade, essenciais para um relacionamento saudável. Com frequência, os parceiros de pessoas com TDAH relatam sentir-se sozinhos e não desfrutar a vivência de compromisso e cumplicidade.

TDAH e o ambiente escolar

Como o TDAH é um transtorno que afeta o comportamento da criança e sua capacidade para aprendizagem, é fundamental que a escola organize os processos de ensino de maneira que favoreça a aprendizagem do aluno.

É importante que o professor conheça as dificuldades do aluno e utilize estratégias de manejo comportamental que o beneficiem em sala de aula.

Algumas atitudes são essenciais para ajudar estudantes com TDAH, como identificar os talentos que eles possuem, estabelecer uma rotina e organização (que são essenciais para o desenvolvimento), diminuir os estímulos distratores em sala de aula e estabelecer contato visual, o que possibilita maior sustentação da atenção.

É importante lembrar que o rendimento escolar pode ser afetado não por uma dificuldade do aluno em compreender as informações ou conteúdos, mas pela sua dificuldade em se manter atento às explicações e atividades escolares. Nesse sentido, é essencial que o professor organize sua prática para garantir a atenção desse aluno por mais tempo, evitando prejuízos em seu aprendizado.

Além disso, deve-se identificar os sintomas precocemente e encaminhar o aluno para avaliação médica, transformando o professor e toda a equipe técnica da escola em peças fundamentais no processo de diagnóstico e tratamento do TDAH.

O papel da família

Os pais e/ou responsáveis devem procurar informações sobre o transtorno, seja por meio de livros, cursos ou vídeos, para garantir que o diagnóstico e o tratamento da criança sejam realizados por profissionais especialistas que realmente entendam do assunto.

O professor e o aluno com TDAH

Ensinar uma criança com TDAH é desafiador, pois cada criança é única. O diagnóstico precoce e o tratamento adequado com medicamentos eficazes, somado às estratégias de manejo comportamental e o acompanhamento especializado, contribuem significativamente para o sucesso no processo de aprendizagem do aluno.

A experiência diária dos professores lidando com uma grande variedade de personalidades dos alunos pode ajudar a identificar sinais de TDAH, desde que o professor esteja equipado com informações. Portanto, a observação é crucial, conforme afirma a psicóloga clínica e doutoranda que pesquisa sobre TDAH, Fernanda Pádua Rezende.

Os professores podem observar o comportamento das crianças e notar se há agitação além do esperado para a idade, dificuldades de atenção nas tarefas ou para seguir regras e impulsividade nas interações sociais.

"No entanto, isso deve ser feito com muito cuidado e cautela, considerando a criança como um ser em desenvolvimento que precisa de atenção e cuidados. Além disso, é preciso tomar cuidado para não rotular e estigmatizar", complementa Fernanda.

Essa observação pode ajudar no primeiro passo para o diagnóstico. Vale lembrar que os pais da criança podem solicitar um relatório do professor para ajudar a família e o psicólogo a identificar o transtorno.

TDAH e o trabalho

Gerenciar o TDAH pode ser desafiador para quem trabalha. O impacto dessa condição no desempenho profissional depende da gravidade dos sintomas e da capacidade de cada indivíduo de gerenciá-los.

Em casos leves e moderados, o profissional consegue manter um bom desempenho ao seguir corretamente o tratamento psicoterapêutico e/ou medicamentoso. Já em casos graves, estratégias complementares podem ser necessárias para ajudar o indivíduo a ter controle sobre os sintomas.

Quando descontrolado, o TDAH pode levar a pessoa a mudar de emprego com frequência e a se engajar em conflitos com colegas de trabalho, supervisores e chefes por questões pequenas.

Felizmente, a preocupação com a saúde mental tem crescido de maneira considerável dentro das organizações. Gestores estão se conscientizando de que a depressão, o *burnout*, o TDAH e outras condições podem afetar a produtividade dos colaboradores e isso não é o fim do mundo. Assim, pode ser mais fácil encontrar ajuda onde você trabalha.

De qualquer maneira, a pessoa com TDAH precisa desenvolver estratégias para lidar com os sintomas que interferem negativamente em sua vida, seja no trabalho ou em outras áreas. Psicólogos podem ajudar nessa tarefa, então não hesite em buscar ajuda psicológica.

Como os principais sintomas do TDAH são a desatenção e ansiedade, é provável que a capacidade de um profissional em realizar suas tarefas com eficiência e precisão seja afetada. Isso pode incluir cometer erros, ter dificuldade em seguir prazos e compromissos, e ter dificuldade em manter o foco em uma única tarefa por longos períodos de tempo. Além disso, esses profissionais podem ter dificuldade em controlar a ansiedade, o que pode gerar ações precipitadas.

Os desafios que o profissional com TDAH pode encontrar no ambiente de trabalho incluem lapsos de memória, desorganização (tanto da mesa e materiais quanto das demandas profissionais), dificuldade para processar informações e dificuldade para se comunicar de forma assertiva. Além disso, as pessoas com TDAH podem ser impulsivas ao tomar decisões e ter dificuldade em seguir uma rotina, o que pode resultar em rendimento abaixo do esperado.

É recomendado praticar pelo menos 150 minutos de exercícios de intensidade moderada por semana, o que equivale a cerca de 30 minutos de atividade física por dia, cinco dias por semana. Se optar por exercícios aeróbicos mais intensos, como correr ou fazer aulas de ciclismo, 75 minutos de treinamento por semana já são suficientes.

A maioria dos estudos com adultos com TDAH utiliza protocolos de exercícios aeróbicos, no entanto é mais benéfico incluir uma combinação de treinamento aeróbico e de resistência, como a caminhada, por exemplo, para maximizar os benefícios à saúde.

Tratamentos do TDAH

O tratamento mais indicado para controlar o TDAH é a psicoterapia, que pode estar alinhada ao uso de medicamentos. A psicoeducação e a terapia cognitivo-comportamental são as mais comuns no controle do transtorno. Tanto a terapia quanto a medicação vão atuar na diminuição dos sintomas, na mudança de comportamento e na comunicação do indivíduo.

Com relação ao uso de medicamentos, é importante verificar se o estimulante traz benefícios ao paciente, como mais organização e capacidade de planejar, melhora do estado mental, diminuição da inquietude e da irritabilidade.

Além disso, é importante destacar que a pessoa com TDAH pode desenvolver as habilidades comprometidas. No caso da criança, é fundamental que haja uma parceria entre família e escola. Para tal, recomendam-se atividades que exercitem a memória, a concentração, o raciocínio lógico e a resolução de problemas.

23

A IMPORTÂNCIA DA AVALIAÇÃO NEUROPSICOLÓGICA PARA OS CASOS DE TDAH

A avaliação neuropsicológica para casos com suspeita de transtorno de déficit de atenção e hiperatividade (TDAH) – além de uma ferramenta de grande importância para auxiliar no diagnóstico e na prescrição do tratamento – proporciona um mapeamento comportamental cognitivo do indivíduo, possibilitando a correta análise das regiões cerebrais mais afetadas e das regiões que podem ser potencializadas pelo tratamento.

PAULA ADRIANA ZANCHIN E
VALÉRIA BARROS ZANCHIN

Paula Adriana Zanchin
CRP 06/92628

Contatos
paulazanchin@hotmail.com
12 99778 9512

Graduada em Psicologia, especialista em Neuropsicologia Clínica pelo Instituto de Psicologia Aplicada e com formações em Análise Aplicada do Comportamento e em Terapia Cognitivo-comportamental. Atuando no atendimento psicológico e neuropsicológico no contexto clínico há 15 anos.

Valéria Barros Zanchin

Contatos
valeriacbarros@homail.com
11 97109 3747

Licenciada em Pedagogia, atuando com crianças há 13 anos em escolas municipais. Cursando Psicopedagogia.

Abordaremos, neste capítulo, as contribuições da avaliação neuropsicológica para o auxílio no diagnóstico do TDAH e no seu tratamento interventivo.

A hiperatividade com déficit de atenção é um dos transtornos que mais acometem a infância e a adolescência. Os sintomas, quando intensificados por falhas de diagnóstico e de tratamento, podem ter impacto importante nessa fase, promovendo fracasso escolar e comportamento antissocial (BARKLEY, 2002; MANUZZA; KLEIN; MOULTON, 2002).

A avaliação minuciosa de uma criança com suspeita de TDAH é fundamental para que ela receba o diagnóstico e o tratamento adequados. O desconhecimento ou pouco conhecimento sobre esse transtorno gera dificuldades, uma vez que crianças, adolescentes e pessoas adultas podem receber, equivocadamente, o rótulo de TDAH, assim como muitos indivíduos podem passar despercebidos e ficar sem o diagnóstico e o tratamento adequados.

O transtorno de déficit de atenção e hiperatividade (TDAH)

Para que seja possível chegar ao diagnóstico de TDAH, é necessário seguir alguns critérios. Segundo o DSM-V (2014), para ser caracterizado com desatenção e/ou hiperatividade e impulsividade, o indivíduo tem que se enquadrar em seis ou mais sintomas persistentes por seis meses, de modo que esses sintomas se mostrem prejudiciais às atividades que ele exerce no dia a dia.

Os sintomas do TDAH/TDA podem ter impacto significativo na vida diária de uma pessoa. Uma das principais áreas afetadas é a capacidade de se concentrar em tarefas escolares ou tarefas de trabalho, planejamento e organização. As pessoas com TDAH podem ter dificuldade de manter o foco em uma atividade por um período prolongado e podem se distrair facilmente, o que afeta a capacidade de completar tarefas e alcançar metas. Entretanto, alguns dos casos de TDAH/TDA podem não ter prejuízos significativos na vida acadêmica.

A avaliação neuropsicológica

A neuropsicologia – ciência que estuda as habilidades cognitivas e comunicativas e sua relação com o comportamento e com o funcionamento cerebral (REPPOLD *et al.*, 2017) –, relaciona-se também a outras áreas afins tanto da saúde quanto da educação. Para compreender o desenvolvimento do funcionamento cognitivo em condições normais ou em disfunções neurológicas, ela utiliza de métodos clínico-experimentais de observação e de mensuração do comportamento humano. Por meio da avaliação neuropsicológica, ela investiga funções cognitivas como atenção, percepção, memória, linguagem, habilidades aritméticas entre outras, e contribui para o diagnóstico, o prognóstico e o planejamento de um programa de reabilitação. Portanto, busca dimensionar potencialidades e limitações que podem refletir, por exemplo, no aprendizado de crianças.

A primeira delas – a memória de trabalho – se refere à capacidade de manter um item de informação na mente na ausência de pistas externas para tal, e de usar essa informação para dirigir uma resposta iminente. A segunda é a autorregulação do afeto, que se refere à separação da carga emocional do conteúdo de um evento, proporcionando o planejamento do controle do comportamento motor. A terceira função é a internalização do discurso, a qual permite, durante o adiamento do processo decisório da resposta, que o sujeito converse consigo mesmo para gerar instruções autodirigidas fundamentais para o autocontrole. A quarta é a função executiva relacionada ao controle inibitório. Por intermédio dela, realiza-se a análise e a síntese de mensagens e eventos que facilitam o processamento da informação.

A avaliação neuropsicológica, por ter embasamento nos fundamentos da neurologia, possibilita uma análise interpretativa que difere da avaliação psicológica comum. Dessa forma, pode-se dizer que as informações qualitativas possuem maior grau de precisão (REPPOLD *et al.*, 2017).

A abordagem da avaliação neuropsicológica tem o objetivo de contribuir para a elaboração de diagnósticos cada vez mais assertivos e precoces. Por meio dela, pode-se analisar, com a observação das expressões comportamentais, a presença e o grau de disfunções cognitivas, correlacionando-as às disfunções cerebrais, além de excluir possíveis relações com outros transtornos.

Andrade, Vellasco e Ribeiro (2021) analisaram o impacto dos sintomas do TDAH na interação social, na regulação do humor e na adaptação social. Observou-se que o déficit no controle cognitivo e no sistema de recompensas é um dos principais prejuízos para crianças com TDAH, atingindo o comportamento delas a partir da dificuldade de regular suas emoções e frustrações.

Os prejuízos cognitivos no TDAH nem sempre se referem a um Q.I. reduzido. Alguns casos apresentam Q.I. abaixo da média, mas, na maioria deles, o Q.I. está na média; em outros, encontra-se acima da média. Sendo assim, a inteligência não é um parâmetro na investigação do TDAH, e sim as discrepâncias das funções neuropsicológicas.

Por meio da avaliação neuropsicológica é possível levantar dados com visão comparativa de situações observadas em diversos casos. Os testes utilizados precisam ser administrados de maneira cautelosa sempre levando em conta o histórico do paciente (SEGAMARCHI, 2018).

Considerando a heterogeneidade do TDAH, a avaliação neuropsicológica tem um papel fundamental na caracterização dos pacientes que apresentam o transtorno, permitindo estabelecer pontos fortes e fracos no funcionamento cognitivo. O processo de avaliação neuropsicológica, somado à avaliação clínica, pode ter um papel imprescindível na determinação e no desenvolvimento de alvos de tratamento e monitoramento do progresso do paciente (CANADIAN ATTENTION DEFICIT HYPERACTIVITY DISORDER RESOURCE ALLIANCE, 2011; STEFANATOS; BARON, 2007).

Os testes neuropsicológicos são de grande contribuição para auxiliar no diagnóstico do transtorno e para planejar o melhor tratamento, pois, por meio deles, "é possível identificar áreas cerebrais que estão envolvidas e acabam refletindo no funcionamento cognitivo e na conduta do indivíduo" (LOPES *et al.*, 2012, p. 131).

O TDAH pode persistir na idade adulta, estando associado, em alguns casos, à depressão, transtornos de humor ou conduta e abuso de substâncias. Adultos com TDAH geralmente apresentam algumas dificuldades na vida profissional, familiar e social relacionadas aos sintomas do transtorno.

TDAH e o papel do educador/pedagogo

O diagnóstico e o tratamento da criança com TDAH deverão ser feitos de modo multidisciplinar. Para que seja correto e adequado, o diagnóstico depende da avaliação médica, neuropsicológica, psicopedagógica e pedagógica, isso é, da equipe multidisciplinar, na qual cada um utilizará seus métodos e instrumentos de avaliação, como questionários, entrevistas estruturadas, testes de medição de resultados e observação.

Segundo Rohde e Benczik (1999), a hiperatividade se apresenta como um problema de saúde mental que tem três características básicas: a distração, a agitação e a impulsividade. Esse transtorno pode levar a dificuldades emocionais, de relacionamento familiar e de desempenho escolar.

Dessa maneira, por se fazer tão presente na vida de muitos estudantes, entende-se a necessidade de debater constantemente esse tema na educação. É importante identificar os sintomas para ajudá-los a ter uma maior compreensão e aprendizado. Apenas uma proposta de intervenção pedagógica que leve em consideração as diferenças que estudantes com TDAH têm pode ajudar na inclusão e na antecipação de problemas sociais, emocionais e psicológicos que, com certeza, afetam o processo de ensino-aprendizagem.

Para que se tenha êxito com o estudante que tem TDAH e com os demais, é imprescindível que a escola e o professor, assim como os pais, estejam comprometidos em proporcionar o melhor para esse estudante, vendo-o não apenas como um objeto de trabalho, mas como um indivíduo desafiador e capaz de grandes potencialidades.

Algumas sugestões são indicadas por Seno (2010, p.3) visando reduzir ou evitar comportamentos indesejáveis que possam vir a prejudicar o processo pedagógico: colocar o aluno na primeira carteira e distante da porta ou janela; oferecer ao aluno uma rotina diária; propor atividades pouco extensas; intercalar momentos de explicação com exercícios práticos; utilizar estratégias atrativas; explicar detalhadamente a proposta.

No âmbito escolar, o pedagogo deve sempre ter olhar e escuta atentos, pois assim poderá contribuir e incluir os alunos com TDAH. As atividades e recursos diferenciados já propostos de acordo com o Projeto de Lei 2630/21 são fundamentais para um bom desempenho acadêmico desses alunos.

Referências

BORGES, R. F.; REIS, F. F. dos S. *Avaliação neuropsicológica do autista*. Disponível em: <http://repositorio.aee.edu.br/bitstream/aee/1156/1/AVALIA%C3%87%C3%83O%20NEUROPSICOL%C3%93GICA%20DO%20AUTISTA%20.pdf>. Acesso em: 17 maio de 2020.

FUENTES, D. et al. *Neuropsicologia: teoria e prática*. 2 ed. Porto Alegre: Artmed, 2014.

MALLOY-DINIZ, L. F. et al. *Neuropsicologia: aplicações clínicas*. Porto Alegre: Artmed, 2016.

PEBMED. *Autismo: veja os critérios diagnósticos do DSM-V.* Disponível em: <https://pebmed.com.br/autismo-veja-os-criterios-diagnosticos-do-dsm-v/>. Acesso em: 17 maio de 2020.

REPPOLD, C. T. *et al. Análise dos manuais psicológicos aprovados pelo SATEPSI para avaliação de crianças e adolescentes no Brasil.* Disponível em: <redalyc.org/pdf/3350/335051347004.pdf>. Acesso em: 05 mar. de 2020.

24

SOFRIMENTO TARDIO
ADULTOS NÃO DIAGNOSTICADOS COM O TRANSTORNO DE DÉFICIT DE ATENÇÃO E HIPERATIVIDADE

Neste capítulo, muitas pessoas vão compreender o árduo caminho da infância, adolescência e fase adulta com tantos rótulos, dificuldades na vida escolar, afetiva e financeira devido a um transtorno que não era falado até poucos anos atrás. Seja bem-vindo à descoberta de autoconhecimento e valorização de quem você realmente é e não de como o/a taxaram um dia.

Priscila Viana Kich

Contatos
prikich@gmail.com
Instagram: psicopriscilakich

Psicóloga graduada pela Universidade Regional Integrada e das Missões – URI – campus de Erechim (RS), mestre em Psicologia Forense - Universidade Tuiuti do Paraná; doutoranda em Psicologia UCES (Argentina); especialista em Terapia Cognitivo-comportamental pela Unileya; educadora e orientadora parental com certificação internacional pelo Instituto Eduque Bem; graduada em Gestão de Pessoas pela Uniasselvi; capacitação em Análise do Comportamento Aplicada.

A atenção é a mais importante de todas as faculdades para o desenvolvimento da inteligência humana.
CHARLES DARWIN

Não poderia começar este capítulo sem antes descrever um pouquinho da minha trajetória até aqui e o porquê sou fascinada por essa temática: o TDAH em adultos. Estudos descrevem muito sobre a infância, pois é nela que deveria ser iniciada a investigação e o tratamento das terapias, sejam elas medicamentosas (Psiquiatra e Neurologista), com a abordagem da terapia cognitivo-comportamental com a qual eu trabalho, auxiliando o paciente na organização e modificação de comportamento na vida diária.

Antes de dar segmento à temática, achei importante escrever uma pequena autobiografia para que as pessoas pudessem se identificar com o TDAH (sigla de Transtorno do Déficit de Atenção com Hiperatividade).

O transtorno de déficit de atenção com hiperatividade (TDAH) é uma síndrome complexa, tanto na ausência de um tratamento em sua expressão, idade de início do transtorno, heterogeneidade na disfunção observada, gravidade e recuperação flutuante quanto na ausência para curá-la. E devido a essas complexidades, é extremamente compreensível que a família-escola tenha dificuldade em lidar com o TDAH na infância. E o mais importante neste capítulo é que pessoas que não tiveram o transtorno com gravidade na infância podem apresentar maior dificuldade na fase adulta, que é sobre o que falarei aqui.

Sempre fui uma garotinha muito esperta, mas... Esse "mas" foi um verdadeiro infortúnio na minha vida. Já traçava sintomas desde a primeira série na qual eu apresentava muita dificuldade na aprendizagem (principalmente com os números). Quando estava na terceira série, comecei a compensar as dificuldades, e o processo de aprendizagem tornou-se maçante, pois já era perceptível que por exemplo a matemática não fazia sentido algum na minha cabeça. A vida impôs vários desafios na época, principalmente para meus pais, porque eu não tinha diagnóstico (naquela época, não se falava em TDAH), havia uma busca desesperada para as minhas dificuldades, e em meio a tantos profissionais despreparados assim como eles, naquela angústia o jeito era fazer o que achavam que era certo. E somente hoje com o conhecimento obtido percebemos juntos quanto tempo foi desperdiçado com meu sofrimento escolar. Na busca por soluções a "famosa" tabuada era estudada de forma repetitiva e muitas vezes gravada (lembram daquele aparelho de som amarelo e vermelho que tinha um microfone, que era para gravar músicas). Exatamente o que você pensou! Era surreal! Mas este brinquedo foi um pouco traumatizante na minha vida, pois a função de ter boas lembranças dele cantando e fazendo o que era realmente para ser utilizado como uma diversão, foi inversa. Meu pai que, na época era gerente de um banco (ótimo em números), tomava a minha tabuada gravando na fita cassete e no microfone. Para melhorar, eu tinha que escutar e perceber onde errei. Obviamente que eu errava tudo, devido à ansiedade que aquilo me causava.

As paredes do meu quarto não eram forradas de desenhos, e sim de fórmulas de matemática, física e química. Uma tragédia! Sem esquecer a minha falta de credibilidade porque perdia praticamente tudo. O que eu mais escutava da minha mãe "não esquece a cabeça porque está grudada".

Os anos foram passando e a graduação chegou, eu escolhi a Psicologia. Passei logo no primeiro vestibular, confesso que estudei muito, até porque a minha forma de estudo era muito trabalhosa (nosso cérebro trabalha, basicamente, com três tipos de memória: a visual, a auditiva e a sinestésica). O ideal é que um mesmo conteúdo de estudo seja abordado nessas três formas para facilitar o processo de memorização do estudante. No meu caso, necessitava da leitura e, concomitantemente, sublinhava, usava canetinhas coloridas, canetas comuns e fazia resumo. Demorava, mas o importante é que foi meu método de aprendizagem (isso não quer dizer que você tenha TDAH). São maneiras e métodos diferentes de estudo, conforme descrito acima.

Na universidade, eu ia muito bem nas disciplinas, mas demorava dias e muitas horas para estudar tudo o que tinha que sublinhar, escrever, rabiscar, passar canetinhas de várias cores, e, muitas vezes, com a ansiedade a mil, vinha o famoso "branco".

O que me deixava superconfortável era a apresentação dos trabalhos. Minhas colegas o faziam (trabalho em grupo era algo tortuoso; estar com várias pessoas lendo os textos e definindo o que seria entregue na disciplina, o que era desfavorável no meu contexto por eu já ter meu método de estudo que era diferente daquele utilizado pelos colegas). Eu acabava ficando com a parte da apresentação oral, pois realmente me saia perfeitamente bem e tirava ótimas notas porque, antes da apresentação, eu tinha meu momento de preparação sozinha, o que era muito funcional.

Na fase adulta (já com a Titulação de Mestre em Psicologia), realizei minha primeira consulta com uma médica neurologista. Nesse dia, minha mãe, que estava na cidade em que morava, me acompanhou na consulta e percebeu que todo meu sofrimento poderia ter sido evitado se fosse diagnosticado meu problema na infância.

Hoje, como psicóloga, tenho facilidade para identificar, logo nas primeiras sessões de terapia, os sintomas de TDAH, os quais são comprovados com o auxílio de testagens e escalas de rastreio.

Pessoas que têm o Transtorno de Déficit de Atenção e são adultos, possivelmente, apresentam outras comorbidades que se acoplam com o TDAH, Como: autoestima baixa, dificuldade em manter um relacionamento afetivo e social, uso de drogas, depressão, bipolaridade, crises do pânico, ansiedade, insônia, transtornos alimentares, transtorno do espectro autista, entre tantos outros.

O TDAH é uma doença do neurodesenvolvimento caracterizada por sintomas centrais de desatenção, como distração e dificuldade de concentração, além de hiperatividade e impulsividade, como é caracterizada na quinta edição do Manual Diagnóstico e Estatístico de Transtornos Mentais (DSM-V) (AMERICAN PSYCHIATRIC ASSOCIATION, 2013).

De acordo com Mattos *et al.* (2013), a forma adulta do TDAH – anteriormente chamado de "tipo residual" – foi oficialmente reconhecida pela Associação Americana de Psiquiatria em 1980, na terceira edição do DSM, introduzida como uma condição clínica presente na vida adulta, embora, até a quarta edição, ainda fosse classificada como transtorno na infância (SPITZER; MD; WILLIAMS, 1980).

Para Todd (2000), o risco da recorrência do TDAH entre pais e irmãos é cerca de cinco vezes maior do que na população geral. A agregação familiar compartilha uma proporção maior de informações genéticas e exposições ambientais do que os indivíduos escolhidos ao acaso na população. Quanto mais próximo o parentesco entre dois indivíduos de uma família, mais alelos eles têm em comum, herdados dos seus antepassados. O que aumenta a probabilidade de manifestação da doença (CIRCUNVIS *et al.*, 2017).

O adulto não diagnosticado com TDAH sofre várias retaliações durante toda a vida, principalmente quando afeta a vida psíquica desse indivíduo, o que é normalmente esperado. Pesquisas científicas demonstram que a abordagem cognitivo-comportamental, em conjunto com tratamento psiquiátrico ou neurológico é extremamente favorável para que o paciente tenha uma vida mais saudável e feliz.

O tratamento é baseado em várias formas para que o paciente possa encontrar, em sua essência, o que lhe favorece e isso é extremamente individual. Muitas crianças e adultos, como eu, não necessitam fazer o uso de medicação. Por isso não se tem uma receita pronta para todas as pessoas, já que o que acomete alguns, pode não ser o mesmo para o outro. Nunca esqueça que "somos seres únicos". Fuja de receita milagrosas e prontas, não funcionam a longo prazo.

O importante é o autoconhecimento, trabalhar potencialidades, conhecer possibilidades e uso de manejos que possam auxiliar no dia a dia, e manter-se em um tratamento a longo prazo. Afinal, não é de hoje que você apresenta características de abandono de atividades, não é mesmo?

Atualmente, sou doutoranda em Psicologia, realizo atendimentos em uma clínica multiprofissional em Balneário Camboriú/SC, com atendimentos de adultos e crianças. Com minha vasta experiência na Psicologia, e por meio do conhecimento científico e prático, o desafio do diagnóstico e tratamento torna-se mais visível e prático. Logo nos primeiros sinais e sintomas, consigo detectar, juntamente com escalas de rastreio, o diagnóstico e tratamento do TDAH, muitas vezes devolvendo para os adultos novas formas de estruturação pessoal, profissional e acadêmica. E na criança as oportunidades de ter uma infância com mais compreensão e sucesso na vida escolar, social e com sua família.

Referências

AMERICAN PSYCHIATRIC ASSOCIATION. *Manual diagnóstico e estatístico de transtornos mentais: DSM-5*. 5. ed. Porto Alegre: Artmed, 2014.

CIRCUNVIS, B. C. *et al.* Componentes bióticos e genéticos relacionados ao TDAH: revisão de literatura. *Biosaúde*, Londrina, v. 19, n. 2, 2017. Disponível em: <http://www.uel.br/revistas/uel/index.php/biosaude/article/view/31056>. Acesso em: 21 out. de 2020.

MATTOS, P. et al. A multicenter, open-label trial to evaluate the quality of life in adults with ADHD treated with long-acting methylphenidate (OROS MPH): Concerta Quality of Life (CONQoL) study. *Journal of Attention Disorders*, [s. l.],v. 17, n. 5, pp. 444-448, July, 2013. Disponível em: <https://journals.sagepub.com/doi/10.1177/1087054711434772>. Acesso em: 19 ago. de 2020.

SPITZER, R. L.; MD, K. K.; WILLIAMS, J. B. W. *Diagnostic and statistical manual of mental disorders.* 3. ed. Washington: American Psychiatric Association, 1980. Disponível em: <https://repository.poltekkes-kaltim.ac.id/657/1/Diagnostic%20and%20statistical%20manual%20of%20mental%20disorders%20_%20DSM-5%20(%20PDFDrive.com%20).pdf>. Acesso em: 08 ago. de 2020.

TODD, R. D. Genetics of attention déficit/hyperactivity disorder: are we ready for molecular genetic studies? *American Journal of Medical Genetics*, [s. l.], v. 96, n. 3, pp. 241-243, 2000. Disponível em: <https://onlinelibrary.wiley.com/doi/abs/10.1002/10968628(20000612)96:3%3C241::AID-AJMG1%3E3.0.CO;2-R>. Acesso em: 15 nov. de 2020.

25

HIPNOSE NO TRATAMENTO DO TDAH

Caro leitor, neste capítulo, você será apresentado a uma das ferramentas mais pesquisadas por cientistas do mundo todo para o tratamento do TDAH. Nas próximas páginas, você conhecerá os benefícios da hipnose clínica dentro do processo terapêutico, também conhecida como Hipnoterapia Clínica, e como os avanços da neurociência corroboram, cada vez mais, com os resultados alcançados.

RAFAEL PEIXOTO

Rafael Peixoto

Contatos
www.rafapeixoto.com.br
rafapeixotomentor@gmail.com
Instagram: rafaelpeixotooficial
21 98198 3931

Terapeuta clínico especializado no tratamento de doenças psicossomáticas, ou seja, sintomas físicos ou mentais provocados por aprendizados emocionais que impactam a qualidade de vida do indivíduo. Atualmente, Rafael vive na cidade de Petrópolis, região serrana do estado do Rio de Janeiro, onde recebeu o prêmio *Terapeuta Clínico do Ano* (2022) pela qualidade dos seus atendimentos com o seu método chamado Terapia Breve. Hoje, além de clinicar, realiza palestras e treinamentos para empresas de vários tamanhos e setores, levando os avanços da neurociência para o mundo corporativo, mostrando como é possível tornar uma empresa mais produtiva e próspera pelo desenvolvimento centrado na mente de seus colaboradores. Considerado um exímio TDAH, Rafael sabe que o transtorno pode trazer malefícios e benefícios, sendo assim, faz uso dos seus fortes traços de hiperfoco e comunicação para traduzir o difícil em fácil e levar conteúdo científico para sua audiência, seja por atendimento no seu consultório em Petrópolis, nas redes sociais e em seu programa de TV, *A mente que aprende*, transmitido pela emissora local, TV Petrópolis.

Felicidade! Caminho ou linha de chegada? Podemos dizer que nós, seres humanos, somos os únicos animais no planeta Terra dotados de uma capacidade diferenciada de perceber o mundo; de planejar e executar ações pelo raciocínio lógico a fim de alcançar um estilo de vida mais compatível com as nossas expectativas.

Dotados de um cérebro que possui uma imensa complexidade, quando comparado com outras espécies menos desenvolvidas, o ser humano é uma máquina biológica capaz de se adaptar ao meio e, ao mesmo tempo, mudar o ambiente para que seja mais favorável à sua sobrevivência e reprodução. O objetivo biológico sempre esteve voltado para a sobrevivência e a continuidade à espécie.

Sem dúvida, a mente humana é o resultado de uma complexa circuitaria cerebral, está longe de ser totalmente compreendida, muito menos imitada pelos mais modernos sistemas de IA - Inteligência Artificial.

Se observarmos a nossa história evolutiva, mesmo sob o viés de uma seleção natural da espécie, é possível notar que de fato assumimos o papel de pioneiros e protagonistas na construção de uma realidade mais adaptada aos nossos interesses biológicos de sobrevivência e reprodução.

TDAH

Cada vez mais, cientistas do mundo todo despendem seu precioso tempo e energia para pesquisas que resultem num tratamento efetivo para indivíduos com transtorno de déficit de atenção e hiperatividade (TDAH).

Hoje, observamos um grande avanço na medicina; no entanto, é possível enxergar que, apesar dos esforços, a indústria farmacêutica ainda oferece opções paliativas e não uma solução de fato. Sem contar os efeitos colaterais em muitas medicações, trazendo um desconforto, muitas vezes, maior do que os próprios reflexos naturais do transtorno.

Quando observamos os tratamentos psicoterapêuticos, percebemos que as coisas caminham mais devagar. Apesar dos avanços da neurociência com suas novas descobertas, ainda existe uma baixa e lenta aceitação no conservador mundo da psicoterapia clínica.

Sendo assim, trago aqui um dos meus principais objetos de estudo: a hipnose aplicada ao mundo da terapia clínica.

Nas próximas páginas, você será apresentado ao mundo da mente humana e como é possível potencializar os resultados do tratamento do TDAH pela Terapia Breve, que faz uso do que há de mais atual e moderno nos campos da terapia clínica, hipnose e neurociência.

Hipnose

Você sabia que nos tempos do antigo Egito havia um lugar chamado de Templo do Sono, onde os sacerdotes, considerados representantes dos Deuses, recebiam pessoas que chegavam cheias de expectativas de cura? O que ainda não comentei é que havia uma grande parcela que, de fato, alcançava o seu intento.

Trago essa parte da história para que você reflita sobre quão antiga é a concepção de "cura" pela expectativa do indivíduo.

Hoje, sob o olhar da ciência, podemos dizer que tudo não passava de um efeito placebo; produzido, pela sugestão do sacerdote, sobre o indivíduo que chegava buscando ajuda.

O propósito deste capítulo não é passar por todos os aspectos da evolução da hipnose, até porque daria para escrever um livro inteiro só sobre esse assunto. No entanto, irei mostrar como a Terapia Breve, que faz uso da hipnose, vem ganhando relevância no mundo científico, transformando-se em uma importante aliada no tratamento de pessoas que possuem o TDAH.

Legislação e diretrizes

Para começar, ressalto o reconhecimento da hipnose no Brasil e no Mundo. Nos EUA, a hipnose clínica é regulamentada há mais de 30 anos. No Brasil, temos uma aceitação cada vez mais ampla, principalmente quando nos referimos às principais instituições reguladoras:

- Em 1999, o Conselho Federal de Medicina (CFM) foi a primeira entidade que aceitou e recomendou a utilização da hipnoterapia.
- No ano seguinte, foi a vez do Conselho Federal de Psicologia (CFP) reconhecer e autorizar seu uso por meio da publicação da Portaria 013/2000.

- Em 2008, chegou a vez do Conselho Federal de Odontologia (CFO).
- Por último, tivemos o Conselho Federal de Fisioterapia e Terapia Ocupacional (COFFITO), em 2010.

Reflexo de todo o avanço científico e compreensão do seu potencial, em 2018, o Ministério da Saúde acrescentou à Política Nacional de Práticas Integrativas e Complementares (PNPIC) o uso da hipnoterapia no Sistema Único de Saúde (SUS).

O cérebro humano

O cérebro humano, com cerca de 86 bilhões de neurônios, é uma estrutura que pesa entre 1,2kg e 1,6kg, ou seja, cerca de 2% do nosso peso corporal. Sua composição pode variar entre 74% e 77% de pura água e seu gasto energético gira em torno de 25% de tudo aquilo que é consumido e metabolizado em nosso organismo.

De forma simplista, mas para efeitos didáticos, podemos fazer uma breve analogia do cérebro com um computador.

Toda a sua parte física poderia representar o hardware da máquina, enquanto a mente humana seria o sistema operacional, ou seja, subproduto de todo complexo processamento cerebral. Os pensamentos e sentimentos seriam os aplicativos que são executados sob a gestão do sistema operacional.

Até certo tempo, cientistas acreditavam que o cérebro era setorizado com funções bem específicas e isoladas, ou seja, não havia uma relação de dependência tão forte.

Hoje, já é consenso no mundo científico que o cérebro funciona bem parecido com uma grande empresa: apesar de ter áreas especializadas em determinadas funções, todas são interdependentes para o funcionamento do todo.

A mente humana

Estudos recentes dividem, conceitualmente, a mente humana em duas partes, mente consciente e mente inconsciente.

De acordo com as últimas descobertas, diferente do conceito no passado, em que aprendíamos que o ser humano é um ser racional, nos tempos atuais, isso mudou.

Hoje, após muitas pesquisas no meio científico, descobriu-se que a mente consciente tem uma representação de apenas 5 a 10% em nossa mente; e essa pequena fatia faz menção ao nosso EU, nossa identidade enquanto *homo sapiens*. Podemos dizer que ela é responsável por tudo que é controlado por nós, como os movimentos voluntários, reflexões, tomada de decisões, previsões e planejamento futuro.

Por outro lado, temos a mente inconsciente, também conhecida como subconsciente, que representa nossa parte mais primitiva do ser. Totalmente automática e de cunho emocional, compondo cerca de 90 a 95% do nosso aparelho psíquico e, na maioria das vezes, não conseguimos ter controle sobre ela, pois já vem com certas configurações de fábrica, ou seja, funções transcritas no próprio DNA.

Ao longo do tempo, a mente inconsciente vai acumulando todas as nossas experiências e acaba influenciando as nossas decisões no dia a dia, o que na maioria das vezes nem percebemos.

Em tempo, reitero que essas duas mentes representam um conjunto de fenômenos naturais que constituem a subjetividade do indivíduo.

Hipnoterapia clínica

Para tornar o entendimento mais palatável e fluido, vamos imaginar que a mente subconsciente é um grande lago e a sua borda seria a nossa mente consciente.

É na borda que raciocinamos e tentamos analisar a origem e razão dos nossos sentimentos, mas somente quando mergulhamos no lago é que vamos identificar, compreender e alterar os nossos estímulos mais internos.

Imagine que nesse lago existe um cardume de peixes que, de forma metafórica, podemos considerá-lo como memórias que vivem no lago da inconsciência. Sendo assim, temos memórias positivas, negativas e neutras. Vale lembrar que, quanto maior o cardume, mais carga emocional ele possui.

O principal papel do terapeuta é encontrar os peixes que afetam negativamente a vida do indivíduo e, eventualmente, são os maiores. Esses, de fato, influenciam significativamente como esse lago de emoções se comporta; logo, reflete diretamente nos pensamentos, sentimentos e comportamentos do dono do lago (você).

Durante o processo terapêutico, a hipnose pode ser comparada a um traje de mergulho que permite ao hipnoterapeuta entrar no lago do inconsciente e encontrar os peixes tóxicos, para, então, mudar a sua valência de negativa para positiva ou neutra. Gosto de lembrar que é impossível eliminar ou retirar um peixe do lago, ou seja, ainda não conhecemos uma maneira de apagar memórias pela terapia.

Quando observamos os sintomas do TDAH, a Terapia Breve, com o auxílio da hipnose, traz muitos benefícios, como:

- Aumenta o foco e a atenção, consequentemente melhorando os hábitos de estudo e aprendizado.
- Traz maior senso de controle sobre as ações, pensamentos e escolhas. Um dos resultados notáveis é a redução ou eliminação da procrastinação.
- Pode representar um aumento da autoestima, quase sempre compreendida pelos sentimentos de fracassos e frustração provenientes das dificuldades de lidar com situações rotineiras.
- Atenua o desconforto, proporcionando maior sensação de controle e bem-estar.
- Os efeitos da hipnose na melhora do sono são bem documentados e testados no mundo científico; sendo assim, como a memória está relacionada ao sono, podemos ter uma melhora significativa nesta área.
- Quando nos sentimos ansiosos ou estressados, a nossa mente primitiva (subconsciente) assume o controle; sendo assim, a Terapia Breve, com o auxílio da hipnose, pode gerar uma significativa redução ou extinção dos sintomas que podem ter sido gerados ou agravados devido aos traumas de infância.
- O processo não requer medicamento e, também, não apresenta efeitos colaterais indesejados.
- O tratamento vai direto ao encontro da causa raiz, logo, pode ser utilizado em casos de comorbidades, nos quais o paciente apresenta outros transtornos de origem psicossomática, que trazem ainda mais prejuízos para o indivíduo.
- As crianças respondem muito mais rápido às sugestões hipnóticas, sendo assim, o tratamento traz resultados mais acelerados.

Conclusão

A área científica vem se dedicando cada vez mais em trazer novas opções de tratamento para indivíduos com TDAH, e, sem dúvida, a evolução tecnológica será uma grande aliada nesse contexto.

Infelizmente, ainda vemos muitas crianças que são consideradas péssimas no aprendizado e o TDAH sendo visto como o grande vilão. Na verdade, minha percepção é que uma grande parcela de profissionais da área da educação e saúde se sente perdido frente aos alunos com o transtorno.

Na área da saúde, em pleno século XXI, é comum encontrar médicos com informações desencontradas e infundadas. Isso tudo só provoca uma reação de afastamento dos pais com relação a levar os filhos na busca de um especialista.

Já na área da educação, é comum ver professores com o ego nas alturas sobre as suas capacidades, mas com conhecimento raso e superficial sobre o transtorno; prejudicando, assim, aquela criança que, muitas vezes, é rotulada como incompetente, burra etc. Prefiro acreditar que o déficit no aprendizado dessa criança está comprometido devido a falta de preparação do professor, na sua didática ultrapassada e na falta de humanização com o futuro da nossa nação, as crianças.

Numa sociedade que cada vez mais rotula os indivíduos, criando assim uma sentença psicológica, prefiro acreditar que nós, pessoas com TDAH, somos um grupo de indivíduos normais e que possuímos características distintas de funcionamento. Sendo assim, quanto mais entendermos a nossa mente, maior será a chance de extrair o máximo do nosso potencial, independentemente do rótulo que for dado.

Referências

BRITES, C. *Como lidar com mentes a mil por hora*. São Paulo: Gente, 2021.

CALHOUN, G. Jr.; BOLTON, J. A. Hypnotherapy: a possible alternative for treating pupils affected with attention deficit disorder. *National Library of Medicine*. Disponível em: <https://pubmed.ncbi.nlm.nih.gov/3808893/>. Acesso em: 03 maio de 2023.

GARCIA, T. *Hipnose e neurociência: explore o poder da sua mente*. Rio de Janeiro: Wak, 2021.

HERY-NIAUSSAT, C. *et al*. Therapeutic hypnosis in a child with a written language disorder. *The American journal of clinical hypnosis*. vol. 65, 4 (2023): 269-280. doi:10.1080/00029157.2022.2108746.

IVO, P. *A neurociência da hipnose*. São Paulo: Haikai, 2021.

ROHDE, L. A. *et al*. *Guia para compreensão e manejo do TDAH da World Federation of ADHD*. São Paulo: Artmed, 2019.

THIBAULT, R. T. *et al*. Treating ADHD With Suggestion: Neurofeedback and Placebo Therapeutics. J*ournal of attention disorders* vol. 22,8 (2018): 707-711. doi:10.1177/1087054718770012.

TRIPP, G.; WICKENS, J. R. Neurobiology of ADHD. *Neuropharmacology* vol. 57,7-8 (2009): 579-89. doi:10.1016/j.neuropharm.2009.07.026.

26

MAS, AFINAL, O QUE SÃO ÓLEOS ESSENCIAIS?

Os óleos essenciais são utilizados há milênios. Atualmente, há uma infinidade de estudos científicos sobre seus benefícios para a saúde física, mental e emocional, ou seja, eles vão muito além de apenas um aroma agradável. Seu uso é simples e seguro, desde que respeitadas as regras básicas de segurança e o bom senso. Óleos essenciais são compostos aromáticos voláteis concentrados produzidos pelas plantas. É um princípio ativo natural que pode ser extraído das flores, raízes, folhas, caules, troncos e frutas de uma planta. São entre 50 a 70 vezes mais poderosos do que as ervas, e são mecanismos de defesa natural para plantas e células. São altamente concentrados, seguros, eficazes e acessíveis. São uma alternativa para muitos remédios sintéticos e produtos diários que usamos.

Raquel Barros

Contatos
oilsvibes@gmail.com
Instagram: @raquelbvibes
+1 954 531 2262

Formada em *Graphic Design*, Raquel Barros se apaixonou pela arte da aromaterapia e hoje é aromaterapeuta, especialista em óleos essenciais, especialista em psicoaromaterapia e certificada pela Aromatouch Technique. Atua há mais de cinco anos em aromaterapia nos Estados Unidos, Brasil e Europa. Vive nos Estados Unidos há 20 anos, onde trabalha levando saúde e bem-estar para milhares de famílias ao redor do mundo. Atualmente, ministra palestras, *workshops* e educa mães por todo mundo em como os óleos essenciais podem ser de grande beneficio para a rotina de um TDAH. Sua visão é de transformar vidas trazendo o conhecimento de como uma simples gota em sua mão pode intencional e verdadeiramente mudar a sua vida.

Óleos essenciais e o TDAH

Em todas as coisas da natureza existe algo de maravilhoso.
ARISTÓTELES

Os óleos essenciais estão se tornando uma alternativa cada vez mais usada para tratar crianças e indivíduos com TDAH, mantendo a nitidez mental e o foco. Os óleos essenciais permitem que a mente reaja positivamente e faça uma reconexão com seu ambiente presente. Além disso, eles ancoram e trazem o equilíbrio do corpo, mente e o espírito com a realidade, ao mesmo tempo que estimulam a energia positiva em tempos de inquietação, desconforto e impulsividade. São uma alternativa ideal para crianças com TDAH que têm dificuldade em engolir comprimidos. Por fim, eles podem ajudar um indivíduo com TDAH a permanecer na tarefa por mais tempo, liberar emoções negativas e promover pensamentos mais elevados de autoestima.

Embora as pesquisas sobre a aromaterapia para o transtorno de TDAH sejam novas, é possível perceber que os óleos essenciais já fazem toda a diferença na rotina de um TDAH, aliviando os sintomas.

Vale a pena lembrar que óleo essencial não é uma essência sintética, entenda que não é qualquer cheiro que irá afetar o seu comportamento positivamente. Todas as citações de óleos essenciais, neste capítulo, são referentes a óleos essenciais com certificado de CPTG (certificado de pureza testada e garantida). O grau terapêutico e de pureza dos óleos essenciais é muito importante na sua eficácia.

Os óleos essenciais têm uma influência muito positiva quando pensamos em questões emocionais que desejamos tratar. Quando inalamos o óleo essencial – seja direto da garrafinha, em um difusor ou em um colar difusor pessoal

–, suas moléculas ultrapassam a barreira hematoencefálica (BHE), chegando nas estruturas celebrais que realmente precisam desse estímulo químico. Sua ação pode mobilizar e estimular a concentração e o foco, influenciar uma mudança de comportamento, diminuindo episódios de impulsividade ou agitação. Essa terapêutica faz dos óleos essenciais uma alternativa muito especial, porque apenas 2% dos medicamentos têm essa capacidade de atravessar a barreira hematoencefálica, trazendo um real benefício para o hipocampo e para a amígdala no caso do TDAH, no qual estudos já comprovaram uma diferença de estrutura e tamanho.

Sendo assim, o óleo essencial não é somente um achismo ou necessita que se "acredite nele", como ouço muitas pessoas dizerem. É uma ciência pura. Cada óleo essencial indicado para o TDAH trabalhará de forma específica e eficaz.

Os métodos de aplicação utilizados são tópicos e aromáticos.

Método tópico

A aplicação tópica consiste em colocar os óleos essenciais em contato com a pele para absorção.

Pode ser feita pela água, em banhos terapêuticos, escalda-pés, *sprays*; ou podem ser diluídos em óleos vegetais carreadores – óleos utilizados para diluir os óleos essenciais, já que alguns podem causar irritação, uma vez que são altamente concentrados –, como óleo de coco fracionado, amêndoas ou outro óleo vegetal puro e prensado a frio.

Uma regra prática para crianças é de 1 a 2 gotas de óleo essencial diluído em 1/2 colher de sopa de óleo carreador (para crianças mais novas, utilizar maior diluição). Para adultos e adolescentes, a diluição pode ser feita de 1x1, ou seja, 1 parte de óleo essencial para 1 parte de óleo carreador.

A aplicação pode ser feita em toda a coluna vertebral, triângulo suboccipital, nas orelhas, no peito ou nos dedões dos pés, dependendo do óleo essencial.

Método aromático

O método aromático consiste em difundir o aroma do óleo essencial.

Pode ser feito de várias formas: por meio do difusor, que deve ser próprio para óleos essenciais, ultrassônico e sem filtro; por meio da inalação consciente nas mãos em formato de concha; em inalador pessoal, que contenha pedaços de feltro ou algodão ou direto da garrafinha do óleo essencial.

Nota nutricional: é recomendada também a suplementação de ácido graxo Omega-3 para o funcionamento adequado da células cerebrais, o que influencia na cognição e no humor.

Testes médicos para verificar deficiências de minerais, como zinco, magnésio e ferro, também são recomendados.

Nosso intestino funciona como o nosso segundo cérebro, então, torna-se necessário tratar a disbiose intestinal e fazer um detox de metais pesados, de forma a eliminar toxinas, para o bom funcionamento do organismo e eliminar sintomas do transtorno.

Você deve estar, então, se perguntando!

Raquel, quais óleos essenciais eu posso usar para os sintomas de TDAH?

Antes de compartilhar sobre alguns óleos essenciais para sintomas de TDAH, é válido ressaltar que cada óleo essencial deve ser considerado individualmente. Não há duas pessoas no TDAH exatamente iguais, nem devem ser tratadas como tal.

Procure sempre um profissional da área para ter um parecer e sanar qualquer dúvida relacionada a óleos essenciais.

Óleos essenciais básicos que todo TDAH deveria ter em casa

Copaíba

Já existem estudos que comprovam que os canabinoides ajudam no tratamento do TDAH. Acredita-se que o óleo de copaíba seja melhor que o óleo de cânhamo (maconha) e do CBD (óleo de canabidiol), pois contém o canabinoide beta-cariofileno em uma quantidade muito maior do que o óleo de cânhamo; e ao contrário do óleo de cânhamo, não há risco de mistura de THC (tetrahidrocanabinol, substância responsável pelo efeito "torpor"). Uma vez que ambos contêm o mesmo canabinoide e podem ser usados no tratamento do TDAH (também no autismo), sem o efeito colateral alucinógeno.

Vetiver

Em 2001, em um estudo, Dr. Terry S. Friedmann descobriu que o óleo de Vetiver é eficaz no tratamento de crianças com TDAH. O estudo de caso foi realizado durante dois anos (1999-2001) e envolveu 40 crianças entre 6 e 12 anos de idade. Os resultados foram promissores, já que o óleo essencial de Vetiver aumentou o desempenho em 100% nas crianças com TDAH.

Frankincense

O Frankincense, o rei dos óleos essenciais, além de ser um óleo neuroprotetor, trará auxílio incrível na concentração, melhora e redução de emoções negativas, comuns em pessoas com TDAH.

Complexo DRR Prime

Esse complexo de proteção celular contém óleos essenciais de frankincense, wild orange, litsea, tomilho, cravo, summer savory (segurelha-dos-jardins), niaouli (melaleuca quinquenervia) e capim-limão. O DDR Prime funciona igualmente como um calmante para o sistema nervoso. Acalma o corpo e a mente.

Ele reduzirá comportamentos de raiva, ansiedade, déficit de atenção, hiperatividade, hiperestimulação, problemas de sono, colapsos agitados ou desistentes.

Balance

O balance é uma mistura de óleos – abeto, ho wood, olíbano, tanaceto-Azul e camomila-azul – que promove tranquilidade e relaxamento. As células do cérebro se comunicam por impulsos e trocas químicas, o Balance ajudará a limpar esse caminho da comunicação do cérebro. É um óleo que eu indico o uso diário nas solas dos pés.

Não existe apenas um único óleo essencial que resolverá todos os sintomas do TDAH. A medicina integrativa propõe um conjunto de óleos que darão o suporte diário para os três tipos do TDAH, que são o hiperativo/impulsivo, desatento e combinado.

Hiperativo-impulsivo e combinado

A maioria dos meninos com TDAH pertence ao tipo combinado. O tipo Hiperativo-impulsivo é menos comum em meninos e raro em meninas.

Sintomas

- Remexer e se contorcer.
- Falar excessivamente.
- Ser impulsivo em grupos.
- Interromper conversas.
- Não parar sentado.
- Não descansar.

- Brigar com o sono.
- Não esperar sua vez.
- Não gerenciar emoções.

Óleos para acalmar e equilibrar

Vetiver, cedro, bergamota, lavanda, ylang-ylang, gerânio, frankincense, wild orange, green mandarin, mix adaptiv.

Tipo desatento

Apesar da maioria do diagnóstico de TDAH ser em meninos, as meninas são mais do tipo desatento. Como o desenvolvimento delas é mais rápido, os sintomas passam muitas vezes despercebidos. Os sintomas tendem a se manifestar mais no início da puberdade.

Dificuldades do Desatento

- Gerenciar o tempo.
- Ouvir com atenção.
- Ater-se aos detalhes.
- Concluir tarefas de rotina.
- Manter o controle dos pertences.
- Organizar-se e manter-se organizado.
- Manter o foco.
- Lembrar e seguir as instruções.

Óleos para atenção e memória

Peppermint, lemon, frankincense, manjericão, ylang-ylang, cedro, cinnamon bark, vetiver, cravo, patchouli, Alecrim[1].

Condições coocorrente

No TDAH, temos algumas condições coocorrentes e que podem interferir no comportamento da pessoa. São dificuldades em lidar com as emoções e que pode se tornar estressante no dia a dia.

---

1 Se a pessoa tiver hiperatividade, não fazer uso do alecrim.

Ansiedade

Crianças e adultos com TDAH têm dificuldade com funções executivas, como organização, planejamento e gerenciamento de tempo e rotinas diárias. Essas pessoas têm mais dificuldade em lidar com as emoções. Lutar contra essas dificuldades pode ser estressante no dia a dia, e o estresse pode levar à ansiedade.

Estima-se que 1/3 das crianças com TDAH também apresentam ansiedade.

Óleos essenciais para suporte à ansiedade

Lavanda, copaíba, frankincense, wild orange, bergamota, mix balance, mix adaptiv, lemon.

Depressão

Estudos apontam que cerca de 30% das pessoas com TDAH têm depressão. Em crianças com TDAH, o risco de desenvolver depressão é três vezes maior do que nas crianças sem TDAH.

Uma pesquisa mostrou que, em comparação com crianças que só têm TDAH, as crianças com TDAH e depressão tendem a ser mais ansiosas, acusam maior frequência de transtorno de ansiedade e fobia social, além de maior comprometimento social e escolar.

Óleos essenciais para suporte à depressão

Lemon, bergamota, frankincense, wild orange, petitgrain, melissa, lavanda, grapefruit.

Sono

A ansiedade e a depressão, comuns no TDAH, podem contribuir para a má qualidade do sono. A insônia também pode ser um efeito colateral de alguns medicamentos. Para crianças e adultos, uma boa rotina do sono pode ser aprimorada por óleos essenciais.

Óleos essenciais para sono e relaxamento

Crianças abaixo de 5 anos: lavanda, camomila romana, wild orange, mix Serenity, lemongrass, mix peace.

Crianças com mais de 5 anos, adolescentes e adultos: lavanda, copaíba, camomila romana, clary sage, gerânio, spikenard, lemongrass, bergamota, green mandarin, cedro, petitgrain, marjoran, ylang-ylang, mix serenity, mix adaptiv.

Deixo aqui apenas uma pequena porcentagem de como está em alcance de todos uma alternativa natural para cuidar de uma pessoa com TDAH.

Encorajo você buscar sempre a raiz do problema e não somente mascarar os sintomas. Os fármacos não precisão ser a sua única e primeira opção, eles agem apenas nos sintomas e não na raiz do problema, além de ter efeitos colaterais.

Busque o conhecimento de soluções naturais, não tomem e não deem remédios a seus filhos a não ser que sejam extremamente necessários.

Os óleos essenciais são apenas uma peça essencial em um estilo de vida saudável, acompanhada de uma boa nutrição e hábitos saudáveis.

Com carinho,

Raquel Barros

Referências

BADDELEY, A. The fractionation of working memory. *Proc Natl Acad Sci U S A* 93: 13468-13472. 1996.

BADIA, P.; WESENSTEN, N.; LAMMERS, W.; CULPEPPER, J.; HARSH, J. Responsiveness to olfactory stimuli presented in sleep. *Physiol Behav* 48: 87-90. 1990.

BALLARD, C. G. O'BRIEN, J. T.; REICHELT, K.; PERRY, E. K.; Describe how essential oils and/or their chemical constituents have been studied in the general human population and in laboratory animals. Disponível em: <https://www.psychiatrist.com/jcp/neurologic/dementia/aromatherapy-safe-effective-treatment-management-agitation/>. Acesso em: 21 jul. de 2023.

BALLARD, C. G.; O'BRIEN, J. T.; REICHELT, K.; PERRY, E. K. Aromatherapy as a safe and effective treatment for the management of agitation in severe dementia: results of a double-blind, placebo-controlled trial with Melissa. *J Clin Psychiatry*. 63(7):553-8, 2000.

BARON, R. A.; BRONFEN, M. I. A whiff of reality: empirical evidence concerning the effects of pleasant fragrances on work related behaviour. *J. Appl Soc Psychol* 24: 1179-1203. 1994.

BRADLEY, B. F.; STARKEY, N. J.; BROWN, S. L.; LEA, R. W. Anxiolytic effects of Lavandula angustifolia odor on the elevated plus maze of the Mongolian gerbil. *J Ethnopharmacol.* 111(3):517-25. 2007.

BRUM, L. F.; ELISABETSKY, E.; SOUZA, D. Effects of linalool on the binding of [(3)H]MK801 and [(3)H] muscimol in mouse cortex membranes. *Phytother Res.* 15(5):422-5. 2001.

BUCHBAUER, G.; JIROVETZ, L.; JÄGER, W.; DIETRICH, H.; PLANK, C. Aromatherapy: evidence of sedative effects of lavender essential oil after inhalation. *Z Naturforsch C.* 46(11-12):1067-72.

CARVALHO-FREITAS, M. I.; COSTA, M. Anxiolytic and sedative effects of Citrus aurantium L extracts and essential oil. *Biol Pharm Bull.* 25(12):1629-33.

CHEN, C. J.; KUMAR, K. J.; CHEN, Y. T.; TSAO, N. W.; CHIEN, S. C.; CHANG, S. T.; CHU, F. H.; WANG, S. Y. Effect of Hinoki and Meniki Essential Oils on Activity and Mood of the Human Autonomic Nervous System States. *Nat Prod Commun.* 10(7):1305-8. 2015.

Eur Neuropsychopharmacol 2017 Aug;27(8):795-808.doi: 10.1016

j.euroneuro.2017.05.005. Epub 2017 May 30.

ENGEL, J. *A proposed diagnostic scheme for people with epileptic seizures and with epilepsy: Report of the ILAE task force on classification and terminology.* Disponível em: <https://onlinelibrary.wiley.com/doi/10.1046/j.1528-1157.2001.10401.x>. Acesso em: 20 jul. de 2023.

GRANON, S.; POUCET, B.; THINUS-BLANC, C.; CHANGEUX, J. P.; VIDAL, C. *Nicotinic and muscarinic receptors in the rat prefrontal cortex: Differential roles in working memory, response selection and effortful processing.* Disponível em: <https://link.springer.com/article/10.1007/bf02246154>. Acesso em: 20 jul. de 2023.

WILLIAMS, G. V.; RAO, S. G.; GOLDMAN-RAKIC, P. S. *The physiological role of 5-HT2A receptors in working memory.* Disponível em: <https://www.ncbi.nlm.nih.gov/pmc/articles/PMC6758292/>. Acesso em: 23 jul. de 2023.

27

CONHECENDO O TDAH

Neste texto, conheceremos o TDAH, seus subtipos, os principais sintomas, como fazer o diagnóstico e, também, sobre o tratamento. Falaremos sobre os principais fatores de risco e como ele se manifesta no adulto.

RITA DE CÁSSIA ANTUNES PERES

Rita de Cássia Antunes Peres

Contatos
peresrita153@gmail.com
Instagram: @ritadecassiaantunesperes
Facebook: espaçomultidoaprender
21 98244 0945

Psicóloga graduada pela USU (1989), com pós-graduação em Psicopedagogia pelo Instituto A Vez do Mestre (2013). Pós-graduação em Neuropsicologia pela UNIARA (Universidade de Araraquara, 2017). Pós-graduação em Transtorno do Espectro Autista pelo CBI of Miami (2020), mestranda em Neuropsicologia pela Universidade Del Atlantico, na Espanha (2022). Professora e palestrante. Coordenadora do Espaço Multi do Aprender, clínica situada em Niterói, Rio de Janeiro.

Você já teve aquela sensação de que, quando está lendo ou fazendo alguma atividade, a sua mente de repente vai para outro lugar? Não conseguiu terminar uma tarefa que havia começado? Esses e outros sinais podem indicar que você tem TDAH.

Mas o que é o TDAH?

O TDAH (transtorno do déficit de atenção e hiperatividade) é um transtorno do neurodesenvolvimento que afeta um segmento importante da população infantil, persistindo, algumas vezes, até a idade adulta e alterando seu processo de aprendizagem e sua autoestima. Apresenta critérios diagnósticos clínicos operacionais bem estabelecidos para o seu diagnóstico. Caracteriza-se por desatenção generalizada e/ou hiperatividade. Segundo a Associação Médica Americana (1988), é um dos transtornos mais bem estudados da medicina e o mais comum no meio escolar.

O TDAH ainda é um assunto que causa muitas dúvidas entre os professores e, também, nos pais que apresentam filhos com esse problema. Por isso é importante que se possa falar de maneira clara para sanar as dúvidas mais comuns sobre ele.

Segundo Simaia Sampaio (2011), em seu livro *Dificuldades de Aprendizagem*, o TDAH é, hoje, apontado como um dos mais trabalhosos para se lidar em sala de aula, em casa e em locais públicos devido à inquietação, agitação, impulsividade e dificuldade de concentração.

Um pouco da história

A primeira abordagem científica sobre o assunto aparece em 1902, quando o médico britânico George Still descreveu crianças impetuosas, agressivas e desafiadoras, sendo esses relatos influenciados pela teoria do darwinismo que, no final do século XIX, era bem aceita pela comunidade científica e atribuía comportamentos desviantes a falhas morais inatas.

Na Segunda Guerra Mundial, pesquisadores descobriram que os prejuízos causados em qualquer parte do cérebro frequentemente resultavam em sintomas de desatenção, inquietação e impaciência. Crianças foram vítimas de lesão cerebral como consequência da guerra. Em 1960, como foi impossível demonstrar o dano ou lesão, passou-se a denominar Disfunção Cerebral Mínima (DCM). Dessa época até hoje, o TDAH passou por várias denominações até chegar à atual. É um transtorno que atinge entre 5 e 6% da população mundial infantil, e entre 2 e 3% da adulta.

Conhecendo o TDAH

Causas

Não existe uma causa específica definida. Sabemos que existe uma participação genética no transtorno.

Existem alguns fatores de risco importantes que podem estar associados:

- Baixo peso ao nascer.
- Prematuridade.
- Uso de álcool e drogas durante a gestação.
- Problemas no parto como, por exemplo, falta de oxigenação ao nascer.
- Bebês que permanecem muito tempo na UTI.

Os elementos psicossociais e do meio ambiente têm sido investigados como uma das causas prováveis do TDAH e podem ser responsáveis por seu curso ou prognóstico.

O cérebro da pessoa com TDAH apresenta um funcionamento bastante peculiar. É um funcionamento de origem neurobiológica, marcada pela hereditariedade e que se manifesta na criança bem cedo, antes dos sete anos de idade, independentemente de ela ser proveniente de um ambiente hostil ou de estar passando por problemas. As crianças e jovens com TDAH apresentam níveis baixos de dopamina e noradrenalina (neurotransmissores cerebrais). É no lobo frontal que está localizada a sede estrutural do déficit de atenção. É o responsável pela regulação e controle do comportamento. Cabe a ele puxar o freio de mão do cérebro humano no que diz respeito aos pensamentos, impulsos e às velocidades das atividades físicas e mentais.

Sintomas

O TDAH se caracteriza por três sintomas básicos:

- Desatenção.
- Impulsividade.
- Hiperatividade física e mental.

Segundo a dra. Ana Beatriz Silva (2009), a alteração da atenção é o sintoma mais importante no entendimento do comportamento da pessoa com TDAH. As pessoas com esse déficit apresentam sinais de desatenção acima do esperado.

Uma das características mais marcantes do transtorno é a inquietude excessiva (BRITES, 2021). Geralmente é o fator de maior ênfase quando se detecta o TDAH, principalmente a inquietude ou hiperatividade motora. É o sintoma gerador de insatisfação social e é o que comumente leva a criança ou o adolescente aos consultórios médicos.

Atualmente, segundo o DSM-V, o transtorno é subdividido em três tipos principais e apresenta altas taxas de comorbidades, em especial com outros transtornos disruptivos do comportamento.

Forma desatenta – seis (ou mais) dos seguintes sintomas precisam estar presentes por pelo menos seis meses em dois ou mais contextos e causarem prejuízo no funcionamento social e acadêmico do indivíduo:

- Prestar pouca atenção a detalhes e cometer erros por falta de atenção.
- Dificuldade de se concentrar.
- Parece estar prestando atenção em outras coisas numa conversa.
- Dificuldade de seguir as instruções até o fim ou, então, deixar tarefas e deveres incompletos.
- Dificuldade de se organizar para fazer algo ou planejar com antecedência.
- Relutância ou antipatia para fazer deveres de casa ou iniciar tarefas que exijam esforço mental por muito tempo.
- Perder os mais variados objetos ou esquecer compromissos.
- Distrair-se com muita facilidade com coisas à sua volta ou mesmo com os próprios pensamentos.
- Esquecer coisas no dia a dia.
- Lentidão excessiva.

Forma hiperativa/impulsiva – segue os mesmos critérios da desatenção para avaliação.

- Parece estar sempre a mil por hora.
- Mover de modo incessante pés e mãos, quando sentado.

- Dificuldade de se manter sentado em situações nas quais isso é esperado (exemplo: sala de aula).
- Correr ou trepar em objetos frequentemente, em situações nas quais isso é inapropriado.
- Dificuldade de se manter em atividades de lazer (jogos ou brincadeiras) em silêncio.
- Falar demais.
- Responder a perguntas antes delas serem concluídas.
- Não conseguir aguardar a sua vez (nos jogos, em sala de aula, em filas etc.).
- Interromper frequentemente os outros em atividades ou conversas.

As crianças mais velhas apresentam excessivamente inquietude com movimentos finos, dificuldade de coordenação motora fina e na estruturação perceptiva.

Forma combinada – caracteriza-se pela presença de sintomas de desatenção, hiperatividade e impulsividade. Para se dizer que uma criança ou adolescente tem a forma combinada, ela precisa apresentar pelo menos seis sintomas descritos acima de cada uma das duas condições (desatenção e hiperatividade).

Os sintomas do transtorno sobrepõem-se a uma série de outras condições médicas e psiquiátricas, incluindo fatores ambientais, bem como distúrbios emocionais.

Avaliação e diagnóstico

O processo de avaliação diagnóstica é abrangente, feito por uma equipe multidisciplinar e envolve necessariamente a coleta de dados com os pais, com a escola e com os profissionais envolvidos.

A anamnese é o primeiro passo e um dos mais importantes. É realizada em uma entrevista clínica com a participação da família. Essa entrevista constitui a pedra angular de avaliação destinada a obter um diagnóstico. O ideal seria contar com a presença de ambos os pais ou, então, da pessoa que permaneça mais tempo com a criança. Outras avaliações são importantes:

- Avaliação médica.
- Avaliação neuropsicológica, que é muito importante no diagnóstico.
- Avaliação fonoaudiológica para verificar outros problemas de linguagem que possam estar associados a outros transtornos.
- Avaliação psicopedagógica para investigar as dificuldades de aprendizagem.

Não existem exames de imagem para investigação do TDAH. O diagnóstico é essencialmente clínico.

O que define o TDAH é sua inadequação com a idade de desenvolvimento da criança.

A importância de um diagnóstico precoce incide no tratamento e no prognóstico do quadro. Para um diagnóstico preciso, é necessário um avaliador especialista no assunto que conheça as características próprias do transtorno. É importante fazer um diagnóstico diferencial do TDAH com outros transtornos com sintomas semelhantes.

Existem algumas escalas que podem ajudar nesse diagnóstico: SNAP-IV, Escala de Conners, ETDAH-AD, entre outras.

Modelo da Escala SNAP-IV	Nem um pouco	Só um pouco	Muito	Demais
Não consegue prestar atenção a detalhes ou comete erros por descuido nos trabalhos da escola ou tarefas.	0	1	2	3
Tem dificuldade de manter a atenção em tarefas ou atividades de lazer.	0	1	2	3
Parece não estar ouvindo quando se fala diretamente com ela.	0	1	2	3
Não segue instruções até o fim e não termina deveres da escola, tarefas ou obrigações.	0	1	2	3
Tem dificuldade para organizar tarefas e atividades.	0	1	2	3
Evita, não gosta ou não se envolve em tarefas que exigem esforço mental prolongado.	0	1	2	3
Perde coisas necessárias para atividades (por exemplo: brinquedos, deveres da escola, lápis ou livro).	0	1	2	3
Distrai-se com estímulos externos.	0	1	2	3
É esquecido em atividades do dia a dia.	0	1	2	3
Mexe com as mãos ou os pés.	0	1	2	3
Sai do lugar na sala de aula ou em outras situações em que se espera que fique sentado.	0	1	2	3
Corre de um lado para outro ou sobe demais nas coisas em situações em que isso é inapropriado.	0	1	2	3
Tem dificuldade em brincar ou envolver-se, de maneira calma, em atividades de lazer.	0	1	2	3
Não para ou frequentemente está a "mil por hora".	0	1	2	3

Fala em excesso.	0	1	2	3
Responde às perguntas de maneira precipitada antes delas terem sido terminadas.	0	1	2	3
Tem dificuldade de esperar sua vez.	0	1	2	3
Interrompe os outros ou se intromete (por exemplo: intromete-se nas conversas, jogos).	0	1	2	3

Segundo o DSM-V, os critérios para o diagnóstico são os seguintes:

- Devem aparecer antes dos sete anos.
- Estar presente em dois ou mais contextos (exemplo: escola e casa).
- Estar presente a pelo menos seis meses.
- Causar prejuízos significativos para o indivíduo.

O aspecto cognitivo principal do TDAH não é somente o prejuízo da atenção, mas, acima de tudo, os aspectos fundamentais da autorregulação. Outro aspecto neuropsicológico fundamental são as funções executivas.

Tratamento

O tratamento do TDAH envolve uma abordagem múltipla, englobando intervenções psicossociais e psicofarmacológicas, sendo o metilfenidato (ritalina) a medicação com maior comprovação de eficácia. A ideia de usar medicamentos para o transtorno é um consenso entre especialistas e pesquisadores. Os benefícios são muito maiores que eventuais riscos para quem tem o transtorno. É a maneira de tratamento mais eficaz. A ritalina atua nos neurotransmissores, dopamina e noradrenalina aumentando a sua quantidade. Seu efeito dura de quatro a cinco horas. Existe a Ritalina LA, que tem um efeito por cerca de oito horas. Ela pode causar alguns efeitos colaterais, como: insônia, perda de apetite, boca seca, dores abdominais e de cabeça, que tendem a diminuir após 20 dias de uso.

É importante que, junto à medicação, se faça a psicoterapia. A indicada é a terapia cognitivo-comportamental.

Como distinguir uma criança que tenha TDAH daquela que não tem? Já que as características do transtorno, muitas vezes, se confundem com outros sintomas típicos da infância (correria, agitação e falta de atenção)? É o que vamos discutir nas próximas linhas.

O que vai fazer a distinção é a intensidade, a frequência e a constância em que os sintomas aparecem. Tudo na criança com TDAH é a mais. Em tudo, ela é mais intensa em comparação com as outras. As crianças e adolescentes com o transtorno demonstram uma escassa capacidade de atenção mantida, parecem constantemente inquietas e infatigáveis. Tendem a mostrar um rendimento instável e a fracassar na escola, independentemente de suas habilidades. Apresentam indicadores de ansiedade, estresse e problemas de autoestima.

Algumas crianças podem causar a falsa impressão de serem TDAH se estiverem passando por problemas que contribuam para deflagrar ou intensificar comportamentos agitados ou falta de concentração.

A criança TDAH pode dar tudo de si e deixar fluir a sua criatividade e seu entusiasmo inatos se ela for corretamente estimulada. Mais do que qualquer outra criança, ela precisa de elogios e incentivos para responder melhor a seus comportamentos.

É importante a parceria família-escola para uma boa condução do tratamento dessa criança. Cerca de 9% das crianças com TDAH têm problemas com a linguagem, fracassam na aprendizagem e têm déficit motor.

No desenvolvimento socioemocional, essas crianças apresentam algumas características particulares:

- Apresentam baixa tolerância à frustração.
- Têm dificuldades nas relações sociais.
- Necessidade de chamar atenção.
- Grande dependência de aprovação do adulto.
- Maior índice de sentimentos depressivos.

Aprender a dominar os sintomas do TDAH é algo que a criança ou adolescente só conquistará mediante o auxílio de todos que o cercam.

E a família?

Sabemos como é difícil para a família criar um filho com TDAH, pois esse afeta o cotidiano de todos. O primeiro passo é esclarecer os pais sobre o que é o transtorno, as causas, o desenvolvimento do TDAH e como agir em diferentes situações. Isso ajudará a criança a lidar melhor com o transtorno e fará com que os pais possam diferenciar quando é uma desobediência ou uma inabilidade da criança, o que evitará muitas brigas e conflitos. Uma coisa comum é a criança ser punida com castigos físicos ou ouvir comentários sobre o seu caráter, por exemplo, que ela é má, o que acaba provocando um sentimento de rejeição na criança.

Uma ação importante que os pais devem fazer é recompensar a criança com elogios a cada avanço que ela fizer. Isso a estimulará a continuar a ter aquele comportamento de maneira positiva. Ao repreender o filho, os pais devem explicar o porquê de se estar fazendo isso. Agindo dessa maneira, ele saberá o que é correto fazer. Mostre ao seu filho que novas chances de acertar serão sempre dadas e que ele deve apresentá-las sempre.

Deve-se estruturar o ambiente familiar para aquela criança. Por exemplo, deixando as portas dos armários trancadas, pois, assim, evitam-se possíveis acontecimentos desagradáveis.

Ao estabelecer regras claras e objetivas, a família estará contribuindo para um ambiente mais estruturado. Se, ao contrário, discordarem sobre a educação, as conduções de situações tornarão o ambiente confuso, dificultando o equilíbrio da criança.

A escola

Um estudo feito por Mandoki e Ferrari (1991), citado no texto escrito por Barbosa (1995), estimou que 20% das crianças em escolas apresentam déficit de atenção e hiperatividade, e que esse último é o sintoma mais comum no campo da psicopatologia infantil.

É na escola que uma criança com TDAH começará a apresentar dificuldades maiores, pois ela será solicitada a cumprir metas e seguir rotinas, coisas que são muito difíceis para uma criança com TDAH. O professor, sendo normalmente o primeiro a observar os sinais do transtorno, deve estar capacitado a perceber e distinguir características comuns aos sintomas específicos.

É importante diferenciar dificuldade em se adaptar ao sistema educacional de impossibilidade de aprendizagem. Muitas crianças com TDAH são muito inteligentes e, se lhes dermos uma chance, poderão ser bem-sucedidas. A inteligência de quem tem TDAH é provavelmente o maior determinante do quanto ele vai conseguir prevalecer na vida apesar do transtorno. O estilo cognitivo predominante nelas é impulsivo. Uma das características que foram descritas como interferentes é a dificuldade que essas crianças têm para organizar as informações.

É necessário criar uma rede de apoio fazendo um trabalho conjunto com a família.

O reforço positivo é sempre melhor que a punição. Diversas pesquisas mostram que, quando se começa a elogiar determinado comportamento adequado nas pessoas, mesmo sem criticar outro comportamento inadequado simultâneo, ele tende a aumentar com o passar do tempo e o inadequado tende a diminuir. O professor deve saber escutar a criança, saber sobre suas dificuldades e ouvir sugestões de como as coisas poderiam se tornar mais fáceis para ela. Deve descobrir a melhor maneira de utilizar o material ou a melhor adaptação do conteúdo para o aluno com TDAH.

Mitos sobre o TDAH

O que é um mito? Segundo o dicionário Aurélio, um mito é um enigma. É alguma coisa que não tem realidade, que se cria a partir de um determinado tema.

Um dos mitos mais comuns sobre o TDAH é que as crianças que apresentam o transtorno são menos inteligentes que crianças que não têm. Isso é um grande erro, pois as crianças com TDAH têm uma inteligência comum e, algumas vezes, até acima da média.

A dra. Ana Beatriz, no seu livro *Mentes Inquietas* (2009), cita exemplos de personalidades famosas com TDAH, entre elas Albert Einstein, Agatha Christie, Mozart, Tom Cruise e outras.

Outro mito é colocar o ambiente como um dos causadores do transtorno. É errado dizer isso, pois o ambiente pode ser um facilitador para que os sintomas se manifestem, mas não o causador.

Não se deve a processos alérgicos. No entanto, quando uma criança é alérgica e faz tratamento com corticoides, pode ficar inquieta e irritável.

Não se deve ao consumo excessivo de açúcares, aditivos ou corantes artificiais. Durante os anos 1970, acreditava-se firmemente que as questões ligadas à alimentação podiam estar por trás do transtorno. Atualmente, todos os corantes que podiam ocasionar problemas estão proibidos e não são mais utilizados.

Não tem origem em uma educação inadequada. Os sintomas de hiperatividade, déficit de atenção e impulsividade não têm qualquer origem nos métodos de educação.

E, por fim, outro mito muito conhecido é o de que o TDAH não existe, foi um transtorno criado pela indústria farmacêutica. O TDAH é um dos transtornos que mais tem artigos publicados.

TDAH no adulto

Quando se fala no TDAH, logo se pensa na criança ou adolescente, pouco se fala no adulto. Os estudos nos últimos anos têm focado nas consequências do TDAH para o desenvolvimento do indivíduo ao longo dos anos. Apesar de não ser tão comum, há casos em que o TDAH se manifesta na idade adulta. Os primeiros estudos sobre a manifestação nos adultos foram iniciados em 1970. Os critérios diagnósticos para o adulto também se baseiam no DSM- V.

No adulto, as dificuldades concentram-se basicamente em três áreas principais:

- Atividades Educacionais.
- Família.
- Performance no trabalho.

Nessas áreas, observam-se dificuldades em cumprir prazos, lembrar compromissos e datas familiares importantes, organizar e planejar tarefas com antecedência. Essas dificuldades causam muitos prejuízos à pessoa com o transtorno e a sua família.

É muito comum no adulto a presença de outros transtornos associados, como transtorno de ansiedade, transtornos de humor dentre outros. Outra preocupação é a taxa de suicídios em adultos com TDAH, ela pode ser até três vezes maior do que na população em geral. Precisamos orientar essas pessoas a buscar tratamento para terem uma vida feliz e saudável (BRITES, 2021).

Espero que as informações compartilhadas aqui possam ajudar as famílias a compreenderem melhor o TDAH.

Ter déficit de atenção deve ser sempre um dado na narrativa da criança e, certamente, não é o mais importante.
MARIA HELENA GOROSTEGUI

Referências

AMA. *Manual diagnóstico e estatístico de transtornos mentais* (DSM-V.). Porto Alegre: Artmed, 2014.

BARBOSA, G. A. Transtornos hipercinéticos. *Infanto-revista da Infância e Adolescência*, 3(2);21-31:1998.

BRITES, C. *Como lidar com mentes a mil por hora*. São Paulo: Gente, 2021.

SAMPAIO, S. *Dificuldades de aprendizagem*. Rio de Janeiro: WAK, 2011.

SILVA, A. B. B. *Mentes inquietas – TDAH: desatenção, hiperatividade e impulsividade*. São Paulo: Fontanar, 2009.

28

TDAH
ROTULAR NÃO É CUIDAR

Desde o surgimento da classificação desse transtorno até os tempos atuais de excesso de medicalização, o mais importante é olhar como estamos participando na construção desse cenário, adotando comportamentos tidos como inadequados e que têm trazido tanto sofrimento às famílias.

SIBILA MALFATTI MOZER

Sibila Malfatti Mozer

Contatos
sibilamozer-psi.com
simalfatti@yahoo.com.br
14 98206 6151

Psicóloga, psicanalista, bióloga; especializada em psicanálise, psicologia sexual e comportamento econômico; mestre em psicologia clínica e da saúde. Apaixonada pela vida simples, atua na clínica com a psicanálise winnicottiana nas modalidades presencial e on-line. O foco do seu trabalho são as relações humanas, além de ter experiência em transtorno bipolar, transtorno de personalidade *borderline*; atuando fortemente em orientação para pais. Suas grandes paixões são a psicanálise, a pintura e a escrita, esta com o intuito de dividir seus conhecimentos e levar as ricas experiências de trabalho para aqueles que possam ter interesse ou curiosidade em enveredar pelo mundo da psicanálise. Autora de vários livros, entre eles, o livro *Coração epifânico* e os e-books *O capitalismo matou o amor?* e *Por que vivemos relacionamentos abusivos?*. Coautora dos livros *As donas da p**** toda, Novas Histórias para Jane Austen, Antologia poética, Elefante não voa* e autora do livro *Alice – na intensidade fora do tempo*.

O TDAH, de acordo com o DSM (Manual Diagnóstico e Estatístico dos Transtornos Mentais), se classifica entre os transtornos do neurodesenvolvimento, que são dificuldades no desenvolvimento e podem se manifestar precocemente influenciando o funcionamento social, laboral ou pessoal. São cinco os critérios diagnósticos.

Desatenção e/ou hiperatividade-impulsividade – interfere no funcionamento ou desenvolvimento. Em ambos os domínios, seis (ou mais) dos seguintes sintomas devem persistir por pelo menos seis meses, em um grau inconsistente com o nível de desenvolvimento, tendo impacto negativo diretamente sobre as atividades sociais e profissionais. Para adolescentes e adultos mais velhos – 17 anos ou mais –, pelo menos cinco sintomas são obrigatórios.

Desatenção

Deixar de prestar atenção a detalhes ou cometer erros por descuido durante outras atividades; dificuldade em manter a atenção em tarefas ou atividades lúdicas (durante palestras, conversas ou leitura longa); parecer não escutar quando lhe dirigem a palavra (parece divagar, mesmo na ausência de qualquer distração óbvia); não seguir instruções e não terminar tarefas; dificuldade para organizar tarefas e atividades, dificuldade em manter os materiais e os pertences em ordem, desordem no trabalho, má administração do tempo, não cumprir prazos; evitar, não gostar ou relutar em envolver-se em tarefas que exijam esforço mental constante; perder coisas necessárias para tarefas ou atividades; esquecer atividades diárias e compromissos.

Hiperatividade-impulsividade

Agita as mãos ou os pés ou se remexe na cadeira; levanta ou sai do lugar em situações que se espera que fique sentado; corre ou escala em situações em que isso é inadequado (em adolescentes ou adultos, esse sintoma pode ser limitado a sentir-se inquieto); é incapaz de jogar ou participar em atividades de lazer calmamente; frequentemente, está a "mil por hora" (por exemplo, não é capaz de permanecer ou fica desconfortável em situações de tempo prolongado, como em restaurantes e reuniões); pode falar em excesso; deixa escapar uma resposta antes da pergunta ser concluída, completa frases das pessoas; não consegue esperar pela sua vez nas conversas ou filas; interrompe ou se intromete no assunto dos outros.

Vários sintomas de desatenção e/ou hiperatividade-impulsividade devem estar presentes como critério para diagnóstico antes dos 12 anos de idade; e vários sintomas de desatenção e/ou hiperatividade-impulsividade devem estar presentes em dois ou mais contextos (por exemplo, em casa, na escola ou trabalho, com os amigos ou familiares, em outras atividades).

Há também como critério uma clara evidência de que os sintomas interferem ou reduzem a qualidade nos ambientes: social, acadêmico ou ocupacional. E o último critério é que os sintomas não ocorrem exclusivamente durante o curso da esquizofrenia ou outro transtorno psicótico, e não são melhor explicados por outro transtorno mental (por exemplo, transtorno de humor, transtorno de ansiedade, transtorno dissociativo, transtorno de personalidade).

Mas não se restringe o saber sobre o TDAH apenas com base na classificação médica que é, sim, um estudo profundo do conjunto de manifestações de comportamentos sociais. Para criar tal classificação, mais do que isso, é importante ressaltar que cada pessoa com TDAH é única e o tal TDAH vai se manifestar de modo singular nessa pessoa, que também tem o próprio contexto familiar e social.

O próprio "pai científico" da terminologia, Leon Eisenberg, que contribuiu muito com a construção da conceituação desse transtorno, desmentiu sua hipótese alegando ser uma doença fictícia, pois o diagnóstico e o uso dos medicamentos, quando dessa fala de Eisenberg, estavam sendo feitos de maneira exagerada, sem considerar o meio ambiente como construção da personalidade do sujeito, e assim teria sido uma classificação inventada para dar conta de um conjunto de sintomas, ou síndrome. Mais longe ainda, temos que compreender que esse diagnóstico, ou esse conjunto de comportamentos, não seria uma novidade. Há relatos desse quadro desde 1798, com Alexander Crichton, que publicou *Desatenção patológica*, e, em 1845, com Heinrich Hoffmann (figura 1), que publicou *Felipe, o inquieto e outras histórias*, dentre outros ao longo do tempo.

Fonte: Der Struwwelpeter, 1845

Para a psicanálise, o quadro de TDAH é uma forma de sofrimento e é importante questionar, dentre os critérios citados acima, o que é um comportamento adequado. É ficar sentado por horas, fazer atividades até o fim, etc.? Qual ambiente proporciona que tais comportamentos sugeridos sejam cumpridos?

A falta de atenção hoje é algo possível para a nossa sociedade, que se baseia em atenção mínima dirigida a vídeos curtos das redes sociais, que são consumidos para "tamponar" o estresse do dia a dia e que acabam funcionando como geradores de mais ansiedade e falta de conexão social, principalmente nas fases de desenvolvimento infantil e fase escolar.

Você – enquanto pai, mãe ou cuidador – deixa de brincar, de cuidar, de se conectar com seus filhos e outros familiares e pessoas próximas do seu convívio para ficar fixado no seu celular? Deixa essa criança nas telas para poder ter um tempo de folga? É esse tipo de ambiente que estou questionando aqui. Como uma criança pode se desenvolver focada, concentrada, calma, constante – atendendo aos pedidos de permanência temporal em uma atividade ou local, aliada ao foco de sua atenção que é o que as escolas pedem e usam deste modo de construção coletiva e social para formar nossas crianças? Estamos aqui diante de um paradoxo.

"Eu quero que ele preste atenção na aula por 50 minutos, fique sentado por seis horas e, ainda, que tire nota dez, mas, em casa, eu fico no celular, eu dou o celular para ele não me perturbar."

Esse é o tipo de frase que ouço quando atendo pais que trazem filhos pequenos para avaliação psicológica buscando um porquê, ou uma resposta para o fracasso da relação de pais e filhos e fracasso dos filhos na entrada da vida escolar.

Se você, adulto hoje, não consegue ficar concentrado em uma atividade única; se há quase uma exigência social estarmos fazendo mil coisas ao mesmo tempo – atendendo mensagens de clientes à noite, aos finais de semana e feriados; se sempre nos falta tempo; se há tanta exigência de produtividade no trabalho para ganhar o salário e poder dar conta do sustento da família, como pode querer que os pequenos sigam as regras que você mesmo não consegue seguir?

Quanto ao comportamento agitado, a inquietude, as interrupções, seriam assim formas de comunicar que "o mundo está vindo a mim muito rápido", "estou sendo invadido por obrigações com muita força"? Desse modo, a criança reage a essa angústia que foi gerada dentro dela, devolvendo ao mundo o seu estado emocional.

Para adultos, essa inquietude pode se manifestar com as frequentes trocas de emprego, cidade, casa, moda, autoimagem, relacionamento amoroso etc. Todas as vezes que se sentem sensorialmente tomados de angústia, mas não percebem o que estão passando, acabam "domesticando" essa ansiedade com determinadas ações, que podem ser consideradas um transtorno, um diagnóstico; mas que também podem ser apenas uma resposta ao ambiente. Porém, uma resposta que não se escolhe é uma passagem ao ato, sem o discernimento que poderia ter; assim, passa a ser um adoecimento. Um exemplo é a ansiedade da criança que tem pressa de terminar a prova na escola para sair da sala e dirimir a angústia. Ela não realiza a prova com atenção e a calma que seriam necessárias para cumprir com o programado porque o "sair" e o "se livrar" se tornam o ponto fundamental da sua necessidade.

Ainda assim, determinar o quadro diagnóstico é importante para o interesse das questões químicas do nosso organismo, o que não podemos é impor um rótulo para cada comportamento não desejado ou considerado inadequado pela escola ou pelo chefe da empresa. Mais importante do que isso são as observações e os cuidados que direcionamos a essas pessoas, antes, olhando para nós mesmos. É preciso primeiro verificar se nós não estamos sendo os causadores dessa angústia e dessa agitação no comportamento dos nossos filhos, alunos, colegas e parentes.

As pessoas com as quais nos relacionamos e somos responsáveis pelo seu desenvolvimento social, relacional e humano, acabamos por colocar num enquadramento médico. Mas quantos estão dispostos a fazer perguntas, como: "O que você tem?", "Você quer conversar?" ou quantos estão dispostos a também deixar de lado a correria para dedicar mais tempo de qualidade à família?

Referências

AMERICAN PSYCHIATRIC ASSOCIATION. *Manual diagnóstico e estatístico de transtornos mentais (DSM-V).* 5. ed. Porto Alegre: Artmed. 2014.

CALIMAN, L. V. *Notas sobre a história oficial do transtorno de déficit de atenção/hiperatividade TDAH: psicologia ciência e profissão,* 2010. Disponível em: <https://www.scielo.br/j/pcp/a/K7H6cvLr349XXPXWsmsWJQq/>. Acesso em: 5 maio de 2023.

DUNKER, C. I. L. *Leituras sobre Lacan. vol. 2. Litorais do patológico.* São Paulo: nVersos, 2018.

29

A IMPORTÂNCIA DA PARCERIA ENTRE ESCOLA, FAMÍLIA E DEMAIS PROFISSIONAIS NO DESEMPENHO ESCOLAR DO ALUNO COM TDAH

Há escolas e escolas. Algumas formam pessoas e outras apenas transmitem conteúdos acadêmicos. Quando um pai e uma mãe saem, pela primeira vez, em busca de uma escola para seu filho, muitos não se dão conta disso. Neste capítulo, discorremos sobre a importância do acolhimento e da parceria entre a família, a escola e os profissionais especializados que atendem alunos com transtorno de déficit de atenção e hiperatividade (TDAH).

TALITA POLLI C. S. MARTINS

Talita Polli C. S. Martins

Contatos
talita@harmoniabilingue.com.br
Instagram: @talitamartinseduca
67 3341 5757

Diretora de escola e formadora de pais, professores, educadores, crianças e adolescentes. Pedagoga, nutricionista, especialista em Preceptoria na Educação pelo ISEP (2023), mestre em Saúde e Desenvolvimento pela UFMS (2013). Diretora do Colégio Harmonia Bilíngue e responsável pelo currículo de virtudes da instituição.

> *O conhecimento da verdade é a raiz da liberdade, porque liberta da ignorância e do erro e mostra o verdadeiro bem.*
> SÃO TOMÁS DE AQUINO

E agora? Descobri que meu filho tem TDAH! Qual será a melhor escola para ele? Essa é uma das perguntas que muitas famílias se fazem ao receberem o diagnóstico médico e/ou neuropsicológico do filho. Mas as indagações não param por aí. Muitos pais logo se questionam sobre qual é a melhor metodologia para o filho com TDAH. Será melhor estudar meio período ou período integral? Como conciliar as diversas terapias, psicólogo, fonoaudiólogo e outros com a rotina da escola? Quais atividades extracurriculares (xadrez, balé, futebol, judô etc.) serão melhores para meu filho? Ele será alfabetizado? Se sim, qual será o melhor método? Precisará de um auxiliar em sala de aula? Acompanhará o currículo da série? Essas, dentre outras, são questões levantadas pelos familiares de muitos alunos com TDAH.

E a escola, o que pode fazer? Como atuar nessas situações? Em seu livro *Preceptoria para escola*, o grande educador e professor Evandro Faustino diz: "A pessoa é alguém, não alguma coisa. É um quem, e não um quê". Em outras palavras, cada ser humano é único, dotado de características físicas, temperamentais, de personalidade e de família. Cabe a nós, educadores, fazermos com que nossos alunos se deem conta das competências, qualidades, dificuldades, inclinações e limitações.

Em minha experiência como diretora de escola nesses últimos dez anos, aprendi que precisamos compreender e entender o funcionamento dos nossos alunos. Só assim poderemos auxiliá-los com estratégias e intervenções necessárias e, com isso, ajudá-los a se desenvolverem em meio às adversidades da vida.

No livro *Como lidar com o TDAH – guia prático para familiares, professores e jovens com transtorno de déficit de atenção e hiperatividade*, os autores falam que a capacidade de concentração, a impulsividade e a necessidade de movimentar o corpo em crianças pequenas tende a melhorar à medida que elas crescem, em decorrência do desenvolvimento de atividades cerebrais e do amadurecimento comportamental. No entanto, as crianças e os jovens com sintomas de TDAH distinguem-se em comparação às outras crianças e jovens da mesma idade por apresentarem comportamentos acentuados em três esferas, destacando-se: pela dificuldade de atenção e concentração, pelo comportamento impulsivo e por uma agitação marcante.

Tais comportamentos podem ser claramente percebidos em diferentes ambientes e situações, como na família, na escola, na convivência com amigos e nas atividades esportivas. Normalmente, eles se acentuam em situações em que se espera da criança e do adolescente maior capacidade de controle. Como exemplos, podemos citar: quando solicitados que comecem e terminem uma atividade doméstica ou dever escolar, na maioria das vezes, eles apresentam dificuldades para concluir o que foi iniciado. Em outras situações, agem de modo repentino e sem refletir, seguindo os primeiros impulsos, sem pensar nas consequências. Além desses, há também aqueles alunos que chamam atenção por sua agitação contínua, pois levantam-se durante a aula, enquanto estão fazendo suas atividades em casa ou durante as refeições.

Em muitos casos, tais comportamentos se evidenciam com mais ênfase na escola do que no lar. Esse fato está associado à quantidade de estímulos variados e aumentados que as crianças e os adolescentes recebem no primeiro ambiente, em decorrência das aulas de diferentes disciplinas e conteúdo, das demandas maiores de organização com os materiais escolares, das exigências com o tempo para concluir as atividades curriculares e do aumento das relações e conflitos entre pares (indivíduos da mesma idade).

Com tudo isso, qual o papel da escola? É preciso, primeiramente, que ela se forme. Ou seja, que os profissionais estudem para conseguir contribuir com o desenvolvimento integral dos alunos. Além de conhecer e estudar sobre o transtorno, toda a equipe que atende essas crianças deve estar aberta para desenvolver uma relação de parceria com a família e os profissionais especializados, que também acompanham o aluno fora da escola.

O grande filósofo, educador e escritor David Isaacs, em seu livro *A educação das virtudes humanas e sua avaliação*, diz que: "Dificilmente um ser humano conseguirá viver a ordem interna se não vivê-la externamente". O educador, ao escrever isso, quis nos alertar para o fato de que todos os seres humanos precisam, desde a mais tenra idade, viver em um ambiente organizado física e temporalmente. Deve-se ressaltar a importância de uma rotina bem estabelecida, com horários para acordar, dormir, fazer as refeições, a higiene, desenvolver deveres e tarefas e gozar de momentos de prazer, para que, assim, consigam compreender a necessidade de viver em função do tempo e não das coisas. Já foi comprovado por muitos estudiosos e pesquisadores que uma rotina bem instalada gera mais segurança, previsibilidade, diminui situações de estresse, reduz a ansiedade e, consequentemente, gera uma vida mais equilibrada biológica, social e psiquicamente.

Pensando nisso e nas características das crianças com TDAH, o melhor que a família pode fazer é começar organizando a rotina. Essa precisa ser bem pensada, principalmente pelos pais. Para tanto, é necessário que esses convivam com o filho. Para além do carinho e do essencial vínculo afetivo, essa convivência próxima é fundamental para que conheçam as características, a personalidade, as necessidades específicas e os comportamentos relevantes e que precisam de mais atenção e de ajustes. Tendo isso claro, os pais deverão buscar a escola que mais se adequa às necessidades e demandas da prole. Vamos aos exemplos: caso a família perceba que seu filho tem um quadro mais acentuado para agitação, talvez a melhor opção sejam as escolas de meio período. Assim, no contraturno, a criança e/ou adolescente poderia se envolver em práticas esportivas em que possa gastar mais energia e também que contribuam para a regulação de alguns comportamentos. Além disso, as escolas em período integral podem oferecer uma carga maior de estímulos, como deveres escolares, sociabilidade e concentração que, por vezes, podem vir a causar mais momentos de estresse para o aluno e sua família.

Um fato importante e que deve ser lembrado é que, apesar das crianças com TDAH terem necessidades de medidas pedagógicas ajustadas, elas não precisam ser matriculadas em uma escola especial. Com isso, pode-se entender que toda escola regular pode ter condições de atender esses alunos.

Para o bom desempenho escolar do aluno com TDAH e também para o seu desenvolvimento geral, um dos aspectos mais importantes, talvez o mais importante, seja a parceria entre a família e a escola. Certa vez, eu estava em um congresso na cidade de Reggio Emilia, na Itália, em um encontro com educadores de toda a América latina. Uma das palestrantes, Maddalena Tedeschi, pedagoga italiana, me marcou profundamente com sua fala: "Não existe família perfeita, aluno perfeito e escola perfeita. Na maioria das vezes, todos esses estão querendo acertar na educação". Essa fala certamente se encaixa adequadamente a esse tema. Por requerer uma elevada dose de supervisão, paciência e cuidado por parte dos familiares, muitas vezes, esses erram, perdem a paciência e se desequilibram com o comportamento desregulado do filho. Pelos mesmos motivos, isso também pode acontecer com o professor. Vejam, então, o quão importante é a comunicação entre família e escola. Essa é a única maneira para que, juntos, possam identificar os problemas, lançar mão de estratégias com o intuito de ajudar o filho/aluno a regular comportamentos e driblar as dificuldades.

Como mencionei acima, a escola precisará investir em formação para preparar a equipe de coordenadores, orientadores, professores e demais profissionais envolvidos com a educação do aluno com TDAH. Precisará compreender que esse aluno sofre de limitações de algumas de suas funções executivas e que, por isso, requer apoio e estímulos pedagógicos que podem ser diferentes daqueles alunos que não têm TDAH. Assim, a equipe de educadores, após estreitar os laços com a família e o aluno conhecendo as características e demandas do mesmo, terá mais condições de atuar, prevendo situações necessárias de adaptações nos diversos âmbitos educativos. Entre as estratégias que normalmente geram bons resultados, estão:

- Criar uma relação de confiança, carinho e firmeza com o aluno.
- Verificar a organização da sala de aula, mantendo o espaço esteticamente limpo, organizado, evitando distratores visuais e auditivos.
- Entender a composição da turma, ou seja, dos estudantes presentes em sala. Isso é necessário para identificar o local mais apropriado para o aluno com TDAH se sentar.
- Antecipar a rotina de atividades do dia no começo da aula, expondo-a visivelmente.
- Estabelecer uma relação de diálogo, lembrando sempre de produzir reforços positivos.
- Estabelecer as regras de convivência de forma clara e objetiva, relembrando-as sempre que necessário e com calma.
- Preparar aulas contextualizadas e com materiais de apoio, adequando-os às limitações do aluno.
- Encontrar colegas de sala parceiros e envolvê-los em atividades de cooperação com o aluno TDAH.
- Acompanhar, atentamente, a organização dos cadernos e demais materiais do aluno.
- Manter contato estreito com os pais e profissionais que acompanham o aluno (DUPAUL, STONER, p. 228).

Além desses recursos, treinar o aluno para que, à medida que ele cresça, consiga se dar conta de suas dificuldades, reconhecendo-as, para que, assim, consiga enfrentá-las, com apoio dos pais, professores, equipe escolar e profissionais especializados. Esses são, com certeza, o melhor e o maior presente que podemos oferecer para o aluno com TDAH. Capacitá-lo para que busque clareza sobre seus problemas, possibilitando que reflita sobre como superá-los. Com isso, ele deverá propor a si mesmo metas alcançáveis e traçar um plano de mudança. Desenvolvendo-o e sempre reavaliando-o, tendo em mente o otimismo, aguentando firme as quedas, ressignificando os erros positivamente e aprendendo a conviver diariamente com suas limitações. Certamente, nosso aluno terá uma vida com grandes conquistas e vitórias.

Referências

DOPFNER, M.; FROLICH, J.; METTERNICH, T. W. *Como lidar com o TDAH – guia prático para familiares, professores e jovens com transtorno de déficit de atenção e hiperatividade*. São Paulo: Hogrefe, 2016.

DUPAUL, G. J.; STONER, G. *TDAH nas escolas*. São Paulo: M. Books, 2017.

FAUSTINO, E. *Preceptoria para educadores*. Paraná: Persona, 2022.

ISAACS, D. *A educação das virtudes humanas e a sua avaliação*. São Paulo: Quadrante, 2020.

30

NEUROFEEDBACK
TECNOLOGIA A FAVOR DO TDAH

O *neurofeedback* é uma técnica de neuromodulação baseada nos princípios de condicionamento operante e neuroplasticidade. No TDAH, é possível identificar o padrão de funcionamento cerebral e, com isso, modificá-lo, buscando aumento da qualidade de vida e redução dos sintomas que impactam de maneira tão importante nos desempenhos acadêmico, social e profissional do sujeito.

VIVIANE WISNIEVSKI

Viviane Wisnievski

Contatos
neurowork.com.br
psicologavivianewis@gmail.com
41 99604 5292

Psicóloga formada pela PUC-PR (2001); especialista em Neuropsicologia pela FMUSP; especialista em Psicopedagogia; doutoranda em Psicologia pela Universidad de Ciências Empresariales Y Sociales (UCES), Argentina. Uma entusiasta dos estudos sobre a mente humana e todas as suas vertentes, sempre em busca de novos conhecimentos para avaliação e intervenção do neurodesenvolvimento. Foi nessa busca que encontrou o *neurofeedback* e as tecnologias da neurociência que colaboram para a potencialização do processo de reabilitação de seus pacientes, podendo, então, proporcionar maior qualidade de vida a todos aqueles que buscam seus serviços. É sócia-fundadora da Neurowork, uma empresa de tecnologias aplicadas à saúde e à educação, que forma profissionais de todo o país para aplicarem as técnicas de neuromodulação e transformar suas carreiras profissionais e a vida de milhares de pacientes; além de ser coordenadora do curso de pós-graduação em Neurociências e Tecnologias Aplicadas da Universidade Brasília e coordenadora pedagógica da Neurowork. Em tempo, é mãe de uma pessoa com TDAH que a ensinou a "sentar do outro lado da mesa" e vivenciar os desafios do transtorno no cotidiano familiar, o que a fez querer buscar, diariamente, novas alternativas que facilitem a vida e o convívio em família.

Como mãe e neuropsicóloga, vivencio o transtorno de déficit de atenção e hiperatividade em meu cotidiano. Essa vivência me fez buscar, cada vez mais, alternativas e conhecimento para auxiliar não apenas meus clientes, mas também meu filho. Nessa jornada, encontrei o *neurofeedback* e pretendo dividir aqui o conhecimento que adquiri em mais de 20 anos de pesquisa e prática.

O *neurofeedback*, como é aplicado hoje, é fruto de estudos iniciais de Hans Berger, que, em 1929, conseguiu verificar que o cérebro funcionava eletricamente, e de muitos outros estudos que mostravam a possibilidade de modulação desse funcionamento. Na década de 1970, as pesquisas começaram a ficar mais sistematizadas e permitiram as primeiras impressões na população clínica. De lá para cá, as pesquisas têm aumentado consideravelmente, principalmente na área do TDAH.

Afinal de contas, o que é *neurofeedback*?

Neurofeedback é uma técnica de neuromodulação não invasiva para a modulação do funcionamento cerebral, fazendo com que o cliente receba *feedback* do seu funcionamento, permitindo a modificação dos padrões e criação de circuitarias. O que reflete em mudança nas emoções, cognição e sintomas.

Na prática, é realizado um mapeamento, que é a análise quantitativa dos sinais cerebrais, no qual é possível analisar quais pontos podem estar contribuindo para sintomas ou comportamentos disfuncionais.

Após esse mapeamento, é estabelecido um plano de treinamento personalizado, focado nos objetivos a serem alcançados.

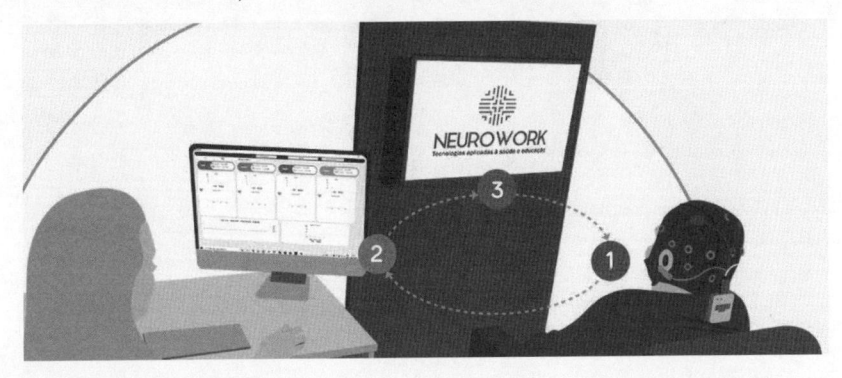

E, finalmente, o treinamento ocorre como exemplificado na figura x. que ilustra uma sessão de *neurofeedback*:

1. Eletrodos são posicionados no couro cabeludo e fazem a leitura do funcionamento cerebral (eletroencefalograma).
2. O profissional estabelece os parâmetros que precisam ser modulados em software adequado, de acordo com o mapeamento inicial.
3. Sempre que o cliente estiver atingindo os objetivos programados pelo terapeuta, ele recebe *feedback* positivo, ou seja, sua tela fica mais clara ou o programa emite sons harmônicos; quando ele não está atingindo, recebe *feedback* negativo, com a tela escura e sons dissonantes.

Com a repetição das sessões, ocorre a neuroplasticidade, ou seja, o cérebro é modificado, o que impacta diretamente no comportamento.

Para compreender como é possível a mudança no funcionamento cerebral, é necessário entender um pouco sobre como o sistema nervoso funciona.

De maneira bem simples, pode-se dizer que os neurônios se comunicam por meio de impulsos elétricos e neurotransmissores, ou seja, o funcionamento é elétrico e químico. Aqui, o que interessa é o funcionamento elétrico.

O neurônio funciona por meio de um potencial de ação, que é basicamente carga positiva e negativa entrando e saindo do axônio de forma organizada. Claro que é bem mais complexo do que isso, no entanto, aqui não cabe um aprofundamento nesse assunto. O importante agora é entender que esse potencial de ação ocorre em diferentes velocidades. Cada velocidade representa características diferentes de funcionamento.

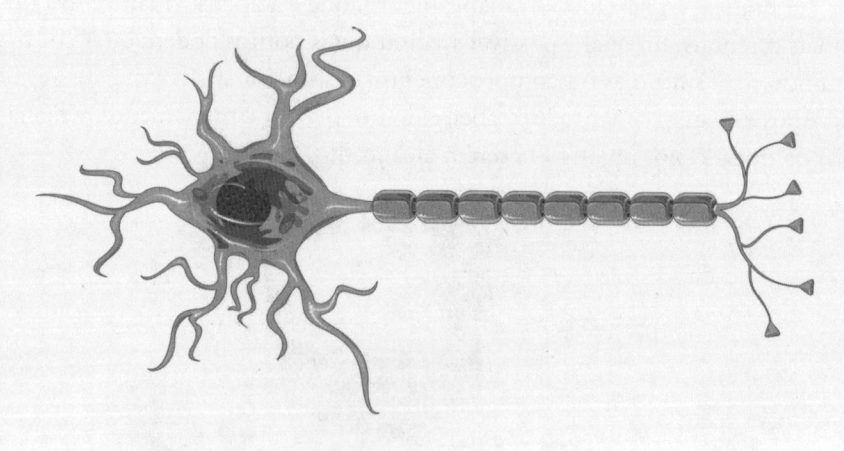

By Laboratoires Servier – Smart Servier website: Nervous system, CC BY-SA 3.0, https://commons.wikimedia.org/w/index.php?curid=127941103

Dá-se o nome de ondas cerebrais a essas diferentes velocidades de disparo do neurônio. Elas podem ser classificadas da seguinte forma:

Delta: esse é o nome dado quando os neurônios disparam numa velocidade de 0,1 a 4 vezes por segundo (Hz). Elas estão relacionadas ao sono e aos aspectos vitais do funcionamento do nosso corpo, como batimento cardíaco e temperatura.

Teta: quando os neurônios disparam de 4 a 8 vezes por segundo (Hz), essa frequência está relacionada à memória e à criatividade.

Alfa: essa frequência é relacionada com a prontidão e estado de relaxamento. Aqui, os neurônios disparam de 9 a 12 vezes por segundo (Hz).

Beta: quando os neurônios disparam de 13 a 38 vezes por segundo (Hz), significa que está ocorrendo processamento de informações.

Gama: essa é a frequência mais rápida, de 39 a 42 vezes por segundo (Hz); tem inúmeras funções, dentre as quais está a integração de informações e aspectos relacionados à atenção e ao aprendizado.

Agora, é importante entender que a amplitude, ou seja, a quantidade dessas frequências no nosso cérebro determina o modo de funcionamento do indivíduo, que pode ser adaptativo ou desadaptativo.

Como o TDAH é o nosso ponto de interesse, vamos conectar as informações.

Tríade do TDAH no EEG quantitativo

A tríade TDAH refere-se às três áreas principais de disfunção cerebral, comumente associadas ao TDAH: desatenção, hiperatividade e impulsividade.

O EEG quantitativo (qEEG) pode ser usado para avaliar o padrão de funcionamento e, dessa maneira, buscarmos três aspectos que podem ser considerados os pilares na análise de um mapeamento de *neurofeedback* em casos de suspeita ou diagnóstico de TDAH; são eles:

- Amplitude de teta e beta.
- Razão teta/beta.
- Ritmo sensório-motor.

Amplitude teta e beta

Estudos mostraram que indivíduos com TDAH tendem a ter padrões específicos de atividade cerebral. Esses padrões incluem um excesso de ondas teta (4-8 Hz) e um déficit de ondas beta (13-18 Hz) em certas regiões do cérebro, como o córtex pré-frontal.

A imagem a seguir mostra o funcionamento cerebral de uma criança de dez anos diagnosticada com TDAH. Fica evidente a amplitude elevada na cabeça número 1, a qual representa amplitude de frequências delta e teta. Esses dados são compatíveis com a literatura, pois mostram elevada amplitude de teta em pessoas com TDAH.

Essa informação pode ser visualizada de forma mais detalhada nos gráficos a seguir, que demonstram distribuição de todas as amplitudes de forma detalhada. A figura A corresponde a um funcionamento típico de TDAH, com amplitude de teta em 18 microvolts; já na figura B, de um não TDAH, verifica-se a amplitude de teta inferior a 8 microvolts. O que está de acordo com os relatos da literatura.

Razão teta/beta.

Outro dado importante é a relação teta/beta, pois é considerado um biomarcador de TDAH e também base para o treinamento padrão.

Especificamente, a pesquisa demonstrou que indivíduos com TDAH tendem a ter uma relação teta/beta mais alta do que indivíduos sem TDAH, o que geralmente está associada a um controle atencional mais pobre, níveis mais altos de hiperatividade e impulsividade.

A relação teta/beta considera a amplitude das duas frequências. De maneira simplificada, divide-se a amplitude de teta pela amplitude de beta e, quando o resultado é superior a 2,2, considera-se elevada. A seguir, um exemplo da relação teta/beta do mapeamento de um indivíduo com TDAH.

Sítio	Estado	Teta/Beta
Fp1	Olhos Fechados	1.61
	Olhos Abertos	2.16
	Atividade	2.23
Fp2	Olhos Fechados	1.61
	Olhos Abertos	2.1
	Atividade	2.05
F3	Olhos Fechados	2.48
	Olhos Abertos	1.9
	Atividade	2.55
F4	Olhos Fechados	2.49
	Olhos Abertos	1.88
	Atividade	2.37
F7	Olhos Fechados	1.85
	Olhos Abertos	2.04
	Atividade	2.21
F8	Olhos Fechados	2.04
	Olhos Abertos	2.03
	Atividade	2.19
C3	Olhos Fechados	2.63
	Olhos Abertos	2.74
	Atividade	2.52
C4	Olhos Fechados	2.99
	Olhos Abertos	2.9

No exemplo acima, todos os pontos estão localizados no lobo frontal. Todos os dados em vermelho mostram razão teta/beta alterada, o que pode estar relacionado a uma disfunção nessa região e, consequentemente, propiciar comportamentos típicos de TDAH.

Vamos compreender um pouco mais a respeito do lobo frontal e das funções executivas, a fim de entender melhor o impacto nos indivíduos com TDAH.

O lobo frontal é o maior lobo do cérebro, localizado na região anterior do córtex cerebral. Desempenha papel crucial em muitos aspectos da função cognitiva, incluindo atenção, planejamento, tomada de decisão, memória de trabalho e capacidade de controlar impulsos e emoções.

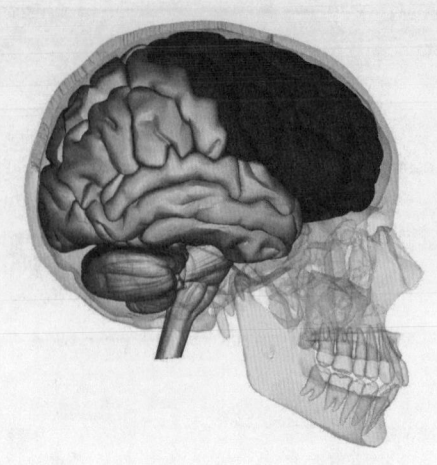

Fonte: https://commons.wikimedia.org/w/index.php?curid=23232097

As funções executivas referem-se a um conjunto de processos cognitivos, responsáveis por gerenciar e controlar o comportamento direcionado a objetivos. Essas funções incluem planejamento, organização, priorização, iniciação, automonitoramento e inibição de comportamentos que não são relevantes para a tarefa em mãos.

Indivíduos com transtorno de déficit de atenção e hiperatividade (TDAH) frequentemente têm dificuldades com funções executivas, como atenção sustentada, controle inibitório e memória de trabalho, que se acredita estarem relacionados à disfunção nos lobos frontais.

Ritmo sensório-motor (SMR)

O ritmo sensório-motor (SMR) é um tipo de onda cerebral associada a um estado mental relaxado e focado. É gerado pelo tálamo e chega até a região do córtex sensório-motor, que é responsável pelo processamento da informação sensorial e pela coordenação do movimento. O SMR é frequentemente usado no treinamento de *neurofeedback* para melhorar a atenção e o foco.

Sabe-se que crianças com TDAH têm níveis mais baixos de atividade SMR do que crianças com desenvolvimento típico.

Pesquisas demonstram que o treinamento de *neurofeedback*, que visa reforçar a atividade SMR, pode ser eficaz na redução dos sintomas de TDAH, com melhoria significativas na atenção e no controle de impulsos.

Dito isso, até agora, podemos compreender que o treinamento de *neurofeedback* em sujeitos com TDAH tende a impactar positivamente na qualidade de vida, como consequência do aprimoramento do seu funcionamento cognitivo.

Para que isso ocorra, são necessárias em média 30 a 40 sessões de *neurofeedback*, nas quais os eletrodos são posicionados em regiões alvo e utilizados protocolos personalizados, permitindo uma terapêutica precisa.

Separei um vídeo para você ter uma ideia melhor de como funciona o treinamento de *neurofeedback* e seu impacto na vida daqueles que passam pelo treinamento.

Prática baseada em evidência

Os aspectos analisados acima são considerados a base do que é chamado de protocolo padrão ouro do TDAH. Uma pesquisa recente (ARNS, 2020) considerou o protocolo padrão como "Eficaz e específico", considerando os critérios da American Psychological Association (APA), que valida as práticas baseadas em evidências.

Outro estudo (MORENO, 2022) demonstrou resultados positivos na inteligência, comportamento opositor, agressão, atenção, velocidade psicomotora e funcionamento social e escolar.

Outro aspecto fundamental é o fato do tratamento com *neurofeedback* não apresentar efeitos colaterais e oferecer ótimo custo/benefício, pois o tratamento leva em média 40 sessões com resultados estáveis ao longo do tempo. Pesquisas científicas demonstraram que o efeito do *neurofeedback* se estende por até 24 meses, o que não ocorre com a medicação, sendo considerado vantajoso nesse sentido.

Chiu (2022) realizou uma meta-análise na qual concluiu que o *neurofeedback* tem a capacidade de melhorar o desempenho atencional por meio da modulação do funcionamento neurocognitivo básico em pacientes com TDAH, principalmente por meio do aprimoramento de onda beta, com impacto importante na atenção sustentada por meio da redução de erros por omissão.

Com as pesquisas e prática clínica, o *neurofeedback* vem ganhando espaço no tratamento multimodal do TDAH por ser não medicamentoso e ter seus resultados sustentados a longo prazo.

Referências

AKYUREK, G. Executive Functions and Neurology in Children and Adolescents. *IntechOpen*. doi: 10.5772/intechopen.78312, 2018.

ARNS, M.; CLARK, C. R.; TRULLINGER, M.; DEBEUS, R.; MACK, M.; ANIFTOS, M.; Neurofeedback and Attention-Deficit/Hyperactivity-Disorder (ADHD) in Children: Rating the Evidence and Proposed Guidelines. *Appl Psychophysiol Biofeedback*. 2020 Jun;45(2):39-48. doi: 10.1007/s10484-020-09455-2. PMID: 32206963; PMCID: PMC7250955.

BORGES, R. R. *et al*. Sincronização de disparos em redes neuronais com plasticidade sináptica. *Revista Brasileira de Ensino de Física* [online]. 2015, v. 37, n. 2, pp. 2310-1-2310-9. Disponível em: <https://doi.org/10.1590/S1806-11173721787>. Epub Apr-Jun 2015. ISSN 1806-9126. https://doi.org/10.1590/S1806-11173721787. Acesso em: 30 out. de 2022

CHIU, H. J.; SUN, C. K.; FAN, H. Y.; TZANG, R. F.; WANG, M. Y.; CHENG, Y. C.; CHENG, Y. S.; YEH, P. Y.; CHUNG, W. Surface electroencephalographic neurofeedback improves sustained attention in ADHD: a meta-analysis of randomized controlled trials. *Child Adolesc Psychiatry Ment Health*. 2022 Dec 19;16(1):104. doi: 10.1186/s13034-022-00543-1. PMID: 36536438; PMCID: PMC9764556.

ENRIQUEZ-GEPPERT, S.; SMIT, D.; PIMENTA, M. G.; ARNS, M. Neurofeedback as a Treatment Intervention in ADHD: Current Evidence and Practice. *Curr Psychiatry Rep*. 2019 May 28;21(6):46. doi: 10.1007/s11920-019-1021-4. PMID: 31139966; PMCID: PMC6538574.

MICHELINI, G.; NORMAN, L. J.; SHAW, P.; LOO, S. K. *Treatment biomarkers for ADHD: Taking stock and moving forward*. 2022 Oct 12;12(1):444. doi: 10.1038/s41398-022-02207-2. PMID: 36224169; PMCID: PMC9556670.

MIRANDA, P.; COX, C. D.; ALEXANDER, M.; DANEV, S.; LAKEY, J. R. T. *In:* Quest of Pathognomonic/Endophenotypic Markers of Attention Deficit Hyperactivity Disorder (ADHD): Potential of EEG-Based Frequency Analysis and ERPs to Better Detect, Prevent and Manage ADHD. *Med*

Devices (Auckl). 2020 May 22;13:115-137. doi: 10.2147/MDER.S241205. PMID: 32547262; PMCID: PMC7250294.

MORENO-GARCÍA, I.; CANO-CRESPO, A.; RIVERA, F. Results of Neurofeedback in Treatment of Children with ADHD: A Systematic Review of Randomized Controlled Trials. *Appl Psychophysiol Biofeedback*. 2022 Sep;47(3):145-181. doi: 10.1007/s10484-022-09547-1. Epub 2022 May 25. PMID: 35612676.

TUDOR, M.; TUDOR, L.; TUDOR, K. I. HANS BERGER. povijest elektroencefalografije. [The history of electroencephalography]. *Acta Med Croatica*. 2005;59(4):307-13. Croatian. PMID: 16334737.

VAN DOREN, J.; ARNS, M.; HEINRICH, H.; VOLREGT, M. A.; STREHL, U. K.; LOO, S. Sustained effects of neurofeedback in ADHD: a systematic review and meta-analysis. *Eur Child Adolesc Psychiatry.* 2019 Mar;28(3):293-305. doi: 10.1007/s00787-018-1121-4. Epub 2018 Feb 14. PMID: 29445867; PMCID: PMC6404655.

31

TRANSTORNO DO DÉFICIT DE ATENÇÃO E HIPERATIVIDADE (TDAH)
CARACTERIZAÇÃO, SINTOMAS E DIAGNÓSTICO

TDAH é marcado por sintomas de desatenção, impulsividade e hiperatividade. É, hoje, um dos quadros diagnósticos mais presentes nos espaços escolares e clínicos, e suas implicações podem persistir ao longo da vida do indivíduo. Logo, a identificação precoce e o correto encaminhamento para serviços de intervenção podem e fazem a grande diferença para uma vida mais funcional. Nesse sentido, o diagnóstico correto, os serviços de intervenção e a garantia de direitos podem proporcionar melhor qualidade de vida e menos tendência a quadros comórbidos.

WILSON CANDIDO BRAGA

Wilson Candido Braga

Contatos
Instagram: @Wilsoncandidobraga
YouTube: WILSON CANDIDO BRAGA
85 98878 3532

Terapeuta ocupacional, escritor e professor.

Transtorno do déficit de atenção e hiperatividade, caracterizado como uma condição neurobiológica ou um transtorno do neurodesenvolvimento (APA, 2014), apresentando-se desde tenra idade, é considerado um transtorno de origem genética, ambiental ou multifatorial, caracterizado especialmente por descontrole ou acentuada agitação motora, fazendo com que a criança apresente movimentos bruscos e inadequados (agitação psicomotora), mudanças de humor e instabilidade afetiva, bem como prejuízos atencionais e ações impulsivas, sem prévia análise de suas consequências (prejuízos de funcionamento executivo) (BRAGA, 2018), o que prejudica diretamente suas relações sociais e relacionais ao longo da infância, adolescência e vida adulta.

Nesse contexto, o TDAH, não devidamente tratado a partir de abordagens medicamentosa, terapêutica e educacional, pode, ao longo do tempo, causar grandes impactos na vida de quem o apresenta, bem como em todo o grupo familiar, pois a maioria dos casos de pessoas com essa condição diagnóstica apresenta relações interpessoais instáveis e constantemente tumultuadas, com forte tendência para baixo desempenho acadêmico e profissional, o que acaba levando a maior propensão a severos prejuízos no funcionamento afetivo, familiar e social. É também sabido que não existe uma única forma de apresentação para o quadro do TDAH.

O TDAH, assim como todos os transtornos do neurodesenvolvimento, aparece na primeira infância atingindo aproximadamente 3% a 5% da população durante toda a vida, com estimativa de apresentação em 5 a 13% entre os alunos em idade escolar, não importando o grau de inteligência, o nível de escolaridade, a classe socioeconômica ou etnia.

De acordo com estudos mais recentes (APA, 2014), o TDAH é mais facilmente percebido em meninos do que em meninas, numa proporção de 2:1; sendo que, nos meninos, os principais sintomas são marcadamente a **impulsividade** e a **hiperatividade** (agitação psicomotora) e, nas meninas, a **desatenção,** o que, por sua vez, tende a ser subdiagnosticado nesse grupo específico, porque, em geral, as meninas têm pouca apresentação dos sintomas de agressividade/impulsividade e agitação psicomotora, prevalecendo o sintoma desatento, porém, com alto índice de comorbidades, como o transtorno de humor e a ansiedade, além dos prejuízos no processo de ensino e aprendizagem.

Algumas crianças evidenciam o desenvolvimento do transtorno bem precocemente, apresentando-se logo no início do processo do neurodesenvolvimento, porém, antes dos quatro ou cinco anos, é muito difícil se fazer um diagnóstico preciso, pois faz-se importante avaliar outras situações associadas aos sintomas manifestos.

O TDAH é considerado uma condição médica de origem orgânica, biológica ou neurobiológica, pesquisas apontam que crianças mais propensas a desenvolver esse transtorno são filhos de pais hiperativos (em torno de 50%), irmãos (5% a 7%), gêmeos (55% a 92%) e que de 50% a 60% ainda persistem com sintomas acentuados na fase adulta, pois para essa condição diagnóstica não há cura.

TDAH e seu percurso histórico

Em 2012, o *Journal of Attention Disorders* (vol. 16, Nº 8. nov 2012) publicou a descoberta de um livro datado de 1775 e intitulado *Der Philosophische Arzt*, do médico alemão Melchior Adam Weikart. Famoso na época, o médico dedicou um capítulo direcionado ao estudo sobre déficit de atenção, que ele denominava *attentio volubilis*, com descrições sobre comportamentos que hoje se enquadrariam nos critérios diagnósticos do TDAH (provavelmente, a primeira denominação do que chamamos hoje de TDAH).

Apesar dos inúmeros relatos já registrados sobre esse tema, as primeiras descrições clínicas de quadros semelhantes ao que hoje classificamos como TDAH datam do século XVIII, sendo a primeira descrição detalhada relacionada ao transtorno datada do início do século XX, com o trabalho de Still (1902) sobre psicopatologias da infância. Desde então, o TDAH passou por inúmeras denominações como "lesão cerebral mínima" e "disfunção cerebral mínima", chegando aos tempos mais modernos com as denominações de "transtornos hipercinéticos" e de "transtorno do déficit de atenção e hiperatividade", no DSM-IV, e mais recentemente no DSM-V, permanecendo com a mesma expressão (APA, 2014).

Atualmente, as diretrizes clínicas para o diagnóstico do TDAH, presentes no DSM-V (APA, 2014), refletem a forma como ele é concebido na atualidade: "Um transtorno do neurodesenvolvimento, de origem na infância, com comprometimentos persistentes e significativos na atenção e/ou hiperatividade e impulsividade, com prejuízos afetando múltiplos contextos do cotidiano do indivíduo e sua família".

O TDAH é um distúrbio neurobiológico, com sua principal origem na hereditariedade, cujas características são a falta de controle sobre a atenção, a impulsividade e a atividade motora (ambos considerados sintomas de base). O TDAH também é definido como uma dificuldade de manutenção do autocontrole (prejuízos no controle inibitório) ou a ausência total de controle, seguida por dificuldade de sustentar a atenção e controlar os impulsos (prejuízos no funcionamento executivo) (BRAGA, 2018).

Para melhor compreender a pessoa com TDAH, vamos conhecer alguns conceitos importantes:

Atenção/desatenção – quando falamos de atenção, nos referimos a um conjunto de habilidades, como: grau de investimento emocional, nível de alerta, concentração, orientação, seleção, exploração dos estímulos do ambiente, que nos fazem focalizar em alguma tarefa ou situação. A atenção é o conjunto de mecanismos neurais que garantem essas escolhas de acordo com as necessidades das situações que vivenciamos. A desatenção é a ausência ou a defasagem de atenção.

Alguns comportamentos relacionados ao TDAH que demonstram desatenção:

- Dificuldade em organizar tarefas e atividades.
- Evitar ou relutar em envolver-se em tarefas que exijam esforço mental constante, sustentado e produtivo.
- Perder coisas necessárias para tarefas ou atividades importantes do dia a dia.
- Ser facilmente distraído por estímulos alheios à tarefa, perdendo o foco principal.
- Apresentar esquecimento em atividades diárias, causando-lhes prejuízos.

Impulsividade: a definição de impulsividade deverá incluir os seguintes elementos: 1) sensibilidade diminuta às consequências negativas dos comportamentos; 2) reações rápidas e não planejadas aos estímulos antes de se completar o processamento da informação; 3) falta de foco nas consequências a longo prazo. A impulsividade pode levar a fazer coisas das quais a pessoa depois se arrepende, inclusive falar demais, sem qualquer crítica; tomar decisões ruins e com planejamento insuficiente.

Alguns comportamentos relacionados ao TDAH que demonstram impulsividade:

- Frequentemente dar respostas precipitadas antes das perguntas terem sido concluídas, aumentando o risco de erros recorrentes.
- Apresentar constante dificuldade em esperar sua vez, tornando-se inadequado socialmente.
- Frequentemente, interromper ou se meter em assuntos dos outros.

Hiperatividade: o termo hiperatividade é caracterizado por "inquietação psicomotora excessiva, levando à dificuldade de permanecer por tempo prolongado em atividades mais longas ou com pouca agitação" (LOUZÃ NETO, 2010). Também pode ser definida como "uma quantidade excessiva de atividade motora ou verbal com relação ao esperado para a idade e situação concreta na qual se encontra o sujeito" (BONET; SORIANO, 2008). É uma condição na qual o indivíduo mostra atividade maior do que os outros de mesma idade, excesso de comportamentos; além de dificuldade em manter a concentração, impulsividade e agitação intensa.

A hiperatividade pode ocorrer em diferentes graus de intensidade, com sintomas variando entre leves a graves. A depender da gravidade desses sintomas, a hiperatividade pode comprometer o desenvolvimento e a expressão linguística, a memória e habilidades motoras (IPDA, 2014). De acordo com o Instituto Paulista de Déficit de Atenção (2014), devem ser considerados alguns pontos importantes ao estudarmos sobre a Hiperatividade:

- Nem todas as formas de hiperatividade têm relação com déficit de atenção, ou seja, a hiperatividade pode ser sintoma de várias situações vivenciadas pelo sujeito.
- Outras causas possíveis são alterações metabólicas e hormonais, intoxicação por chumbo, complicações no parto, abuso de substâncias durante a gestação entre outras.
- Problemas situacionais como crises familiares (luto, separação dos pais e outras mudanças) podem ser traumáticos para crianças, e levarem a um quadro de hiperatividade reativa.
- Todas essas possíveis causas devem ser investigadas antes de se iniciar o tratamento, especialmente quando se desconfia de hiperatividade em bebês. Um especialista em comportamento infantil pode ajudar a distinguir entre a criança normalmente ativa e enérgica e a criança realmente hiperativa.

As crianças, até mesmo as menores, podem se apresentar com excesso de energia. Podem correr, brincar e agitarem-se durante horas sem apresentar sinais de fadiga ou indisposição, sem cochilar, dormir ou demonstrar qualquer cansaço. Para garantir que a criança realmente hiperativa seja tratada adequadamente, e assim evitar tratar erroneamente uma criança neurotípica, é importante que ela receba um diagnóstico preciso a partir de avaliações com profissionais especializados, daí a necessidade de investigação com médicos especialistas e equipe multidisciplinar (terapeuta ocupacional, fonoaudiólogo, psicólogo, psicomotricista, psicopedagogo, neuropsicopedagogo...), além de um relato fiel por parte da família, o que se dá pela entrevista familiar/anamnese.

Alguns comportamentos relacionados ao TDAH que demonstram hiperatividade:

- Dificuldade em brincar ou envolver-se silenciosamente em atividades de lazer.
- Estar frequentemente "a mil" ou muitas vezes agir como se estivesse "a todo vapor".
- Falar em demasia.

O TDAH apresenta três características consideradas sintomas centrais: a **desatenção**, a **agitação** e a **impulsividade**.

A criança com TDAH tem dificuldade de concentrar-se e distrai-se com facilidade, esquece seus compromissos, perde ou esquece objetos, tem dificuldade em seguir instruções até o fim, dificuldades em se organizar, fala excessivamente, interrompe os outros, não consegue esperar sua vez, podendo ainda responder perguntas antes mesmo de serem formuladas, o que naturalmente pode lhe trazer prejuízos.

Esses sintomas centrais (desatenção, hiperatividade e impulsividade), evidenciados principalmente em crianças e adolescentes, colocam os indivíduos com o transtorno em desvantagem em ambientes onde a focalização da atenção e o controle motor e dos impulsos são necessários para o adequado funcionamento diante das demandas diversas.

Sintomas indicadores para o diagnóstico do TDAH

- Não consegue prestar muita atenção a detalhes ou comete erros por descuido nos trabalhos da escola ou tarefas.
- Tem dificuldade de manter a atenção em tarefas ou atividades de lazer.
- Parece não estar ouvindo quando se fala diretamente com ele.
- Não segue instruções até o fim e não termina deveres de escola, tarefas ou obrigações.
- Tem dificuldade para organizar tarefas e atividades.

- Evita, não gosta ou se envolve contra a vontade em tarefas que exigem esforço mental prolongado.
- Perde coisas necessárias para atividades (brinquedos, deveres da escola, lápis ou livro).
- Distrai-se com estímulos externos.
- É esquecido em atividades do dia a dia.
- Mexe com as mãos ou os pés ou se remexe na cadeira.
- Sai do lugar na sala de aula ou em outras situações em que se espera que fique sentado.
- Corre de um lado para outro ou sobe nas coisas em situações em que isso é inapropriado.
- Tem dificuldade em brincar ou envolver-se em atividades de lazer de forma calma.
- Não para ou, frequentemente, está a "mil por hora".
- Fala em excesso.
- Responde a perguntas de forma precipitada antes delas terem sido terminadas.
- Tem dificuldade de esperar sua vez.
- Interrompe os outros ou se intromete (em conversas, jogos etc.).

Critérios de observação necessários para o diagnóstico do TDAH

Critério a: sintomas de apresentação para o TDAH (podem ser observados a partir de relatos familiares ou pela observação da criança em atividade, observados também pela aplicação de testes ou escalas de avaliação, como o SNAP-IV).

Critério b: alguns desses sintomas devem estar presentes antes dos sete anos de idade.

Critério c: existem problemas causados pelos sintomas acima em pelo menos dois contextos diferentes (na escola, no trabalho, na vida social e em casa).

Critério d: há problemas evidentes na vida escolar, social ou familiar por conta dos sintomas.

Critério e: se existe outro problema (depressão, deficiência intelectual, psicose etc.), os sintomas não podem ser atribuídos exclusivamente a ele.

O TDAH e as funções cerebrais

Inúmeros estudos acrescentam que pacientes com TDAH apresentam alterações específicas em uma função cognitiva chamada de Função Executiva (FE). Essa é a função mental que coordena a memória imediata, memória imediata verbal, autorregulação dos afetos e permite a reconstituição e análise do próprio comportamento: "Alterações nessa função podem acarretar em um menor controle dos impulsos, dificuldades de reter informações, respostas verbais inadequadas e problemas no controle motor a estímulos" (GREVET *et al.*, 2003).

As funções executivas podem ser divididas entre quatro subconjuntos: Volição; Planejamento; Ação Intencional e Desempenho Efetivo.

- **Volição** é a capacidade de estabelecer objetivos. Para essa formulação intencional, são necessárias motivação e a consciência de si e do ambiente.
- **Planejamento** é a capacidade de organizar e prever ações para atingir um objetivo. A habilidade de planejar requer capacidade para tomar decisões, desenvolver estratégias, estabelecer prioridades e controlar impulsos.
- **Ação intencional** é a efetivação de um objetivo e planejamento, gerando uma ação produtiva. Para isso, é necessário que se inicie, mantenha, modifique ou interrompa um conjunto complexo de ações e atitudes integradas e organizadas.
- **Desempenho efetivo** é a capacidade de automonitorar, autodirigir e autorregular a intensidade, o ritmo e outros aspectos qualitativos do comportamento e da ação, ou seja, é um controle funcional (SABOYA *et al.*, 2007).

O desenvolvimento dessas funções durante a infância proporciona gradualmente a adequação e o melhor desempenho da criança para iniciar, persistir e completar tarefas importantes de acordo com sua faixa etária e demandas. A identificação de fatores imprevistos e de sua importância, assim como a elaboração de respostas alternativas diante desses problemas, reflete a capacidade adaptativa do indivíduo proporcionada pelas funções executivas.

As consequências das alterações na FE quando vinculada ao TDAH podem ser inúmeras.

1. Organização, hierarquização e ativação da informação: o sujeito requer pressão para começar e cumprir a tarefa em tempo (desorganização e procrastinação estarão sempre presentes); tem dificuldade para estabelecer prioridades na atividade; mudanças de foco e troca de tarefas continuamente, ou seja, tem necessidade de variar.

2. Focalização e sustentação da atenção: a pessoa apresenta distração fácil por estímulos internos e externos; com severas dificuldades para filtrar estímulos; perde o foco quando lê; necessita de lembretes para manter em dia sua tarefa habitual; apresenta inconstância e abandono precoce no que se envolve.

3. Alerta e velocidade de processamento: o sujeito tem excessiva sonolência, falta de motivação e cansaço constante; esgotamento fácil do esforço; pouca velocidade de processamento.
4. Manejo da frustração e modulação do afeto: o paciente apresenta baixa tolerância à frustração e baixa autoestima; hipersensibilidade a críticas; irritabilidade; preocupações excessivas e perfeccionismo.
5. Utilização e evocação da memória de trabalho: a pessoa apresenta esquecimento de responsabilidades e objetivos pessoais. Tem dificuldade na conservação da informação (não é incorporada às demais já apreendidas), no seguimento de sequências – manutenção de dois ou mais elementos simultaneamente – e de trazer do arquivo a informação armazenada.

Lopes *et al.* (2005) resume a ligação às características das funções executivas dizendo que são processos de controle que envolvem a capacidade inibitória, demora no tempo de resposta que possibilite o indivíduo a iniciar, manter, deter e trocar seus processos mentais para o qual deve estabelecer prioridades, organizar-se e pôr em prática uma estratégia.

Quando desobediência, agitação, falta de atenção, distração, impaciência, irritabilidade, baixa capacidade de lidar com o "não", falar sem pensar ou viver perdendo as coisas pode indicar um transtorno?

Quando há evidências de que esses comportamentos trazem sofrimento e prejuízos funcionais suficientemente severos para que seja necessária intervenção. Ou seja, quando esses comportamentos são tão frequentes e/ou tão intensos que atrapalham o sujeito a se relacionar com outras pessoas, causam sofrimento ou extremo desgaste à dinâmica familiar, trazem problemas na escola ou no trabalho.

Apesar de serem sintomas de TDAH, esses problemas podem ocorrer em consequência de outras condições médicas ou doenças, por isso, se estiverem causando prejuízo, um especialista precisa ser consultado para que se evite confusão diagnóstica ou julgamentos.

O TDAH pode se manifestar de diferentes maneiras e em graus de comprometimento diferentes em cada indivíduo. Contudo, para fins diagnósticos e de análise, há três tipos principais de TDAH, de acordo com a classificação atual do DSM-V (APA, 2014):

- TDAH tipo desatento (com predomínio da desatenção).
- TDAH tipo hiperativo-impulsivo (com predomínio da impulsividade e hiperatividade).
- TDAH tipo misto/combinado (desatento, impulsivo e hiperativo).

Segundo o Instituto Paulista de Déficit de Atenção (IPDA), alguns especialistas consideram que há um número maior de tipos de TDAH, entre eles, tipos predominantemente ansiosos, depressivos ou com traços obsessivo-compulsivos, que exigiriam tratamentos diferenciados, especialmente por se tratar de quadros que trazem outras comorbidades, o que ampliaria o quadro principal.

Entendemos dessa forma que o TDAH é um transtorno extensivamente estudado, com dados de alta qualidade que demonstram sua validade. Crianças e adolescentes com TDAH apresentam um comprometimento significativo e correm risco maior de terem um déficit no seu desenvolvimento social, emocional e educacional.

Apesar das preocupações existentes com alguns diagnósticos equivocados, os estudos conduzidos no Brasil indicam que aproximadamente 95% das crianças com TDAH não recebem tratamento e que existe uma grande parte de adultos com diagnósticos incorretos ou não diagnosticados. A falta de tratamento adequado, a falta ou ineficácia de políticas públicas verdadeiramente inclusivas, a carência de serviços multidisciplinares que contemplem esse público, o estigma e os conceitos errados são barreiras importantes para o reconhecimento do TDAH como condição diagnóstica e que requer serviços de suporte que complementem e suplementem as dificuldades e capacidades desses sujeitos.

Referências

AMERICAN PSYCHIATRIC ASSOCIATION. *Referência rápida aos critérios diagnósticos do DSM-V*. Porto Alegre: Artmed, 2014.

ASSOCIAÇÃO BRASILEIRA DE DÉFICIT DE ATENÇÃO (ABDA) *Sobre o TDAH*. Disponível em: <http://www.tdah.org.br >. Acesso em:14 jun. de 2020

ASSOCIAÇÃO BRASILEIRA DE DÉFICIT DE ATENÇÃO (ABDA) *TDAH. Guia para professores*. Disponível em: <http://www.tdah.org.br/br/textos/textos/item/310-tdah-guia-para-professores.html#sthash.m4QFW376.dpuf>. Acesso em: 20 out. de 2020

BONET, T.; SORIANO, Y. *Aprendendo com crianças hiperativas: um desafio educativo*. São Paulo: Cengage Learning, 2008.

BRAGA, W. C. *Autismo: azul e de todas as cores – guia básico para pais e profissionais*. São Paulo: Paulinas, 2018.

GREVET, E. H.; ABREU, P. B. de; SHANSIS, F. Proposta de uma abordagem psicoeducacional em grupos para pacientes adultos com transtorno de déficit de atenção/hiperatividade. *R. Psiquiatr.* RS, 25›(3): 446-452, set./dez. 2003. Disponível em: <http://www.scielo.br/pdf/rprs/v25n3/19617.pdf> Acesso em: 20 jun. de 2021.

INSTITUTO PAULISTA DE DÉFICIT DE ATENÇÃO (IPDA). *Hiperatividade - O que é ser hiperativo? Como diagnosticar e tratar hiperatividade?* Disponível em: <http://www.dda-deficitdeatencao.com.br/hiperatividade/index.html>. Acesso em: 14 jun. de 2020.

LOPES, R. M. F.; NASCIMENTO, R. F. L. do; BANDEIRA, D. R. Avaliação do transtorno de déficit de atenção/hiperatividade em adultos (TDAH): uma revisão de literatura. *Aval. psicol.*, Porto Alegre, v. 4, n. 1, jun. 2005. Disponível em: <http://pepsic.bvsalud.org/scielo.php?script=sci_arttext&pid=S1677-04712005000100008&lng=pt&nrm=iso>. Acesso em: 30 jun. de 2020.

LOUZÃ NETO, M. R. *O TDAH ao longo da vida.* Porto Alegre: Artmed, 2010.

MATTOS, P. *No mundo da lua: perguntas e respostas sobre o transtorno do déficit de atenção com hiperatividade em crianças, adolescentes e adultos.* 4. ed. São Paulo: Lemos, 2005.

ROHDE, L. A.; MATTOS, P. *Princípios e práticas em TDAH.* Porto Alegre: Artmed, 2008.

SABOYA, et al. *Disfunção executiva como uma medida de funcionalidade em adultos com TDAH.* Disponível em: <http://www.scielo.br/scielo.php?script=sci_arttext&pid=S0047-20852007000500007>. Acesso em: 10 jun. de 2020.